Hartmut Krüger

FRAUEN IM PIETISMUS

Hartmut Krüger

Frauen im Pietismus

Ihr Dienst – ihre Verantwortung – ihr Einfluss

FRANCKE
Verlag der Francke-Buchhandlung GmbH

Über den Autor:

Dr. Hartmut Krüger, Jg. 1945, absolvierte sein Theologiestudium an der Studien- und Lebensgemeinschaft Tabor, Marburg. Er arbeitete u.a. als Jugendreferent und Seminarleiter des Weißen Kreuzes e.V. und war Vorsitzender des EC-Landesverbandes Pfalz. Seit 1987 ist er Inspektor des Hensoltshöher Gemeinschaftsverbandes, Gunzenhausen. Nach einem externen Studium in Jacksonville/USA promovierte er an der Universität Bristol, England. Dr. Hartmut Krüger ist verheiratet und hat drei erwachsene Kinder.

Bibliografische Information Der Deutschen Bibliothek
Die Deutsche Bibliothek verzeichnet diese Publikation in der Deutschen Nationalbibliografie; detaillierte bibliografische Daten sind im Internet über http://dnb.ddb.de abrufbar.

ISBN 3-86122-779-7

35037 Marburg an der Lahn
Umschlaggestaltung: Henri Oetjen, Design Studio Lemgo
Satz: Verlag der Francke-Buchhandlung GmbH
Druck: Oldenbourg Taschenbuch GmbH

www.francke-buch.de

Inhaltsverzeichnis

Esther Krüger
und ihren Mitstudentinnen im Theologischen Seminar Tabor zur Ermutigung für ihren zukünftigen Dienst im Reich Gottes, wie auch meinen Schwestern des Diakonissenmutterhauses Hensoltshöhe in Gunzenhausen in Würdigung ihres aufopferungsvollen Dienstes für Jesus Christus in Dankbarkeit gewidmet.

Vorwort

Bei dem mittlerweile im deutschen und englischen Sprachraum breiten Literaturangebot über die kirchliche und gesellschaftliche Rolle der Frau ist es äußerst bemerkenswert, dass es offenbar keine wissenschaftliche Arbeit gibt, die sich mit der Aufarbeitung der Frauenfrage speziell im Pietismus beschäftigt. Das ist insofern unverständlich, als dass sich der moderne Pietismus in seinem volkskirchlichen wie auch freikirchlichen Erscheinungsbild als eine geistliche Größe präsentiert, die weltweite Dimensionen kennt und noch heute durch engagiertes theologisches Denken weite Bereiche der gesamten evangelikalen Welt beeinflusst. Darum hat sich die vorliegende Arbeit das Ziel gesetzt, die Stellung und den Dienst der Frau in der Gemeinde kirchengeschichtlich nachzuzeichnen und dabei den spezifischen Fragekomplex ihrer Rolle im Pietismus besonders zu beleuchten.

Welche Position konnte die Frau im Pietismus bekleiden, der als geistliche Erneuerungsbewegung im 17. Jahrhundert angetreten war, um die Erkenntnisse der Reformation in den Alltag der Gläubigen hineinzutragen? Hatte er die Kraft, dem religiös-traditionell geprägten Frauenbild eine neue theologisch geprägte Offerte gegenüberzustellen? Gibt es im heutigen Pietismus überhaupt eine einheitliche Überzeugungsdichte bezüglich der Rolle der Frau, oder kann es sein, dass geschichtlich gewachsene und modernistisch allzu liberale Positionen ein in sich schlüssiges, theologisches Konzept verhindern? Konnte das Ziel einer „Reformation des Lebens" hinsichtlich der Frauenfrage Wirklichkeit werden oder blieb ausgerechnet bei diesem Komplex alles beim Alten? Oder haben vielleicht doch jene Menschen Recht, die glauben, dass erst in unseren Tagen der Pietismus am Vorabend eines bahnbrechenden, wirklich lebensverändernden ethischen Umdenkens steht?

Wenn ich mich sowohl bei der Erforschung und Beurteilung der Fakten als auch in der exegetischen Arbeit mit den biblischen Texten unter der Autorität der Heiligen Schrift verstehe, die ich in allen Bereichen als von Gottes Geist eingegebenes Gotteswort begreife, so bin ich mir doch andererseits schmerzlich bewusst, dass ich nicht nur Kind Gottes, sondern zugleich auch Kind meiner Zeit bin. Dieses Wissen macht demütig und treibt mich umso intensiver ins Gebet, Gottes Willen möglichst klar zu erkennen und seine spezifischen Inhalte möglichst verständlich darzulegen. Als Christ, der dem Pietismus persönlich viel zu danken hat, verstehe ich die vorliegende Arbeit als einen Mosaikstein, der dazu beitragen möge, das Bild der Frau im Pietismus fassbar zu machen. Zudem verbinde ich mit der Veröffentlichung die Hoffnung, dass die skizzierten Ergebnisse in den Gemeinden und Gemeinschaften des kirchlichen Pietismus und in der gesamten evangelikalen Welt zu einer geistlichen Orientierung beitragen, die letztlich der Ehre unseres Gottes dient, zugleich aber auch der Würde seiner Geschöpfe – den Frauen.

Die Veröffentlichung dieser vorliegenden Arbeit umfasst den zweiten Teil meiner Dissertation, der sich im Wesentlichen mit kirchengeschichtlichen Fakten und Entwicklungen bis hin zum modernen Pietismus unserer Tage beschäftigt.

Mein Dank gilt meiner britischen Professorin Diane Treacy-Cole, die den größten Anteil am Gelingen dieses Werkes hat, indem sie zu inhaltlich einsichtigen und klaren Strukturen riet und doch meine grundlegenden pietistischen Überzeugungen großherzig tolerierte. Aber auch den vielen Schwestern und Brüdern, die mir den Zugang zu wichtigem Material ermöglichten, danke ich sehr. Mein besonderer Dank allerdings gebührt meiner lieben Frau Heidemarie, die mich mit viel Geduld und Nachsicht über viele Jahre für diese Aufgabe freigab und meine Arbeit sachkompetent aus dem Blickwinkel einer modernen Frau kritisch begleitete.

Möge dieser Beitrag zur Ehre unseres Gottes segensvolle Spuren prägen!

Hartmut Krüger

Einführung

Die Titelseite der Times vom 23.11.92 brachte den fundamentalen Konflikt innerhalb der Kirchen auf den Punkt, als sie formulierte: „Gott und die Frauen – Eine zweite Reformation wütet in der Christenheit".

In der Tat ist es so, dass die Stellung der Frau in den Kirchen und Gemeinden heute umstrittener denn je ist. Das muss für den Laien umso bemerkenswerter, ja verwirrender sein, als namhafte Theologen aus den unterschiedlichsten christlichen Kirchen mit Vehemenz beteuern, in ihren Argumentationen ausschließlich und betont auf die Bibel, die höchste Lehrautorität der Christenheit, zurückzugreifen.

Führte die Heilige Schrift einst alle Gläubigen als anerkannte Autorität für Glauben und Leben der Menschen zusammen, tut sie sich in der Frage nach dem Dienst der Frau offensichtlich schwer, das letzte und entscheidende Wort zu sprechen. Dabei bleibt die Frage zunächst offen, ob es bezüglich dieser Diskussion der Bibel an Klarheit mangelt oder aber ob eine tendenziöse Schwerhörigkeit die Exegeten befallen hat. Wie auch immer: Man hat gegenwärtig den Eindruck, dass jede Diskussion, öffentliche Stellungnahme oder Publikation von namhaften Experten die Gräben der unterschiedlichen Überzeugungen nur noch tiefer reißt. Es ist wohl nicht zu viel gesagt, wenn Pierce in diesem Zusammenhang von „einem exegetischen Bruderkrieg innerhalb der evangelikalen Welt" spricht.[1]

Dabei reichen die verschiedenen Verständnismodelle von strikter Verneinung der Frauen in kirchlich öffentlichen Ämtern, einschließlich jeder leitenden Positionen im Gemeindeleben, bis hin zur völligen Gleichstellung mit ihren männlichen Partnern, was die Möglichkeit betrifft, für alle kirchlichen und gemeindlichen Aufgabenstellungen zur Verfügung zu stehen. So hat etwa die Ordination von Frauen in der Anglikanischen Kirche die Gräben zu den Katholiken wie auch zu den Orthodoxen empfindlich vertieft. Aber nicht nur die Volkskirchen leiden unter diesen Meinungsverschiedenheiten. Auch in den evangelischen Freikirchen werden mittlerweile alle nur denkbaren Positionen vertreten, die vom vollständigen Schweigen der Frauen in den Gottesdiensten wie etwa in den darbystischen Zusammenkünften bis hin zur aktiven Teilnahme in sämtlichen Gemeindebereichen gehen – z. B. bei der Heilsarmee oder in den norwegischen Baptistengemeinden.

Dabei ist es gar nicht so selten, dass regelrecht feindliche Positionen eingenommen werden und Gemeinden an dieser Frage zerbrechen. Vielmehr gehen die unterschiedlichsten Sichtweisen quer durch alle Lager und werden gerade auch innerhalb der eigenen Gemeinden oft aggressiv vertreten. Schließlich will man nicht tatenlos zusehen, wie die Werte der Heiligen Schrift durch einen modernistischen Zeitgeist aus den Angeln gehoben werden. Aus dieser Sorge heraus formulierte etwa der Evangelist John Rice:

„Der Feminismus in der Kirche ist eine Geißel, die Gott betrübt, sein Handeln verhindert, die Leute enttäuscht und ihr Vertrauen zerbrochen hat. Ich habe nicht den geringsten Zweifel, dass Millionen von Menschen zur Hölle gehen werden wegen der unbiblischen Praxis der Predigt von Frauen."[2]

Dabei geht es solchen eher konservativen Vertretern letztlich um die Treue zu Gott und zu seinem Wort, das entsprechend ihres Verständnisses nun einmal nicht zum Gegenstand von Verhandlungen missbraucht werden darf. Die Reformkräfte hingegen behaupten, einen anderen Ansatz zum Verständnis maßgeblicher Bibeltexte gefunden zu haben. Sie sind der Überzeugung, der Ansicht Gottes sehr viel näher gekommen zu sein, indem sie die reiche Begabung der Frauen zum Segen für die Gemeinden zum Klingen bringen möchten. Es geht ihnen dabei unter anderem um die Glaubwürdigkeit des christlichen Bekenntnisses, das sich auch in der ehrenden Hochachtung gegenüber dem weiblichen Geschlecht äußert. Vertreter aus beiden Lagern argumentieren nicht ohne Angst. Die einen haben Angst, das biblische Fundament zu verraten und damit der subjektiven Beliebigkeit in der Auslegung biblischer Texte Tür und Tor zu öffnen. Die anderen haben Angst, Gott dadurch zu entehren, indem sie traditionelle Normen patriarchaler Machtergreifung bedenkenlos übernehmen und damit den Frauen die Möglichkeit des Dienstes für Jesus Christus willkürlich begrenzen.

Wie dem auch sein mag: Die Theologie ist in dieser Frage in einem echten Dilemma. Sie ist nicht nur zerstritten, sondern in einer eklatanten Lehrunsicherheit, die sich längst zermürbend auf die Gemeinden gelegt hat.

Dabei ist es sicherlich zunächst einmal als positives Zeichen zu werten, wenn in den Fragen des Dienstes der Frau in der Christenheit Bewegung entstanden ist. Es kann nicht von der Hand gewiesen werden, dass ein kritisches Reflektieren übernommener Positionen durchaus angezeigt ist. Denn die theologiegeschichtliche Beurteilung der weiblichen Rollenzuordnung im Allgemeinen, wie auch die Praxis des Gemeindedienstes der Frau im Alltagsleben im Besonderen, war nicht nur außerhalb der Christenheit über viele Jahrhunderte von Verkennung, Unterdrückung und Entehrung, ja, von Hass geprägt.

Nun soll es an dieser Stelle sicher nicht darum gehen, die Sünden der Kirche an den Pranger zu stellen und ihre Entgleisungen zu definieren. Das ist oft und reichlich genug geschehen. Dennoch sollen zwei Voten namhafter Väter der frühen Christenheit anklingen, um deutlich zu machen, wie die christliche Kirche über ihre weiblichen Gläubigen in der Vergangenheit gedacht und über sie geurteilt hatte.

Origines[3] bezeichnet die Existenz des weiblichen Geschlechtes als „unnütz“ und glaubt zu wissen, dass Frauen nicht vom Tode erweckt würden. Tertullian[4] charakterisiert die Frauen als „Einfallstor des Teufels“ und generalisiert damit den Sündenfall im Paradies, um ihn als bleibenden Fluch über alle Frauen aller Generationen zu legen. Auf dem Hintergrund einer solchen Geisteshaltung ist es nicht verwunderlich, dass christliche Theologen in der Folgezeit ihre Griffel immer spitzer ansetzten und schließlich alles Schlechte und Böse dieser Welt im weiblichen Geschlecht komprimiert vorzufinden glaubten, sodass sie schließlich ein Feindbild schufen, das nur konsequent in den Hexenwahn des Mittelalters führen musste, in dem zahllose, so stigmatisierte Chris-tinnen öffentlich verbrannt wurden.

So hoffnungsvoll die innerkirchliche Diskussion zur Frauenfrage auch sein mag – ein bitterer Beigeschmack ist dennoch nicht ganz abzulegen. Denn es war nicht primär eine theologische Erleuchtung oder gar eine einsichtige Bußbereitschaft in den Kirchen, die ein Nachdenken einleiteten. Vielmehr standen am Anfang wieder einmal ganz andere Kräfte unserer Gesellschaft, die das geschichtsträchtige Unrecht an Frauen sensibel erkannten und in geistiger Vorreiterschaft neue, menschlichere Überzeugungen einklagten. Es ist nicht von der Hand zu weisen, dass die Konflikte über die Entrechtung und Entwürdigung der Frauen zunächst in der säkularen Gesellschaft aufgegriffen wurden und eng mit den Namen Simone Beauvoir[5] und Shulamit Firestone[6] verbunden sind, bevor sie überhaupt eine Chance hatten, in den Kirchen auf Verständnis zu stoßen. Wenn auch jene „Grandes Madames" der Frauenbewegung allzu oft seriöse Ziele in glühendem Geist weit hinter sich ließen und zuweilen in äußerst extreme feministische Positionen verfielen, die im Rahmen dieser Arbeit nicht diskutiert werden können, so ist ihnen doch sachlich die Anerkennung zuzugestehen, dass sie mit ihren Gedanken nicht nur die gesellschaftliche Benachteiligung von Frauen ins allgemeine Bewusstsein gehoben haben und um deren Beseitigung kämpften, sondern eben gerade auch in den Kirchen eine neue Nachdenklichkeit entfachten.

Im deutschen Pietismus allerdings hat diese Nachdenklichkeit nur sehr zögerlich eingesetzt. Darum war es von Anfang an Ziel dieser Arbeit, traditionelle Positionen zur Frauenfrage zu analysieren, um schließlich bibeltheologische und kirchenhistorische Einsichten als Grundlage für stabile Überzeugungen zu Gehör zu bringen. Dabei führen die Studien von der Exegese einschlägiger Schriftgrundlagen über ein buntes Praxisfeld der Kirchengeschichte bis hin zu den theologischen Erkenntnissen des Frühpietismus und dem heutigen Verständnis des Frauendienstes innerhalb des modernen innerkirchlichen Pietismus, um schließlich im letzten Kapitel die Forschungsergebnisse komprimiert gebündelt darzulegen.

I. Frauen in den Geistesbewegungen reformatorischen Denkens

1. Morgendämmerung in der Waldensischen Kirche

Im Mittelalter arbeiteten Frauen zunächst im eigenen Haushalt, dann als Mägde oder Landarbeiterinnen auf dem Bauernhof oder aber als Schneiderinnen und Spinnerinnen. Obwohl die Zünfte den Frauen eine Integration gewöhnlich schwer machten, war es ihnen aber auch möglich, über einen männlichen Vertreter in die Handwerksberufe hineinzufinden und etwa den Beruf einer Bäckerin, Fleischerin oder Gerberin zu erlernen. Vor allen Dingen waren Frauen jedoch im Textilgewerbe zu finden und verdienten ihr Auskommen als Schnur- und Bortenwirkerinnen. So ist es erstaunlich, dass in den Jahren von 1354 bis 1510 bis ein Viertel der steuerpflichtigen Bevölkerung Frauen waren.

Andererseits kann diese Tatsache nicht darüber hinwegtäuschen, dass Frauen im Abendland seit der griechischen, römischen oder jüdisch-christlichen Antike immer eine zwiespältige Rolle innehatten. Sie galten als Gegenstand permanenter Verführung, zugleich aber auch als willkommene Objekte männlichen Triebbegehrens. Noch Luther ging von der Annahme aus, dass sexuelle Abstinenz für Männer absolut gesundheitsschädigend sei.[7]

Darum verbot man in offensichtlich doppelter Moral einer verheirateten Frau den zeitweiligen ehelichen Sexualverzicht, während man gleichzeitig dem Manne den Ehebruch und den Gang ins Bordell nachsah. Im Kontext ihrer gesellschaftlichen Minderwertigkeit interpretierte auch die Wissenschaft die feminine Geschlechtsrolle eher entwürdigend, indem sie Frauen lediglich als Gefäß für den männlichen Samen verstanden, der, so glaubte man, bereits den gesamten Fötus enthielte. Im Zuge einer generell gültigen Unterlegenheit war die Frau auch vor dem Gesetz letztlich rechtlos.[8] Ihr war es nicht möglich, Verträge abzuschließen oder eigenständig geschäftsfähig zu agieren. Vor Gericht musste sie durch einen männlichen Verwandten repräsentiert werden. Ihr Eigentum oblag der Verwaltung eines männlichen Familienmitgliedes, und ging mit dem Eheschluss in die Verfügungsgewalt des Ehemannes über. Wenn auch sicherlich die Ehe einen gewissen ökonomischen Schutz für die Frau darstellte, so blieben Frauen doch im Allgemeinen rechtlos und gesellschaftlich Menschen zweiter Klasse.[9]

Es ist darum nicht verwunderlich, dass ledige Frauen aufgrund dieser Sachverhalte in Frauengemeinschaften, Jungfernstiften oder Klöstern einen soziologisch erträglicheren Lebensrahmen suchten. Denn hier erfuhren sie nicht nur eine Art wirtschaftlich tragende Absicherung, sondern vor allen Dingen in Klöstern auch geistliche Kontemplation und wissenschaftliche Bildung. Insofern hoben sich Nonnen durchaus gesellschaftlich ab und standen in einem allgemein anerkannten Ansehen. Dies galt nicht nur hinsichtlich des religiös glorifizierten Jungfrauenideals, sondern vielmehr auch aufgrund der im Mittelalter gewonnenen Überzeugung, dass Frauen durch ihren Sexualverzicht sich geistige Fähigkeiten erhalten hatten, mit deren Hilfe sie der intellektuellen Qualität des Mannes sehr nahe kommen konnten.[10]

In diesem aktuellen Zustand der mittelalterlichen Kirche hatte die geistliche Dynamik der „Armen von Lyon" ihren eigentlichen Auslöser. Bereits hundert Jahre vor Petrus Waldes trieb Papst Gregor VII (1073-1085) im Kampf um die universale Macht die Institutionalisierung der Kirche voran, indem er die Hierarchisierung der Macht um den Heiligen Stuhl verstärkte, die Wählbarkeit der Bischöfe unterdrückte, die Beteiligung der Laien in der Kirche zurückdrängte und missliebige Geistliche mit Hilfe weltlicher Vasallen aus dem Amt trieb. Gehorsam gegenüber Gott wurde als Unterwerfung gegenüber dem Papst definiert.

In diesem gärenden feudalen Klima wurde Petrus Waldes (1140-1206), ein reicher Kaufmann aus Lyon, vom Evangelium ergriffen.[11] Um sich die Botschaft des göttlichen Heils intensiver aneignen zu können, ließ er es von einem Priester in die Sprache seines Volkes übersetzen. Mit seiner Bekehrung vollzog er nicht nur einen gründlichen Bruch mit der traditionellen Kirche, sondern entsagte Ende der siebziger Jahre des 12. Jahrhunderts allem Reichtum, ging auf die Straße und predigte das Evangelium Christi. Er war zutiefst davon überzeugt, dass dieses Evangelium nur dann glaubwürdig interpretiert werden könnte, wenn das persönliche Leben der Prediger mit der heimatlosen Armut Christi übereinstimmen würde. Nachfolge Christi habe eben nicht nur mit einer erneuerten Geisteshaltung zu tun, sondern mit einem neuen christusgemäßen Lebensstil.

In diesen Überzeugungen wurden die Waldenser konsequenterweise immer mehr zu Kritikern ihrer Kirche. Dennoch wollte Waldes nie Feind seiner Kirche werden oder gar eine andere ins Leben rufen. Doch er sah scharf wie wohl kaum ein Zweiter seiner Zeit ihre vielfältigen Irrtümer. Er suchte sie aus ihren „goldenen Fesseln" zu befreien und predigte die Notwendigkeit der Bekehrung des Einzelnen und die aktive Verantwortung jedes Christen für das Reich Gottes aufgrund der Lehre des „allgemeinen Priestertums". Waldes verneinte die Hierarchie des Klerus, sodass es nur folgerichtig war, dass in der waldensischen Protestbewegung die Verkündigung des Heils in Christus durch die predigende Missionstätigkeit aller Gläubigen, also auch der Frauen, zu einer charakteristischen Äußerung der Glaubensüberzeugung wurde.

Da Waldes eine geschlechtsspezifische Aufgabenzuordnung in der Gemeinde Gottes in der Bibel nicht finden konnte, lehnte er patriarchale Lehrprivilegien ab. Im Zuge dieser Erkenntnis vertraute er demonstrativ seine beiden Töchter dem Orden Fontevrault an, dessen Gründer Robert von Arbrissel (1045-1116) es sich zum Ziel gesetzt hatte, den Armen das Evangelium zu predigen, sie zu sich zu rufen und um sich zu scharen. Seine ursprüngliche Vision war das Wanderpredigertum aus gemischten Männer- und Frauengruppen, deren Lebensstil allein schon wie eine Botschaft wirken sollte. Allerdings verwehrten ihm die Bischöfe die Zustimmung zu diesem Modell.

Dennoch gelang es ihm, Frauen das Bewusstsein zu vermitteln, dass sie vor allen Dingen in den niederen sozialen Schichten eine bedeutende christliche Mission zu verrichten hätten. In seinem Orden der Armen Christi nahmen die Schwestern eine bevorzugte Stellung ein, während die Brüder ihnen dienten. Diese besondere akzentuierte Zuordnung der Geschlechter leitete Robert von Arbrissel aus der Weisung Jesu an den Jünger Johannes ab, dem er vom Kreuz die Weisung gegeben hatte, für seine Mutter zu sorgen (Joh 19,27). Wenn auch sicherlich die Frage der Armut des Ordens skeptisch beurteilt werden muss, da als Äbtissinnen meistens Fürstinnen aus europäischen Herrschergeschlechtern amtierten, so suchte doch Waldes für seine Töchter einen Weg, um der Kirche wirksam dienen zu können, was in damaliger Zeit Frauen nur selten gewährt wurde.

Prinzipiell sollten alle Christinnen des Ordens ihre Pflicht als Recht verstehen, evangelisierend und lehrend dem Auftrag des „allgemeinen Priestertums" nachzukommen. Ohne Heimat und ohne Erwerb zogen sie in kleinen Gruppen durch Südfrankreich, Spanien, durch die Alpentäler der Schweiz, durch Oberitalien und später auch durch Deutschland und Böhmen. Sie erbettelten sich ihr Auskommen und predigten den Armen das Evangelium Gottes.[12] Klerikale Kritik am Laienpredigertum der Frauen beantworteten sie mit dem Hinweis, dass sie von Christus selbst einen direkten Auftrag empfangen hätten und sagten, *„er lege die Aufgabe zu predigen allen auf, die fähig wären, sie zu erfüllen, also jedem, der Gottes Wort kennt. Auch ein Laie könne es unter dem Volk aussäen. So werde der schon von Mose ausgesprochene Wunsch erfüllt, jedermann möge ein Prophet sein"*.[13]

Offenbar wurde das waldensische Laienpredigertum in der Kirche zunächst nicht ernst genommen. Denn das dritte Laterankonzil (1179) erwähnt in seinen immerhin 27 Beschlüssen noch nicht einmal das Sondierungsgespräch mit Waldes. Lediglich am Rande wurde notiert, dass Waldes predigen dürfe, wenn er sich inhaltlich strikt an den Vätern der Kirche orientiere und den Bischof als Aufsichtsbehörde akzeptiere. Aber dieses Stillehalten währte nicht lange. Schon das nächste Laterankonzil (1215) beschloss seine Exkommunikation und damit die Einleitung einer über Jahrhunderte währenden Verfolgung der waldensischen Gemeinden. In den folgenden Inquisitionsverfahren wurden eine Vielzahl von Gemeinden ausgerottet und ganze Gegenden von den Waldensern „gereinigt". Namentlich sind uns allerdings nur wenige Märtyrer bekannt, darunter eine hohe Anzahl von Frauen, die die Konsequenz ihres Glaubens auf dem Scheiterhaufen bezahlen mussten. Aus der deutschen Waldenserkirche seien stellvertretend zwei Schicksale aufgezeigt:

Der Inquisator Zwicker verhielt sich besonders grausam gegenüber so genannten *Relapsi*, ehemaligen Ketzern, die sich durch ein öffentliches Bekenntnis wieder in die katholische Kirche eingliedern ließen, dann aber erneut zu ihrer ursprünglichen Waldenserkirche zurückkehrten. „*Die Witwe Elsa Feuer aus dem Dorfe Dambach, die einst der überredungsgewandte Inquisitor Heinrich in den Schoß der Kirche zurückgeführt hatte, wurde im Jahre 1391 vor der Kirche von Garsten brutal gedemütigt. Nach sieben Jahren konstatierte Zwicker mit nicht geringer Erbitterung, dass die bisherigen Bestrafungen nicht ausgereicht hatten, die Feuer von der Existenz des Fegefeuers und der Zulässigkeit des Eides zu überzeugen. Er übergab sie deshalb der weltlichen Gewalt, um sie verbrennen zu lassen.*“[14]

Eine andere markante Waldenserin aus dem 15. Jahrhundert war *Anna Weiler*. Sie wurde in Franken geboren und war als Ehefrau des Wanderpredigers Johann Weiler an seiner Seite im Dienst für Christus. Nachdem die kleinen Waldensergruppen in Heilbronn und Würzburg, die sich um Friedrich Reiser versammelt hatten, durch die bischöfliche Inquisition aufgespürt worden waren, mussten sie nach Straßburg emigrieren. Im Juli 1457 kam Reiser zu ihnen, um sie zu stärken und im Glauben zu ermutigen. Doch bereits im Januar des darauf folgenden Jahres wurde er vom Inquisitor Johann Wegrauf verhaftet. Auch Anna Weiler ging dem Inquisitor ins Netz, nachdem sie unbeirrt über Jahre der Waldenserkirche im Untergrund aufopfernd gedient hatte. Nach langen zermürbenden Verhören wurden schließlich beide qualvoll gefoltert und am 6. März 1458 an einen gemeinsamen Pfahl gefesselt und verbrannt.[15]

Das Blut der Märtyrer und Märtyrerinnen floss nicht vergeblich. Obwohl die institutionell verfasste Kirche einen blutigen Feldzug gegen die Waldenser inszeniert hatte, so nahm doch das Evangelium unbeirrt seinen Lauf, sodass die geistliche Bewegung, fest gegründet auf das Evangelium Christi, dennoch überleben konnte. Ganz entscheidende christliche Lehrfundamente, die noch das

Bild des heutigen Pietismus unverkennbar prägen, wurden bereits in der Waldenserkirche wiederentdeckt und durch das Blut ihrer Märtyrer versiegelt. Am Leben, Lehren und Leiden hatten Frauen einen ganz entscheidenden Anteil, die in fester Glaubenshaltung auch den Tod nicht scheuten.

Noch einige Jahrhunderte loderten die Verfolgungen der Waldenser immer wieder auf, bis sie endlich im Jahre 1848 ein Ende fanden, als die Waldenserkirche von König Carlo Alberto von Italien Gleichberechtigung erhielt.

2. Frauen in der Reformation

Der Blick in die Geschichtsbücher führt zunächst zu dem Schluss, dass die Reformation eine reine Männerinitiative war. Beeindruckende Namen wie Luther, Melanchthon, Calvin, Zwingli, Bucer und Bugenhagen stehen überzeugend für diese Erkenntnis. So scheint der schöpferische Anteil der Frauen an der Reformation eher unbedeutend. Das aber liegt keineswegs an ihrem Glaubens- oder gar Geistespotenzial als vielmehr an der anhaltenden Rollenzuordnung des Mittelalters. Die Frau wurde im Wesentlichen auf praktische hauswirtschaftliche Tätigkeiten fixiert und hatte kaum eine Möglichkeit, eine akademische Bildung zu erfahren, was bestenfalls den Damen aus dem Adel vorbehalten war.

Auch wenn die Reformation durchaus aufwertende Überzeugungen bezüglich der Stellung der Frau entwickelte, so fanden diese doch nur zögerlich den Weg in die Praxis. Offenbar war die theologische Lehrtradition in der Geschlechterfrage seit Aristoteles derart manifest, dass frauenfreundliche Überzeugungen nur langsam als Werte des Evangeliums akzeptiert werden konnten. Und doch dürfen jene ermutigenden Signale nicht einfach übersehen werden, die auf eine grundsätzliche, evangeliumsorientierte Neubesinnung zur Aufwertung der Frau in Kirche und Gesellschaft abzielten. Nur aufgrund dieser Einsicht kann nachvollzogen werden, dass die Reformation nicht nur der Förderung der Frauenemanzipation diente, sondern Frauen sich schließlich auch der Förderung des reformatorischen Anliegens verpflichtet wussten. Ohne ihr leidenschaftliches Engagement, das sich weniger im grellen Licht der öffentlichen Hörsäle und Märkte ereignete als vielmehr in der Verborgenheit persönlicher Einflussnahme von Mensch zu Mensch, wäre die Reformation nie zur geistesgeschichtlichen Wende geworden, durch die Gott weltweit belebende Akzente des Glaubens und Lebens setzen konnte.

2. 1. Katharina von Bora (1499-1550): Nicht nur eine hervorragende Hausfrau

Auf dem Hintergrund der Minderwertigkeit von Ehe und Familie im Mittelalter bewirkte das Denken der Reformation eine deutlich zunehmende Wertschätzung der Ehe. Das ist insofern erstaunlich, da gerade Luther sie eigentlich vom sakramentalen Charakter der katholischen Lehre löste. Während die Theologen des Hochmittelalters in der Ehe eher widerwillig gerade noch einen göttlich zugelassenen Notbehelf zur Zeugung und Erziehung des Nachwuchses sehen konnten und sie als Verhinderungsanstalt und Heilmittel gegen das Konkubinat begriffen, stellte Luther die Ehe über alle anderen Stände[16] und ging schließlich so weit, dass er gar dem Einzelnen das Recht verwehren wollte, als ledige Person zu leben.[17] Wenn er auch freilich mit dieser Äußerung weit über die theologische Akzeptanz des Vertretbaren hinausging, so ist es doch wiederum wohltuend, dass er die Ehe nicht grenzenlos idealisierte, sondern von ihr erfrischend als einem „äußerlich leiblich Ding wie andere weltliche Hantierung“[18] sprach und sie sogar schließlich überaus ernüchternd „ein Spital der Siechen“[19] nannte.

Bei aller traditionellen Neigung zur patriarchalen Grundgesinnung konnte Luther doch gerade im Lebensraum von Ehe und Familie für das Selbstverständnis der Frauen ausgesprochen ermutigende Akzente setzen. So hielt er völlig im Kontrast zu seiner Zeit den Ehemann zur Achtung, Treue und Liebe seiner Frau gegenüber an, während er selbst die Kindererziehung dem Verantwortungsbereich beider Elternteile zuordnete.[20] Mehr noch: Es ist durchaus bemerkenswert, dass Luther den Ehemann nicht von den niederen Hausarbeiten und der Säuglingspflege befreien wollte, sondern vielmehr betonte, dass „der rechte Glaube auch niedere Werke heilige".[21] Luthers Aufwertung der Frau in Ehe und Familie kann nicht hoch genug veranschlagt werden, wenn man bedenkt, dass die durchschnittliche, gesellschaftlich relevante Haltung gegenüber Frauen, wie sie sich etwa in den „Querelle des dames" widerspiegelt, die der rigorosen Frauenverachtung war. In diesem umfassenden satirischen Band beschrieb ein unbekannter Geistlicher zu Beginn des 15. Jahrhunderts[22] in bissigem Spott die angebliche Minderwertigkeit der Frauen in der Renaissance.

Auf diesem Hintergrund der allgemeinen gesellschaftlichen Entwürdigung der Frau erfuhr Luthers Kritik am Zölibat des Klerus wie am Klosterleben eine erweiterte Dimension und wurde zu einem programmatischen Fanal für ein neues Eheverständnis.[23] Besonders glaubwürdig unterstrich der Reformator dieses Ziel, indem er nicht allein theoretische Abhandlungen verfasste, sondern selbst die Flucht Katharina von Boras und anderer acht Nonnen aus dem Kloster Nimbschen vorbereitete und schließlich am 13. Juni 1525 Katharina heiratete. Seine Ehe mit Katharina war in erster Linie die persönliche Konsequenz seiner theologischen Überzeugung und kannte darum zunächst Argumente der inneren Schlüssigkeit und der Vernunft, wenn er sie selbst auch nur vordergründig und nicht ohne Ironie darlegte.[24] Dass gerade durch die ausgeprägte Persönlichkeit der Katharina von Bora die Frauen im evangelischen Ehestand einen ungeheuren Impuls der Befreiung und des erneuerten Selbstbewusstseins erfahren sollten, konnte Luther freilich nicht ahnen, als er die ehemalige Nonne zum Traualtar führte.

Katharina war ein ausgesprochen selbstbewusstes Multitalent. Als „Hausärztin" kümmerte sie sich um die Krankheiten, Depressionen und gelegentlichen exzentrischen Ausbrüche ihres Mannes. Sie zeigte sich äußerst geschickt in der Zubereitung von Schonkost und hatte große Erfahrung in der Anwendung von Kräutern,

Umschlägen, Packungen und Massagen, sodass ihr Sohn Paul, der später ein angesehener Arzt wurde, seine Mutter als eine „halbe Doktorin" lobte.[25] Hauswirtschaftlich leistete sie geradezu Unglaubliches. Sehr häufig wurde das „Schwarze Kloster" von den unterschiedlichsten Gästen besucht: Studenten, Lehrer, Reisende, Familien mit ihren Kindern, Flüchtlinge oder einfach weit gereiste theologisch interessierte Menschen. Sie alle waren zu bewirten, was Käthe mit größtenteils selbst angebauter oder hergestellter Nahrung gelang. Ihr Garten lieferte Erbsen, Bohnen, Steckrüben, Kohl, grünen Salat, Gurken und Melonen. Darüber hinaus hatte sie einen Obstgarten angelegt und erntete Kirschen, Birnen, Äpfel, Pfirsiche, Weintrauben, Feigen und Nüsse. Zum Haus gehörten auch Pferde, Schweine, Kühe, Kälber und Hühner, deren Versorgung Käthe selbst besorgte. Sie melkte die Kühe, stellte Butter und Käse her und schlachtete eigenhändig das Vieh. Damit aber nicht genug: Mit Beredsamkeit und Tränen rang sie ihrem Mann die Zustimmung zum Kauf eines weiteren Gartens und eines Landgutes in Zülsdorf ab, durch das ein Bach floss. Daraus fischte sie Hechte, Forellen, Flussbarsche und Karpfen. Aber auch Bauarbeiten gehörten offenbar in ihr Ressort. Um den internen Betrieb im Hause möglichst störungsfrei zu gestalten, veranlasste sie Umbauarbeiten, ließ ein Bad installieren, gewann drei Keller zur Lagerung der Nahrung und nicht zuletzt eine kleine Brauerei für den Eigenbedarf.[26]

Bei all dem sollte nicht vergessen werden, dass Katharina von Bora auch noch Mutter von sechs Kindern war, die sie in warmherziger Liebe, aber auch in kompromisslos korrigierender Strenge zu erziehen suchte. Offenbar hatte sie ein gesundes Empfinden für sinnvolle Pädagogik, die einerseits fordernde Konsequenz kannte, andererseits aber auch bergende Liebe und Zärtlichkeit gab.

Als ihr Mann einmal zuschaute, wie sie eines ihrer Kinder zart streichelte, bemerkte er: *„Gott muss mir viel freundlicher sein und mit mir reden als meine Käthe mit ihrem Martinchen."*[27] Ein anderes Mal sah er zu, wie Käthe den kleinen Sohn Martin stillte. Nachdenklich bemerkte er: *„Dem Kind ist feind der Papst, Bischöfe, Herzog Georg, Kaiser Ferdinand und alle Teufel. Das Kind fürchtet sich nicht vor ihnen allen, sondern saugt den Zitzen mit Freuden, fragt* *nichts um all seine Feinde, ist guter Dinge und lässt sie zürnen, solange sie wollen. Wahrlich, sagt Christus: Werdet wie die Kinder.*"[28]

Wer Katharinas Leben studiert und ihre herausragenden hauswirtschaftlichen und pädagogischen Fähigkeiten auf sich wirken lässt, dem drängt sich geradezu der Vergleich mit jener „Tüchtigen Hausfrau" auf, von der in den Sprüchen 31,10ff gesprochen wird. Das Resümee einer solch fleißigen, tatkräftigen und vor allen Dingen klugen Frau, die nicht nur die Familie versorgt, sondern auch überaus effektiv und rege in ihren Geschäftsbeziehungen agiert, fasst der weise Salomo gleich im ersten Vers zusammen, wenn er feststellt: „*Wem eine tüchtige Frau beschert ist, die ist viel edler als die köstlichsten Perlen.*" Es kann keinen Zweifel geben, dass Katharina mit ihrer Gabenkombination der Organisation, des Helfens, des Gebens und Dienens, gepaart mit einer äußerst belastbaren seelisch-leiblichen Konstitution, zum ermutigenden Vorbild einer neuen Frauengeneration der Reformationszeit wurde.

Dennoch war sie ihrem Mann nicht in allen Fragen des Lebens unkritisch zu Willen. Als selbstbewusste Frau war sie ihm ein wirkliches Gegenüber, wenn es sein musste, auch kritisches Korrektiv. So musste sie der Freigiebigkeit ihres Martin, der offenbar nur wenig Sinn zeigte, das familiäre Budget zusammenzuhalten, immer wieder einmal einen Riegel vorschieben, was dieser sich auch widerspruchslos gefallen ließ.[29] Es gehört sicher auch zu ihren bemerkenswerten Verdiensten, dass sie ihren Mann beständig dazu anhielt, auch einmal „nein" zu sagen. Als ein ehemaliger Student Luther bat, seine Hochzeitsfeier auszurichten, schrieb Luther ihm nach einem langen Gespräch mit Käthe: „*Mein lieber Freund, weder ich noch Käthe können es ...*"[30] Wenn auch Katharina von Bora ihrem Manne stets respektvoll begegnete, sie ihn nach der Höflichkeitsform ihrer Zeit mit „Ihr/Euer" oder mit „Herr Doktor" ansprach, so bedeutete Unterordnung für sie keineswegs schweigende Unterwürfigkeit. Immer wieder dachte sie in allen Fragen des Lebens konstruktiv mit und scheute sich nicht, ihren Mann zu korrigieren oder ihm gelegentlich auch deutlich zu widersprechen. Sie verstand ihren Ehestand im wechselseitig ergänzenden Sinne und glaubte, dieser Rolle nicht nachzukommen, wenn sie ihre eigenen Überzeugungen nicht klar mitgeteilt und zumindest versucht hätte, sie ihrem Mann gegenüber auch durchzusetzen. Als Luther zur Hochzeit eines Freundes nach Torgau fahren wollte, sagte ihm Käthe ein deutliches Nein, weil sie davon gehört hatte, dass randalierende Bauern die Gegend zwischen Wittenberg und Torgau unsicher machten. Luther gehorchte und blieb zu Hause. Offensichtlich schätzte und respektierte Luther die Persönlichkeit seiner Frau, wenn er sie gelegentlich *„meine Herrin"* nannte und später gar augenzwinkernd *„Herr Käthe"*.

Bei allen wirklich hervorragenden Leistungen im Hause bliebe doch der Eindruck über Katharina fragmentarisch und darum auch falsch, wollte man ihre Fähigkeiten nur auf Haushalt und Küche beschränken. Man darf nicht vergessen, dass Katharina als Nonne nicht nur in den religiös asketischen Lebensregeln des Benedikt von Nursia (480-547) erzogen wurde, deren Ziel eine charakterlich starke religiöse Persönlichkeit war. Vielmehr galt das mittelalterliche Kloster auch als Zentrum der abendländischen Kultur und der wissenschaftlichen Bildung. Hier wurden die geistig-intellektuellen Grundlagen für die Forschung und Gelehrsamkeit gelegt. Darum ist Katharina von Bora sicher auch als ein Mensch zu verstehen, der in die geistigen Prozesse seiner Zeit involviert war. Neben dem obligatorischen Latein erwarb sie Kenntnisse in den biblischen Ursprachen, wurde in das philosophische Denken der antiken Welt eingeführt und erhielt eine tiefe Einsicht in die theologischen Lehren der Dogmengeschichte ihrer Kirche. Sie studierte die Literatur der frühchristlichen Kirchenväter und bildete sich früh ein kritisches Urteil über die Entwicklung der päpstlichen Kirche. Katharina von Bora war eine Frau, die in hellwachem Geist die herausfordernden Fragestellungen ihrer Zeit aufnahm und sich deutlich zu artikulieren wusste. Gerade deswegen griff sie immer wieder bereits als Nonne zu eingeschmuggelten Luther-Schriften und suchte ihr eigenständiges Urteil.

Vor allen Dingen aber liebte sie ihre Bibel, die sie eifrig las, sodass ihr Mann ihr einmal offen das Kompliment machte, dass sie die Psalmen besser kennen würde als die Papisten.[31] Ihr Interesse an der Bibel war offenbar so stark, dass sie einmal in den Ostertagen ihre ganze lateinische Bibel durchlas. Auf diesem Hintergrund ist es nachvollziehbar, dass Katharina zu dezidiert eigenen theologischen Überzeugungen fand, sodass sie gelegentlich auch die Schriftauslegung ihres Mannes kritisierte oder gar kategorisch ablehnte. So sprach Luther in einer Predigt über den Schmerz Abrahams, als Gott ihm befohlen hatte, seinen Sohn Isaak zu opfern. Darauf antwortete sie: *„Ich kann's nicht glauben, dass Gott sollt von jemandem begehren, sein Kind zu erwürgen"*, worauf ihr Mann sie an den Tod Jesu erinnerte: Gott hat seinen eigenen Sohn nicht verschont.[32]

Aufgrund ihrer selbstbewussten Persönlichkeit kam es immer wieder einmal zu Konflikten, wenn Katharina ihrem Mann widerstand oder glaubte, ihn zurechtweisen zu müssen, wenn er mit seinen theologischen Gegnern allzu hart ins Gericht ging. Als Luther einmal eine ungehörige Bemerkung über Schwenckfeld machte, fuhr sie ihn regelrecht an: *„Ei, lieber Herr, das ist zu grob."*[33]

Wiederum aber verstand sie es auch, ihrem Mann den Rücken zu stärken und ihn zu beherztem Handeln zu ermutigen. So bestärkte sie ihn gegen den Kanzler Brück, der Luther bat, seine Polemik gegen Heinz von Wolfenbüttel nicht zu veröffentlichen, da er politische Folgen befürchtete. Als Luther starke Neigung zeigte, seiner Bitte zu entsprechen, intervenierte Käthe und ermutigte ihren Mann, dennoch den Weg in die Öffentlichkeit zu wagen. Luther folgte Käthes Argumenten und veröffentlichte die Schrift *„Wider Hans Wurst, das ist: der von Braunschweig zu Wolfenbüttel"*. An dieser Begebenheit wird deutlich, dass Katharina nicht nur im theologischen Bereich ihrem Mann Hilfe und Beraterin war, sondern dass sie auch politischen Einfluss geltend machte, wann immer sich die Möglichkeit ergab.[34]

Als im Jahr 1550 die Pest in Wittenberg wütete, floh Katharina in einem Pferdegespann mit ihren Kindern Paul und Margaretha nach Torgau. Als auf der schlechten Straße die Pferde durchgingen, sprang sie vom Wagen, um in die Zügel zu greifen. Doch sie fiel auf den Rücken und rutschte in den Graben mit eiskaltem Wasser. Von Margaretha gepflegt, sah sie ihre Stunde des Abschieds kommen und sagte in den letzten Tagen ihres Lebens immer wieder, dass sie *„wolle an Christus kleben, wie die Klette am Kleid"*.[35]

Wollte man ein Fazit über das Leben Katharina von Boras wagen, so müsste festgestellt werden, dass die Ehe Martin Luthers mit Katharina faktisch ein partnerschaftliches Profil kannte und aus der wechselseitigen Wertschätzung füreinander lebte, wobei hervorgehoben werden muss, dass Käthe Luther eine äußerst vielbegabte Frau war, die nicht nur ihren Mann bediente, sondern konstruktive Verantwortung für die ganze Familie lebensnah wahrnahm. Ihr Selbstverständnis, Hilfe für ihren Mann zu sein, kannte keinerlei Akzente einer minderwertigen Unterlegenheit. Vielmehr nahm sie ihre Verantwortung als reifer Mensch in allen Lebensherausforderungen wahr, in die sie sich von Gott geführt wusste, indem sie sich in eigenständigem Denken als ernst zu nehmendes Gegenüber ihres Mannes erwies und für ihn sowohl Ermutigung als auch Korrektiv bedeutete. Es ist Bainton durchaus zuzustimmen, wenn er in Hochachtung von Käthe Luther treffend sagt: „Käthe erscheint als eine Frau mit Charakter und Mut, sensibel, unsentimental, mit einem starken Willen, liebevoll, entschlossen und rechtschaffen. Sie diskutiert mit ihrem Mann die Probleme der Reformation und unterstützt ihn in seinen kämpferischen Unternehmungen. Die Öffentlichkeit war nicht ihr Wirkungsbereich. Doch dürfen wir ihren Beitrag zur Reformation nicht herabmindern. Sie stand dem bekanntesten protestantischen Pfarrhaus vor und gab damit in gewisser Weise den Ton an für das häusliche Leben in Deutschland, einen autoritären und patriarchalen Ton gewiss, der zugleich aber auch zärtlich-gefühlvolle und hingebungsvolle Nebentöne zuließ."[36]

2. 2. Katharina Zell (1497-1562): Apostelin der Nächstenliebe

Seit dem ausgehenden Mittelalter erfüllte Gott viele Menschen mit einer tiefen Sehnsucht nach einem neuen geistlichen Leben, nach einer konkret erfahrenen Gottesbegegnung. Man empfand schmerzlich die Verkrustungen und offen liegenden Irrtümer der päpstlichen Kirche und litt unter ihrem verweltlichten Klerus.

Noch lange bevor Luthers geniale Bibelübersetzung abgeschlossen war, hatten bereits zahlreiche Frauen mit Eifer ihr Heil in der Bibel gesucht und nicht selten gefunden.

In der Reformationszeit erweckte Gott im ganzen Land Frauen, die aufgrund des Wortes Gottes zu einer ausgeprägten Erkenntnis der Wahrheit fanden und zugleich mit einer brennenden Liebe ihren bedürftigen Mitmenschen mitfühlend zur Seite standen. In ihrer Leidenschaft ging es ihnen zugleich um die Rettung der Seelen wie auch um den Beistand in irdischen Nöten, nun aber in der Gewissheit der bereits selbst erfahrenen Erlösung durch die Gnade des Evangeliums.

Eine in diesem Sinne bedeutende Persönlichkeit der Reformation war Katharina Zell aus Straßburg, die Frau des Pfarrers Matthias Zell, der wegen seiner Heirat von seinem Bischof exkommuniziert wurde.[37] Um beide vor der Öffentlichkeit verächtlich zu machen und ihre geistliche Integrität zu verunglimpfen, setzte man das Gerücht in die Welt, dass Katharina ihren Mann bei seiner Magd vorgefunden habe, der seine Frau daraufhin geschlagen und aus dem Hause getrieben hätte. Katharina Zell sah nicht nur die Wahrheit, sondern mit ihr die Ehre Gottes geschändet und suchte der Gerechtigkeit einen Weg zu bahnen, indem sie eine Verteidigungsschrift verfasste. *„Denn er (ihr Mann), dessen ist Gott Zeuge, dass ich hier nicht lüge, war mit mir nicht einmal eine Viertelstunde uneins gewesen oder hätte mir gar viel oder wenig Leid mit Worten oder mit Taten zugefügt. Ebensowenig habe ich es ihm gegenüber getan, wie ich hoffe. Was bezüglich der Magd zu sagen wäre: Ich habe keine. Nur ein kleines Töchterchen haben wir, das unverdorben von derartigen Dingen noch nichts weiß. Es ist noch so klein, dass er bislang noch nicht einmal ein Wort mit ihm reden konnte. Und was das Verprügeln angeht: Mein Mann und ich hatten nie auch nur fünfzehn unglückliche Minuten miteinander. Ich weiß keine größere Ehre für uns zu erleben, als dass wir in der Schande dieser Welt sterben und er mir und ich ihm fröhlich am Kreuz einander Trost zusprechen und uns stärken werden.“*

Dabei aber wollte es Katharina Zell nicht bewenden lassen. In ihrer Liebe zur Wahrheit des Evangeliums und in ihrem gesund entwickelten Gerechtigkeitssinn verteidigte sie nicht nur die Ehe für die Priester, sondern prangerte einen angeblich zölibatär lebenden Kleriker ihrer Stadt an, von dem sie wusste, dass er gleich sieben Frauen geschwängert hatte.[38]

Ihr öffentliches Engagement, das in der damaligen Zeit für eine Frau durchaus ungewöhnlich war, rechtfertigte sie in schlichter und doch überzeugender Theologie, als sie schrieb: *„Paulus sagt: Die Weiber sollen schweigen. Ich antworte: Wisst ihr nicht auch, dass er in Galater 3 sagt: In Christus ist weder Mann noch Weib; ebenso sagt Gott durch den Propheten Joel im 3. Kapitel: Ich werde ausgießen von meinem Geist über alles Fleisch und eure Söhne und Töchter werden weissagen. Und ihr wisst ebenso, als Zacharias stumm wurde, hat Elisabeth Maria, die Jungfrau, gepriesen."* (Lk 1,41-45)

Mit dieser bemerkenswerten Scharfsinnigkeit und überzeugenden Zivilcourage wollte sie der Wahrheit zum Sieg verhelfen. Katharina war dennoch keine ausgesprochene Kämpferin, vielmehr war ihr eher der Charakter einer demütigen und bescheidenen Frau zu Eigen, die ihren Traktat mit den Worten schloss:

„Ich erwarte nicht, dass man auf mich hört wie auf Elisabeth oder Johannes den Täufer oder Nathan, den Propheten, der David seine Übertretung vorhielt, noch wie auf einen anderen Propheten, sondern nur wie auf den Esel, auf den sogar der falsche Prophet Bileam hörte. Denn mir geht es doch nur darum, dass wir miteinander selig werden. Dazu helfe uns Gott durch Christus, seinen lieben Sohn. Amen."[39] Auch wenn sie den Weg der Klarstellung in aller Öffentlichkeit gewählt hatte, wollte sie doch lediglich ihrem Mann eine treue Helferin sein, wodurch sie allerdings auf einen Lebensweg geführt wurde, der nicht ohne gesellschaftliche Resonanz bleiben konnte.

Als ihre beiden Kinder bereits im Säuglingsalter starben, kam über Katharinas Leben ein Schatten, den sie als Folge ihrer Sündenverfallenheit deutete. Immer wieder litt sie unter Depressionen und hatte zeitweilig wie Luther den Eindruck, mit dem Teufel selbst kämpfen zu müssen. Unter diesen schmerzlichen Vorzeichen ihres eigenen Lebens blieb sie in einer wachsenden

Abhängigkeit zu ihrem Gott und wurde so ein Mensch, der sich für andere liebevoll aufopferte.

Als der Reformator Bucer nach Straßburg kam, war er bereits mit Elisabeth Silbereisen, einer ehemaligen Dominikaner-Nonne, verheiratet. Wo sie auch bislang Arbeit und Heimat gesucht hatten, überall vertrieb man sie. Katharina aber nahm sie in ihrem Hause auf und verschaffte Bucer hier eine Kanzel, indem sie zu seinen Römerbrief-Vorlesungen ins Pfarrhaus einlud.

Als in der Nachbarstadt Kensingen die Gemeinde ihren Pfarrer Jakob Otter aufgrund seiner reformatorischen Gesinnung vertrieb, schlossen sich ihm rund 150 Männer an, um ihre Solidarität zu bekunden. Nach einigen Kilometern verabschiedeten sie sich feierlich von Otter, um wieder zu ihren Familien zurückzukehren. Doch sie fanden die Stadttore von Kensingen verschlossen und wurden von Soldaten verjagt. Einer von ihnen geriet in Gefangenschaft und wurde später hingerichtet. Alle suchten in Straßburg Zuflucht und Schutz. Katharina öffnete ihnen ihr Haus und versorgte über drei Wochen rund 60 Personen. Für die Übrigen organisierte sie Quartiere in der Stadt. Den zurückgebliebenen Ehefrauen aber schrieb Katharina einen bewegenden Brief, mit dem sie sie in ihrem Leid stärkte. Unter anderem schrieb sie:

„In Gott lieben Schwestern und gläubigen Weibern der ganzen Gemeinde zu Kensingen. Ich bitte auch Gott Tag und Nacht mit euch allen, dass er euch denselben Glauben mehren wolle, den ihr nicht aus eurem Herzen lasst, sondern stets an das unüberwindliche Wort Gottes denken wollt ... Also auch ihr, wollt ihr Christen sein und mit ihm in seine Herrlichkeit gehen, so müsst ihr auch mit ihm leiden ... Wenn ich mit euch solches leide, dann will ich freudiger und fröhlicher darin sein, als der Adel in der Straßburger Messe mit ihren goldenen Ketten und Halsbändern, ja fröhlicher, als wenn ich des römischen Kaisers Weib wäre und auf dem Thron seiner höchsten kaiserlichen Majestät säße ... Darum, liebe christlichen Weiber ... sowenig wie die Mutter ihr saugendes Kind vergessen kann, so wenig kann ich euch vergessen ... Liebe Schwestern, wenn auch euer Glaube kleinmütig wurde und das Fleisch gegen den Geist kämpft, erschreckt nicht. Es ist ein seliger Kampf, der sein muss. Der Glaube ist kein Glaube,

wenn er nicht angefochten wird ... Denkt an die Worte Christi, wenn er sagt: Selig sind, die hier traurig sind, denn sie sollen getröstet werden. Bittet für die, die euch beleidigen und verfolgen, damit ihr Kinder seid eures Vaters im Himmel."[40]

Schon bald danach wurde Straßburg von schrecklichem Elend überflutet. Als 1525 der Bauernkrieg ausbrach, sammelten sich um die Stadt Tausende aufgehetzter und gewaltbereiter Bauern. Katharina, ihr Mann und Pfarrer Capito gingen hinaus in ihr Lager, um Blutvergießen zu verhindern. Doch vergeblich: Tage später wurden die Bauern von den Heeren der Fürsten hingemetzelt. Über 3000 konnten entkommen und suchten in der Stadt Zuflucht, wobei sie nicht ahnen konnten, welche soziale Herausforderung ihre Gegenwart für die Stadt bedeutete. Schließlich wurden Lukas Hackfurt, ein Mitglied des Sozialausschusses, und Katharina Zell beauftragt, die Armenfürsorge privat zu organisieren und die Flüchtlinge ein halbes Jahr zu verköstigen, ehe sie wieder auf ihre Höfe zurückkehren konnten.

Ohne Zweifel hatte Katharina eine besondere Gabe der Gastfreundschaft. Alle namhaften Vertreter der Reformation – Luther ausgenommen – waren irgendwann einmal im Hause der Zells zu Gast. Ob Zwingli, Calvin, Oekolampad, Servet, Schwenckfeld oder bei einer anderen Gelegenheit gleich eine ganze Delegation von dreißig protestantischen Theologen: Sie alle genossen die freundliche Aufnahme und Versorgung dieser geistlich wachen Frau und erlebten zuweilen mit, wie sie in ihrem ausgleichenden Geist streitende Brüder wieder zu versöhnen wusste. Nachdem das Abendmahlsgespräch in Marburg zwischen Zwingli und Luther gescheitert war, von dem doch so viel für den deutschen Protestantismus abhing, ahnte Katharina, dass dadurch ein gravierender Riss die Reformation schwächen würde. Kurz entschlossen schrieb sie dem Gastgeber Philipp von Hessen einen Protestbrief, in dem sie Luther vorhielt, dass doch die Liebe das Wichtigste sei vor allem anderen.

Diese Überzeugung, verbunden mit respektvoller Toleranz, gehörte zur geistlichen Grundgesinnung des Ehepaars Zell. Mit dieser Haltung blieben sie allerdings in Straßburg allein. Als der Täufer Melchior Hoffmann wegen seiner Auffassung in Straßburg ins

Gefängnis geworfen wurde, sah Katharina die seelsorgliche Verantwortung, ihn im Gefängnis aufzusuchen und im Glauben zu stärken. Dieser wichtige Dienst wurde für sie immer häufiger zu einer persönlichen Verpflichtung, sodass sie sich beim Rat der Stadt die Erlaubnis erbat, generell Gefangene besuchen zu dürfen.[41] Als im Januar 1548 ihr Mann starb, richtete Katharina einige Worte an die Gemeinde, was sie offenbar seelisch so sehr überforderte, dass sie einen Zusammenbruch erlitt. Um sich zu erholen, ging sie einige Wochen zu Freunden nach Basel. Bucer schrieb ihren Gastgebern ein ausgesprochen beeindruckendes Empfehlungsschreiben:

„Die Witwe unseres seligen Herrn Zell, eine fromme und heilige Frau, kommt zu Euch, damit sie vielleicht etwas Linderung für ihren Schmerz findet. Sie ist darin sehr menschlich. Wie demütig der sanftmütige Vater im Himmel doch gerade zu jenen geistvollen Menschen ist, die er mit großen Gaben beschenkt hat. Sie beweist einen unglaublichen Eifer für die Niedrigsten und die Bedrückten Christi. Sie kennt und erforscht die Geheimnisse Christi ausgezeichnet ...“[42]

Nachdem sich Katharina gut erholt hatte, nahm sie unbeirrt den Dienst der Nächstenliebe wieder auf, setzte sich für den an Aussatz erkrankten Ratsherrn Felix Armbruster ein und schrieb ihm eine Trostschrift. Für ihren Neffen Laux Schütz, der an Syphilis erkrankt war, empfand Katharina verwandtschaftliche Verantwortung und zog mit ihm eine Zeit lang ins Hospital.

So wie ihr ganzes Leben von einer toleranten, alle Menschen liebenden Weite geprägt war, der jede parteiische Engstirnigkeit zuwider war, so stellte sie sich kurz vor ihrem Tode noch einmal einer für ihr Empfinden absolut grotesken Situation. Als es innerhalb des Straßburger Protestantismus zu Aufspaltungen und gegenseitigen Verfolgungen kam, starb 1562 die Frau des angesehenen Arztes Guinter von Andernach. Da sie eine Schülerin Schwenckfelds gewesen war, weigerte sich die Pfarrerschaft beharrlich, sie zu beerdigen. Als Katharina davon hörte, besprach sie sich mit dem Witwer, ließ sich um sechs Uhr morgens zum Friedhof fahren, weil sie kaum noch laufen konnte, und hielt dort einen bewegenden Trauergottesdienst. Dafür sollte sie vom Rat der Stadt belangt und zur Rede gestellt werden. Doch dazu sollte es nicht mehr kommen.[43] Noch im gleichen Jahr verstarb sie.

2. 3. Elisabeth von Braunschweig (1510-1558): Politikerin im Namen des Glaubens

Welche historische Rolle den Frauen bei der Durchsetzung des reformatorischen Gedankengutes tatsächlich zukommt, wird wohl nie exakt ermittelt werden können, da die Einflussmöglichkeiten je nach charakterlicher Veranlagung in sehr unterschiedlicher Art und Weise praktiziert wurden. So gab es an den Höfen Europas einflussreiche Damen, die nie für ihren Glauben in der Öffentlichkeit Position bezogen und dennoch für den Weg des Evangeliums von unschätzbarem Wert waren.

So ist zum Beispiel bekannt, dass die junge Gräfin Margarethe von Ostfriesland während des Wormser Reichstages 1521 ihren Verlobten, den Grafen Philipp IV. von Waldeck, durch ihre äußerst liebevolle Art der Argumentation für den neuen Glauben gewinnen konnte. Auch die Herzogin Katharina von Mecklenburg wusste in dieser Frage auf ihren Ehemann Herzog Heinrich von Freiberg Einfluss zu nehmen, sodass er sich bald entschloss, sein Land für die Reformation zu öffnen. Aber Frauen des Adels waren nicht nur auf diesem indirekten Wege Vorkämpferinnen für die Anliegen der Reformation, sondern standen auch häufig als Regentinnen in der ersten Reihe, um in politischer Verantwortung weit tragende Entscheidungen zu fällen.

So führte die Gräfin Anna von Stolberg im Quedlinburger Land die Reformation ein, während die Gräfin Anna von Waldeck erst nach dem Tod ihres Mannes, des Grafen Philipp III., die Regentschaft übernahm und das Lebenswerk ihres Mannes klug zugunsten der neuen Lehren weiterführte.

Eine intensivere Beschäftigung mit Elisabeth von Braunschweig gibt einen tiefen Einblick sowohl in ihre landesmütterliche Fürsorge als auch in ihre hohe politische Begabung, durch die sie dem Evangelium in ihrem Land die Türen öffnete. Elisabeth war gerade 15 Jahre alt, als sie mit Erich I., einem vierzig Jahre älteren

Witwer, verheiratet wurde. Die junge Frau schickte seine Mätresse mit einer Abfindung vom Hof und ertrotzte sich, gewissermaßen als Preis für die Untreue ihres Mannes, die Hausmacht über das gesamte Fürstentum Göttingen.[44] Mit dem Gedankengut der Reformation wurde sie erst zehn Jahre später durch ihren Bruder Johann von Küstrin konfrontiert. Auf dessen Anregung lud sie den lutherischen Pastor Antonius Corvinus aus der hessischen Pfarrei Witzenhausen nach Münden ein, damit er dort den neuen Glauben verkündigte. Tief beeindruckt vom Evangelium öffnete sie sich und fand in ihrem Mann einen toleranten Menschen, der ihr zugestand, ihren Überzeugungen zu folgen.[45] Er ahnte nicht, dass Elisabeth von Anfang an fest entschlossen war, das ganze Land zum evangelischen Glauben zu führen.

Wenn es zu diesem Ziel auch bereits erste Schritte gegeben hatte,[46] so gab es andererseits doch eine Reihe von schier unüberwindbaren Hürden. Kaiser Karl V. war ein Vertreter des katholischen Glaubens, der die neue Lehre möglichst ausrotten wollte und deshalb durchaus bereit war, militärisch zu intervenieren, wenn er das Gleichgewicht der religiösen Kräfte bedroht sah.

Andererseits suchten die Fürsten und Landesherren ihrerseits immer mehr Unabhängigkeit von der Zentralmacht und politischen Einfluss, sodass es im Zeitalter der Kleinstaaterei zu ständigen Auseinandersetzungen mit Nachbarfürstentümern kam. So wie der Hochadel dem Kaiser widerstand und man untereinander die Macht einzuengen suchte, so widerstanden andererseits auch die Edelleute und Bauern den Landesherren. Als Elisabeth zum lutherischen Glauben konvertiert war, entwickelte sich noch eine weitere Front. Heinrich von Braunschweig-Wolfenbüttel, ihr unmittelbarer politischer Nachbar, wurde zu ihrem unversöhnlichen Gegner. Er wusste sich im Vorteil, konnte er doch sichergehen, dass ihn bei einer etwaigen Auseinandersetzung die kaiserliche Sympathie begleiten würde. Diese Bedrohung suchte Elisabeth zu kompensieren, indem sie Kontakte zu Philipp von Hessen aufbaute, der ein politischer Führer der Reformation war. Als ihr Mann Erich I. 1546 während eines Reichstages in Hagenau plötzlich verstarb, übernahm Elisabeth die Regentschaft für ihren noch unmündigen Sohn. Sie war fest entschlossen, die Belange der Reformation voranzutreiben. So erbat sie sich von Philipp von Hessen den lutherischen Theologen Corvinus als seelsorglichen Berater, vor allen Dingen aber als Organisator für die Reformation in Braunschweig-Calenberg. Corvinus unterstützte seine Landesherrin, dem Evangelium den Weg zu bahnen, und verfasste 1542 eine evangelische Kirchenordnung. Eine Klosterordnung aus demselben Jahr schob der zwangsweisen Schließung von Klöstern einen Riegel vor. Mönche und Nonnen sollten sich frei entscheiden dürfen, wie sie künftig leben wollten. Darüber hinaus schuf Corvinus eine Schulordnung und veröffentlichte 1546 ein lutherisches Gesangbuch.[47]

Er unternahm zahlreiche, nicht ungefährliche Visitationen in den Gemeinden, zu denen er zeitweise von Elisabeth begleitet wurde. Da Elisabeth wusste, dass bald ihr Sohn die Regentschaft übernehmen sollte, legte sie besonderen Wert auf seine Erziehung. Diese vertraute sie Corvinus an, machte sie aber auch selbst zu einem ihrer wichtigsten Anliegen, indem sie eigens für ihn den ersten protestantischen Fürstenspiegel des 16. Jahrhunderts verfasste.[48] In ihrer Weitsicht suchte sie für ihren Sohn an den Höfen Europas eine geeignete Lebensgefährtin. Die Tochter Heinrichs von Sachsen, Sidonia, die zwar zehn Jahre älter als ihr Sohn Erich war, schien die beste Wahl. Auf einer Reise nach Sachsen sprachen sie auch bei Luther vor, der den jungen Erich in Dingen des Glaubens examinierte und mit ihm durchaus zufrieden war.

Nachdem 1545 Erich mit Sidonia Hochzeit gefeiert hatte und kurz darauf volljährig wurde, übernahm er die Regierungsgeschäfte. Elisabeth aber beanspruchte ihr Witwenteil in Münden, um der Reformation auch weiterhin, wenn auch innerhalb eines verengten Rahmens, dienen zu können. Ihre Sorge allerdings galt nach wie vor ihrem Sohn, von dem sie befürchtete, dass der Glanz und die Autorität des Kaisers ihn das Lager wechseln ließ, zeigte er doch immer wieder deutliche Sympathie für den Kaiser und den Katholizismus. Als er 1546 die Einladung des Kaisers zu einem Fürstentag in Regensburg erhielt, nahm sie mit ihm das Abendmahl ein und nahm ihrem Sohn den Eid ab, dass er niemals seinen Glauben verlassen werde.

Doch ihre Befürchtungen wurden wahr. Der junge Regent wurde im Strudel kaiserlicher Schmeicheleien verführt und wandte sich dem Katholizismus zu. Als der Kaiser in einer militärischen Auseinandersetzung über die Protestanten des Schmalkaldischen Bundes siegte, machte Karl V. im Augsburger Interim wohl einige Zugeständnisse an die reformatorische Seite, drohte aber umso deutlicher all denen mit Gewalt, die sich ihm nicht fügen wollten. Erich II. war fest entschlossen, in seiner Heimat die katholische Ordnung wiederherzustellen. Als sich seine Frau diesem Begehren widersetzte, drohte er ihr, sie zu verstoßen, falls sie nicht ihren lutherischen Glauben widerriefe. Doch Sidonia blieb standhaft und fest und weigerte sich entschlossen. Als Elisabeth von diesen Ereignissen hörte, klagte sie: *„O, Herr Gott, tröste mich arme, elende, betrübte Mutter! Was habe ich geboren, was habe ich erzogen? Die erkannte Wahrheit verleugnen, ist eine Sünde, die weder hier noch zukünftig vergeben wird. Die armen Diener des göttlichen Wortes beleidigen, verfolgen, hin und her schleifen, beschämen, heißt wahrhaftig Jesus Christus, unseren einzigen Erlöser, Mittler und Fürsprecher, der unsere Sünde getragen hat, beleidigen, fangen und beschweren.“*[49]

Im November 1549 wurden Corvinus und Walter Hocker, ein anderer lutherischer Theologe, festgenommen und ins Gefängnis geworfen. In einem Brief vom 6.1.1550 bat Elisabeth ihren Sohn inständig, die Gefangenen freizulassen, doch vergeblich. Erich wusste sich unter der Pflicht des Kaisers und führte seinen Kampf gegen das Luthertum fort. Als er Pfarrer Mörlin aus seinem Amt vertrieb, konnte Elisabeth ihm ein Pastorat in Preußen bei ihrem Schwiegersohn Albert verschaffen und schrieb ihm 1551 einen Klagebrief, in dem der ganze Schmerz einer Frau mitklang, die in tiefer Anfechtung stand und dennoch unbeirrt auf Gott hoffte.[50]

Doch es sollte noch einmal eine Wende geben. Als der Druck des Kaisers nach der gewonnenen Schlacht von Mühlberg zu groß wurde, erhob sich Moritz von Sachsen, der es in einer ausgesprochen klugen militärischen Strategie fertig brachte, den Kaiser in die Flucht zu jagen. Nun konnten die protestantischen Fürsten die Reformation sichern. Erich II. versöhnte sich mit seiner Mutter und führte das Luthertum in Braunschweig-Calenberg wieder ein. Er ließ Corvinus und alle anderen Geistlichen aus der Haft entlassen. Doch kurze Zeit später sah sein Erzrivale Heinrich von Braunschweig-Wolfenbüttel die Zeit gekommen, die langjährige Feindschaft auf dem Schlachtfeld zu entscheiden. Heinrich verlor zwar seine beiden Söhne, doch Erich II. zwang er in die Knie. Als Preis für eine milde Behandlung musste er seine Mutter Elisabeth ins Exil nach Hannover schicken.[51] Durch diese Ereignisse gedemütigt und verunsichert, schwenkte Erich erneut um, öffnete sich dem Katholizismus und wurde wieder ein williger Diener des Kaisers, in dessen Diensten er in Pavia auch schließlich starb.

Inmitten aller menschlicher Schaukelpolitik schenkte Gott Elisabeth dennoch den lang ersehnten Sieg. Denn die letzte Schlacht und der Verlust seiner beiden Söhne hatten Heinrich offensichtlich müde gemacht. In seinem Lande ließ er schließlich den lutherischen Glauben zu, sodass ganz Braunschweig innerhalb kurzer Zeit zum Augsburger Bekenntnis übertrat. Dies geschah sicher nicht aufgrund fürstlicher Zwangsmaßnahmen, sondern aus freier Einsicht der Menschen, die aus dem Dienen und Leiden evangelischer Verkündiger, wie Corvinus, Hocker und Mörlin, für den Glauben gereift waren. Elisabeth aber starb im Mai 1558 auf den Gütern ihres zweiten Mannes, des Herzogs Poppo von Henneberg, in dem Bewusstsein, dass ihr lebenslanger Kampf in der politischen Arena und ihr Leiden für die Reformation endlich Früchte trugen.

2. 4. Frauen in der Täuferbewegung: Dulderinnen um Christi willen

Es ist ganz erstaunlich, wie lange die Täuferbewegung in einer ausgesprochenen Nische der Kirchengeschichte überliefert werden konnte und es der Forschung nicht gelang, ein einigermaßen realistisches Bild zu entwerfen. Heute wissen wir, dass die negativen Darstellungen der Täuferbewegung sich gewöhnlich aus Streitschriften der Gegner nährten und der geschichtlichen Wirklichkeit nicht gerecht werden. Diese negativ wertende Voreingenommenheit in der Beurteilung dieser Bewegung kommt bereits in dem Begriff „Wiedertäufer" zum Tragen, der von Anfang an von Lutheranern und Reformierten den Anhängern dieses Frömmigkeitstypus' angehängt wurde, die sich von der Volkskirche absonderten.[52]

Die betroffenen Gruppierungen lehnten diese vordergründige Klassifizierung stets ab, zumal ganz unterschiedliche Gruppen dazugehörten.[53] Dennoch wird gerade in dieser Schmähbezeichnung das wesentliche Anliegen der Täuferbewegung sichtbar: Die in den Täufergemeinden gesammelten Christen hatten das erklärte Ziel, die *„wahre, rechte christliche Kirche"* wiederherzustellen.[54] Dabei waren sie von dem Gedankengut des „Primitivismus" beseelt, der die Auffassung vertritt, dass die Dinge im Urzustand generell besser und deshalb erstrebenswert sind. Aufgrund dieser Einsicht war es ihr Streben, die apostolische Freiwilligkeitskirche zu schaffen, die vom Staat getrennt war und allein durch Menschen bestand, die durch den Heiligen Geist wiedergeboren wurden. Aufgrund dieser Überzeugung warfen sie den Reformatoren Halbherzigkeit vor, da sie offenbar die strukturelle Gegebenheit der päpstlichen Kirche, wie sie sich seit der Konstantinischen Wende entwickelt hatte, nicht anrühren wollten. Die Täufer aber wollten nicht nur punktuelle Korrektur im Sinne einer kosmetischen Reformation, sondern sie suchten den Weg in eine konsequente Wiederherstellung des frühchristlichen Gemeindebildes.

In diesem Zusammenhang lehnten sie die Säuglingstaufe ab, die ihrer Ansicht nach nur äußerst schwach biblisch begründet war. Das gemeindebildende Kriterium aber war für die Täufer nicht der Akt der Glaubenstaufe, sondern die Wiedergeburt durch den Geist Gottes, der Glaube an Jesus Christus. Nach ihrer Auffassung konnte nur der Glaubende die Taufe wünschen und erhalten, während in der Römischen wie auch in der Protestantischen Volkskirche die Taufe die Kirchenzugehörigkeit konstituierte.[55]

Die Reformatoren blieben in ihrer Tauflehre stärker der traditionellen Sicht der Kirche verpflichtet, so dass es zwangsläufig zur Ausgrenzung der innerkirchlichen Protestbewegung kam. Bei unterschiedlichem Taufverständnis lag jedoch die eigentliche Auseinandersetzung in der Konkretisierung der biblischen Ekklesiologie. In Konsequenz dieser Schau entwickelten sich theologische Überzeugungen, die zunehmend die Täufergemeinden prägten. Dazu gehörte die Auffassung der völligen Eigenständigkeit der Ortsgemeinden, wenn auch eine regionale Klammer zur Abklärung theologischer Lehrfragen nicht abgelehnt wurde, wie es die „Schleitheimer Artikel“ von 1527 und die Täufersynode von Augsburg desselben Jahres unterstrichen.

Als inhaltlich herausragende Komponente ist sicherlich das Streben nach Vollkommenheit zu nennen, wie es Christus in der Bergpredigt gelehrt hat. Daraus resultierend wurde als Instrument der Heiligung die Gemeindezucht neu entdeckt. Vor allen Dingen aber verstand man den Missionsbefehl, den die Reformatoren auf die apostolische Zeit begrenzt sehen wollten, als permanente Herausforderung zu missionarisch-evangelistischer Verantwortung für die Menschen seiner Zeit. Auch die Berufung zum geistlichen Priesterdienst, der keinen Christen ausschließt, suchte man in Täuferkreisen in Formen der praktizierten Bruder- und Nächstenliebe umzusetzen.

Die Täuferbewegung schuf in Europa einen neuen Kirchentyp. Neben der römisch-katholischen und evangelischen Volkskirche entwickelten die Täufer ein drittes Gemeindemodell, das sich im Sinne der Freikirchen entwickelte.

Allerdings gab es in der Täuferbewegung noch Vertreter einer anderen Linie, die in ihren Landeskirchen blieben, um Spaltungen und Verfolgung zu umgehen. Es gibt Schätzungen, wonach etwa mindestens die Hälfte dieser radikalen Gläubigen sich in landeskirchlichen „Konventikeln“ zusammenfanden. Unter der Regierung von Philipp von Hessen (1509-1567) bemühte man sich erfolgreich darum, frühere Täufer in die kirchlichen Gemeinden wieder einzugliedern. Es ist sicherlich nicht ganz abwegig, wenn man kirchengeschichtlich solche Gruppen als „vorpietistisch“ einordnet, gibt es doch bis auf den heutigen Tag auffallende Parallelen in der Lehrgestalt des Täufertums und des innerkirchlichen Pietismus. Viele Dörfer, in denen sich Täufer niederließen, wurden später „Pflegestätten des Pietismus".[56]

Doch gab es damals neben Philipp von Hessen kaum einen Landesherrn, der in religiöser Toleranz und politischer Weitsicht seinen Untertanen Glaubensfreiheit gewährte und gegen den Druck des Kaisers religiös motivierte Hinrichtungen verwarf. In ganz Europa kam es zunehmend zu Ketzerprozessen und schrecklichen Hinrichtungen, die spätestens mit dem Reichstag zu Speyer 1529 zur juristischen Pflicht wurden. Jene Beschlüsse, die die Täufer mit der Todesstrafe bedrohten, wurde von Katholiken und Protestanten gleichermaßen gutgeheißen. Vielerorts wurden Polizeieinheiten zusammengestellt, die so genannten „Taufjäger", die die alleinige Aufgabe hatten, Täufergemeinden aufzuspüren und der Staatsgewalt zuzuführen.[57] Während die Katholische Kirche es weithin bevorzugte, die Täufer auf Scheiterhaufen zu verbrennen, war das Ertränken die Praxis der Lutherischen Kirche. Ein unendliches Leid durchzog Europa, in dem Menschen um ihres Glaubens willen gehetzt, verfolgt, qualvoll gefoltert und hingerichtet wurden. Es wurden Familien zerrissen, Kinder weggenommen, Eltern gemeinsam oder auch einzeln dem Scharfrichter übergeben. Auf erhaltenen Listen lesen wir noch heute die Namen vieler Frauen, die in ihrem Glauben eine bemerkenswerte Unbeugsamkeit bewiesen.[58]

Leider haben wir jedoch von keinen Frauen geschichtlich verbürgte, ausreichende Informationen. Was sich wirklich zugetragen hat, können wir lediglich aus Prozessakten zu rekonstruieren versuchen. Dabei wollen wir uns auf das Schicksal einer jungen Frau begrenzen, deren Familienname nicht mehr bekannt ist. Elisabeth wurde in Holland geboren und stammte aus einer angesehenen Familie. Die Eltern gaben sie frühzeitig in ein Kloster nach Ostfriesland, wo sie erstmalig in einer lateinischen Bibel las. Bald danach konnte sie aus dem Kloster fliehen und fand kurzweilig Unterschlupf bei einer mennonitischen Familie in Leer. Aus Angst vor Verfolgung brachten sie die junge Frau nach Leeuwarden, wo sie am 15. Januar 1549 verhaftet wurde. Sie wurde in das „Stockhaus" (Gefängnis) der Stadt geworfen und bald darauf verhört. Aus den Protokollen der Gerichtsakten wird ersichtlich, in welcher charakterlichen Festigkeit Elisabeth ihren Glauben bezeugte, aber auch, wie theologisch gewandt sie ihren Peinigern antwortete.

Der Aufforderung zu beschwören, ob sie einen Mann habe oder nicht, begegnete sie mit einer für die Täuferbewegung charakteristischen Antwort: „*Es ist uns nicht erlaubt, zu schwören, sondern unsere Worte sollen sein: Ja, ja, nein, nein; ich habe keinen Mann.*“ Mit dieser Überzeugung nahm sie Christi Anweisung der Bergpredigt (Mt 5,37) wörtlich und lehnte die damalige Sitte, den Wahrheitsgehalt der Worte mit dem Schwur zu unterstreichen, ab. Diese Grundhaltung, die Anweisungen Gottes wichtiger zu nehmen als die der Menschen, durchzog das ganze Verhör.

Daraufhin wurde sie aufgefordert, die Namen ihrer Eltern mitzuteilen, worauf sie ebenso klar wie ablehnend reagierte: „*Mein Gott hat mir geboten, dass ich meinen Herrn und meinen Gott lieben, daneben aber meine Eltern ehren soll; darum will ich euch nicht sagen, wer meine Eltern seien; denn dass ich um des Namens Christi willen leide, ist meinen Freunden keine Unehre.*“ Schließlich wurde sie bedrängt, indem man ihr quälende Maßnahmen vor Augen stellte, jene Menschen namentlich zu nennen, von denen sie belehrt wurde und die sie gelehrt habe. Auch hierin blieb sie souverän und fest, als sie antwortete: „*Ich hoffe durch Gottes Gnade, dass er meine Zunge bewahren wird, dass ich keine Verräterin werde und meine Brüder dem Tode überantworte.*“ Geradezu beeindruckend überzeugend reagierte Elisabeth auf die Frage, die den Kern ihres Glaubens betraf, was sie von der Kindertaufe hielt und warum sie sich wiedertaufen ließ. „*Nein, meine Herren, ich habe mich nicht wiedertaufen lassen; ich habe mich einmal auf meinen Glauben taufen lassen; denn es steht geschrieben, dass den Gläubigen die Taufe zukomme.*“ Damit erwähnte sie den baptistischen Taufansatz, der noch heute von den Baptisten gelehrt wird, dass die Säuglingstaufe nicht die theologisch relevante Form der Taufe und damit ungültig sei. Vielmehr habe die Taufe nach einer bewussten Glaubensentscheidung für Christus zu geschehen, die dann zugleich Verpflichtung für den Täufling als auch Bekenntnis zur Gemeinde bedeutet.

Schließlich gab Elisabeth auch bereitwillig und offen Antwort auf die Frage, ob die Kirche nicht auch für sie das Haus Gottes sei und wie sie über die heilige Messe denke: *„Nein, meine Herren, denn es steht geschrieben: Ihr seid der Tempel des lebendigen Gottes (2. Kor 6,16). Meine Herren, ich halte nichts von eurer Messe; halte aber viel von allem, was mit Gottes Wort übereinkommt."* Diese Fundamentalkritik gegenüber der kirchlichen Institution lässt verständlich werden, warum die Amtskirchen wenig Sinn für Toleranz zeigten, sondern die Zerstörung der Täuferbewegung aktiv betrieben.

Nach weiteren theologischen Fragen über Glaube, Abendmahl und Priesterstand, die sie ebenso kurz wie prägnant beantwortete, wurden Elisabeth Daumenschrauben angelegt, bis das Blut aus ihren Fingern spritzte. Als sie noch immer nicht bereit war, ihren Glauben zu widerrufen, wurden ihr zusätzlich noch zwei Eisenzwingen an die Schienbeine gelegt, worauf sie in Ohnmacht fiel. Als sie wieder erwachte, wurde sie nochmals aufgefordert, den Namen ihres Täufers zu nennen, worauf sie antwortete: *„Nein, meine Herren, ich habe ja gesagt, dass ich solches nicht bekennen will."* – Hierauf wurde am 27. März 1549 das Todesurteil über Elisabeth gesprochen. Sie wurde in einem Sack ertränkt.

Dieses Einzelschicksal steht für viele andere Frauen in der Reformationszeit, die mutig ihren Glauben gelebt, ihn in Festigkeit bezeugt haben und schließlich auch für ihn in den Tod gegangen sind.

II. Der Pietismus – Heiligungsbewegung im Geist der Reformation

1. Einleitung

In der Geschichte der Kirche wurden immer wieder Menschen berufen, die in prophetischer und apostolischer Vollmacht aus dem geschriebenen Wort neue geistliche Akzente für ihre Zeit zu setzen vermochten, indem sie Gottes Zuspruch und Anspruch neu zu Gehör brachten. Gott beglaubigte ihren Dienst so sehr, dass im Volk ein geistliches Erwachen und eine neue Ehrfurcht vor Gott die Folge waren. In diesen geistlichen Linien ist auch der Pietismus zu verstehen, dessen Grundanliegen ebenso die Rückbesinnung auf die Lehren der Heiligen Schrift ist, wie der daraus resultierenden Erneuerung des Lebens.

Von Anfang an verstand er sich im Kontext der Reformation und suchte neben der wiederentdeckten biblisch-theologischen Lehre die *‚praxis pietatis'*, also die fromme Lebensführung, den Gemeinden nahe zu bringen. Kirchengeschichtlich ist es unstrittig, dass an der Wiege des Pietismus drei männliche evangelische Theologen standen, die durch ihre Veröffentlichungen ganz maßgeblich dazu beitrugen, dass der Pietismus weit über die deutschen Grenzen hinaus in den protestantischen Kirchen Fuß fassen konnte und Christen geistlich erweckte. Dennoch kann diese Bewegung nicht ohne die zahllosen Frauen verstanden werden, die von Anfang an dem Pietismus prägende Akzente verliehen. Diese Mütter des Glaubens sollen nun in den Blick genommen werden. Zunächst muss jedoch das theologische Lehrgebäude der Väter beleuchtet werden, damit ihre Arbeit im Beziehungsfeld der sie begleitenden Frauen verstanden werden kann. Erst dann soll von jenen Frauen selbst gesprochen werden, denen der Pietismus unendlich viel zu danken hat.

Als „Väter des lutherischen Pietismus", durch die Gott außerordentlich viel wirken konnte, gingen drei andere Namen in die Geschichte der Kirche ein, Philipp Jakob Spener (1635-1705), August Hermann Francke (1663-1727) und Nikolaus Ludwig Graf von Zinzendorf (1700-1760).

2. Philipp Jakob Spener (1635-1705)

2. 1. Seine Leistungen für den Pietismus

Durch erweckliche Verkündigung und Sammlung der geistlich bewegten Menschen in Hausversammlungen, den *Collegia pietatis,* suchte Spener die Kerngemeinde zu stärken, die von Luther als *ecclesiola in ecclesia* bereits in seiner Vorrede zur Deutschen Messe 1526 gefordert worden war. Dabei wollte er dem Irrtum begegnen, der rechtfertigende Glaube genüge allein und gute Werke der Heiligung seien nicht nötig. Bahnbrechend für die beginnende pietistische Belebung der kirchlichen Frömmigkeit war Speners 1675 erschienene *Pia desideria,* die zunächst nur als Vorwort zu einer Neuauflage von Arndts *Wahrem Christentum* gedacht war, aber trotzdem ein Echo auslöste, das mit dem des Thesenanschlags Luthers durchaus zu vergleichen ist. In dieser „Programm-Schrift des Pietismus", wie sie später bezeichnet wurde, setzte Spener folgende inhaltliche Akzente:[59]

1. Anklage gegen die Kirche: Die Reformation Luthers sei in der Mitte ihres Laufes stehen geblieben. Das habe Luther selbst eingestanden. Spener wolle keine Reformation der Lehre bringen, sondern des Lebens. In der kirchlichen Obrigkeit gäbe es keine Selbstverleugnung, die Predigten bestünden größtenteils aus Lehrstreitigkeiten. Die Universitäten vermittelten viel unnötigen Ballast. Die Theologen sollten sich auf die Bibel begrenzen und keine Anleihen bei der Philosophie machen. Im Kirchenvolk seien Trunksucht, Prozesssucht und Habsucht an der Tagesordnung.

2. Es sei eine Besserung der Kirche möglich. Was in der Urgemeinde durch Kirchenzucht und Reinigung an allgemeinen Ärgernissen überwunden werden konnte, das solle auch in der Kirche heute möglich sein, wenn auch das Unkraut unter dem Weizen ihr Schicksal sei.

3. Zur Besserung der Kirche würden folgende Schritte nötig sein:

a) Man müsse das Wort Gottes reichlicher unter die Leute bringen. Erweckte Gemeindeglieder sollten sich in *Collegia pietatis* mit ihrem Pfarrer treffen, um gemeinsam die Bibel zu lesen. Diese erbaulichen Stunden sollten ein- oder zweimal in der Woche stattfinden.

b) Fleißige Übung des geistlichen Laienpriestertums. Es sei eine besondere List des Teufels, dass alle geistliche Arbeit dem Klerus übergeben werde, ja, dass die Priester sich allein den Namen „Geistliche" zugelegt haben, der doch allen wahren Christen gebühre. Die Seelsorge in der Gemeinde sollte durch viele Brüder geschehen, die zur brüderlichen Ermahnung und Bestrafung bereit seien und freudig das Wort Gottes läsen. So könne der Zustand der Kirche allmählich gebessert werden.

c) Wahres Leben aus Gott bestehe nicht im bloßen Wissen, sondern in der Tat. Die Liebe sei das eigentliche Kennzeichen der Jünger Christi. Bei jeder erdenklichen Gelegenheit solle man dem Nächsten wohltun und seine Liebe erweisen. Das müsse auch das Prinzip in den Lehrstreitigkeiten und Religionskämpfen sein. Den Gegner verstandesmäßig zu besiegen verhindere seine Bekehrung. Vielmehr brauche auch er die Liebe Christi, damit er wahrhaft umkehren könne.

d) Eine ganz neue Erziehung der Theologen an den Universitäten sei nötig.

Die Professoren sollten gegen den Ehrgeiz der Studenten angehen und den jungen Leuten wahre väterliche Seelsorger sein. Sie sollten das Wort Gottes ernst nehmen, und man sollte in praktischen Seminaren und Einsätzen an den Krankenbetten zur Seelsorge vorbereiten.

e) Eine neue, erwecklichе Predigtweise sollte gepflegt werden. Nicht die gelehrten Predigten würden Menschen den Weg zur Wahrheit weisen, sondern das schlichte Zeugnis für Christus.

Überall in Deutschland stimmten Professoren, Pastoren und Gemeindeleitungen der *Pia Desideria* Speners zu. Man gründete Konventikel und suchte vielerorts nach einem geistlichen Leben. Spener selbst war von dem Echo überwältigt. Aber nicht nur Zustimmung, auch schärfste Ablehnung erfuhr er durch seine Veröffentlichung und hatte auf kritische Stimmen theologisch zu reflektieren.

Als Spener 1691 vom Kurfürsten von Brandenburg nach Berlin berufen wurde, hatte sich an der Universität Leipzig durch seine Schüler Francke, Anton und Schade, die selbst bereits im Lehramt standen, eine geistliche Opposition gegen die vorherrschende Orthodoxie gebildet. Der anfangs durchaus für den pietistischen Gedanken aufgeschlossene Dekan der Universität Carpzow nahm jedoch zunehmend Anstoß an der Arbeit Franckes und begann, nachdem auch Speners Vermittlung gescheitert war, den Pietismus an der Universität gewaltsam zu unterdrücken. Dies hatte zur Folge, dass auch Francke bald das Feld räumen musste. Nicht lange, nachdem Spener seinen Dienst in Berlin aufgenommen hatte, versuchte er eine Hochschule ins Leben zu rufen, die in ihrer Theologie dem Pietismus eng verbunden sein sollte. Dies gelang ihm bald in Halle, wozu er Francke als Professor für orientalische Sprachen berufen ließ. Die neue Universität fand in akademischen Kreisen innerhalb kürzester Zeit eine so große Akzeptanz, dass sie bald als die Führungsinstitution im deutschen Pietismus galt, so wie es einst Wittenberg für die Reformation gewesen war.

2. 2. Speners verhaltene Position gegenüber den Frauen

Der Eindruck, den man als neutraler Beobachter in den *Collegia Pietatis* Speners tatsächlich gewinnen musste, war zunächst sicherlich der, dass Frauen kaum etwas mit dem Aufbruch der neuen „Reformation des Herzens“ zu tun hatten, sie durften lediglich versteckt hinter beweglichen Stellwänden den theologischen Äußerungen und Lehren der Brüder schweigend zuhören. Ohne Zweifel war hier Spener selbst der Regisseur, der als evangelischer Pfarrer gemäß der Lehre seiner Kirche strikt daran festhielt, dass Frauen wohl Teilhaber des kirchlichen Lebens sein sollten, nicht aber inhaltlich gestaltend oder gar leitend Positionen innehaben könnten.[60]

So sehr er auch mit dieser Überzeugung in den Grundlinien

prägender kirchlicher Traditionen blieb, so sehr trägt diese Haltung doch unverkennbar auch seine stark persönliche, eben biografische Seite. Es spricht sicher nicht gerade für die Aufgeschlossenheit seines Wesens, seiner männlichen Initiativkraft und auch nicht für seine Wertschätzung des weiblichen Geschlechtes, wenn er sich als 29-Jähriger erst auf Drängen seiner Verwandten in den Ehestand bewegen ließ und ihnen zudem noch die Wahl seiner zukünftigen Lebensgefährtin anvertraute. Waren es Motive der Angst, der Schwäche, der Kontakthemmung oder doch nur die eines kindlichen Gottvertrauens, die ihn in dieser wichtigen Frage des Lebens passiv werden ließen? Oder gab es da in seinem emotionalen Seelenleben gar tief eingeschliffene Vorbehalte gegen alles Weibliche? Was auch immer sein letzter Beweggrund gewesen sein mochte. Als er am 24.6.1664, am Tag seiner Promotion, die zwanzigjährige Straßburger Patriziertochter Susanne Erhard zum Traualtar führte, heiratete er eine bemerkenswerte, hoch gebildete Frau, die dem Eheverständis ihres Gatten entsprach. Als stille Frau, die nie die Öffentlichkeit suchte, wirkte sie als Hausfrau und Mutter von elf Kindern eher verborgen im Hintergrund und war für ihren Mann eine überaus geistreiche Beraterin, eine wichtige Ergänzung und Gehilfin in all seinen öffentlichen Auseinandersetzungen. Nach 18 Jahren Ehe dankte er ihr. Dabei fällt allerdings auf, dass der Inhalt seiner Dankbarkeit ein besonderes Schlaglicht auf sein Verständnis der Rolle der Frau wirft. Denn Spener schrieb: *„Für solche Heirat habe ich Gottes Güte so viel herzlichen Dank zu sagen, als er mir eine solche Ehegattin bescherte, die mich treulich liebt, mir mit Freundlichkeit begegnet und neben christlichem Gemüt und anderen Tugenden mit genugsamem Verstand der Haushaltung begabt auch dazu wohl angezogen gewesen, also dass ich nicht nötig hatte, mich der Haushaltungssorgen im Geringsten anzunehmen, sondern durfte solche gesamte Last samt der Kinderzucht, darin sie auch an Vorsichtigkeit und Ernst nichts mangeln ließ, auf sie und in den letzten Jahren zugleich auf die praeceptores ankommen lassen, so mir wohl eine der vornehmsten Erleichterungen meines Lebens und Amtes ... geworden ist.“*[61]

Spener sah also die Rolle seiner Frau im Wesentlichen als Hausfrau, die dafür Sorge zu tragen hatte, dass der Haushalt reibungslos ablief und die Kinder wohl erzogen ins Leben fanden, damit er selbst frei für seine Studierstube und für sein Amt sein konnte. Auf dem Hintergrund dieses Frauenbildes wird man gut nachempfinden können, warum es für ihn eine „Frauenfrage" kaum geben konnte. Bei allem, was er in einer orthodoxen Kirche an bahnbrechenden geistlichen Lebensimpulsen sowohl in den Bereichen der Dogmatik, vor allen Dingen aber in denen der persönlichen Frömmigkeit, wahrhaft bewegen konnte – die Fragen nach Rolle und Standort der Frau innerhalb der Kirche stellte sich ihm quasi nicht und wurde nur ganz am Rande reflektiert. In dieser Thematik bewegte sich Spener wie selbstverständlich in den übernommenen patriarchalen Strukturen der kirchlichen Volksfrömmigkeit seiner Zeit.

Wenn er in seinen Schriften auch gelegentlich einmal die Frage der dienenden Frau in der Kirche ansprach, so tat er dies eher dialektisch und darum letztlich doch undurchsichtig und inkonsequent. So warf er einmal in seiner Schrift *Das Geistliche Priesterthum*[62] die Frage auf: *„Haben aber Christliche weibespersonen auch theil an solchen priesterlichen ämtern?"* Er antwortet in deutlich biblischer Argumentation: *„Ja freylich: Dann hie ist kein Jude noch Grieche, hie ist kein knecht noch freyer, hier ist kein mann noch weib, sondern sind allzumal einer in Christo Jesu. (Gal 3,28) Und ist also in Christo der unterschied unter mann und weib, was das geistliche anlanget, aufgehoben. Weil dann Gott auch gläubige weibespersonen seiner geistlichen gaben würdiget, so mag deren gebrauch in ihrer ordnung ihnen nicht gewehret werden ..."*

Spener fügte dann Zitate aus Joel 2,28-29, Apg 21,9, Apg 18,26, Tit 2,3-5 und Röm 16,1-2 an, die dokumentieren sollten, dass Gott immer wieder Frauen erwählte, mit seinem Geist erfüllte, sie mit Geistesgaben beschenkte, um sie so als seine Dienerinnen zum Bau seines Reiches zu bevollmächtigen. Aber bereits hier grenzte er seine gerade erst mitgeteilten Erkenntnisse wieder ernüchternd ein, wenn er die geistlichen Qualitäten der Frauen in der Praxis in die gebotenen „*Ordnungen*" seiner Zeit zwang und damit feststellte, dass die gültigen kulturellen Normierungen der Gesellschaft des 17. Jahrhunderts durch die Weite biblischer Wahrheiten nicht erschüttert werden durften. So unterstrich er denn auch bereits auf der nächsten Seite sein traditionelles Verständnis einer patriarchalen Gesellschaftsethik, wenn er auf die Frage *„Ist dann den weibespersonen nicht verbotten zu lehren“*? antwortete: *„Ja, nemlich in der offentlichen gemeinde.“*[63]

Wenn es auch gerade noch so aussah, als würde Spener die Frage nach dem Dienst und der Bekleidung von Ämtern durch Frauen in der Kirche grundsätzlichlich bejahen, wobei er einschlägige Referenzstellen zitierte, die deutlich das Wirken der Frauen innerhalb der gemeindlichen und gesellschaftlichen Öffentlichkeit beanspruchen, so rückte er doch nur wenig später diese Vermutung gründlich zurecht, indem er unkommentiert Bibelstellen wie 1.Kor 14,34-35 ins Feld führte. Mehr noch, an dieser Stelle interpretierte Spener Gal 3,28 völlig im Kontrast zu seiner ersten Aussage, indem er nun lehrte:[64] *„Diß solt ihr aber nicht also verstehen, als sollte hie mit den weibspersonen, frauen und jungfrauen, erläubet seyn, öffentlich auffzutreten in der Christlichen gemeine und versamlung und zu predigen und zu lehren, wie etwa Bonifacius der teutsche Apostel umb das jahr nach Christi geburt 720 solches den Nonnen erlaubet haben soll. Daher die Thekla zu Kitzingen im lande zu Francken und die Lyeba zu Bischoffsheim und anderswo geprediget und sich auch unterstanden haben sollen, den mannspersonen die hände auffzulegen und priester zu ordinieren. Nein, die meynung hats nicht und das gebühret ihnen nicht.“*

Diese Position Speners zeigte sein tief verankertes traditionelles Frauenbild.

3. August Hermann Francke (1663-1727)

3. 1. Seine Leistung für die Pietismus

Wenn Spener der große Lehrer und Seelsorger des lutherischen Pietismus war, so war August Hermann Francke vor allem der Erneuerer christlicher Diakonie. Ihm genügte es nicht, wenn seine Studenten ihre Lektionen überzeugend beherrschten, vielmehr leitete er sie zum Dienst der christlichen Nächstenliebe an. Dabei war er selbst immer wieder ein ermutigendes Beispiel. So gewährte er einem Studenten die Möglichkeit, sich seinen Lebensunterhalt zu verdienen, indem er für zwei Stunden am Tage in seiner Amtsstube arbeitete. Ausgesprochen mutig im Glauben griff er Projekte auf, die ihm herausfordernd vor der Seele standen. So gründete er mit einer Spende eine Armenschule.[65] Als die Kinderzahlen ständig wuchsen, kam Francke auf die Idee, ein Pädagogium zu gründen. Durch die Not der Kinder getrieben errichtete er außerdem ein Waisenhaus und gründete ein Gymnasium, an dem einige Studenten lehrten, um sich so ihren Lebensunterhalt zu verdienen. Durch die Anregung des Freiherrn von Canstein entstand 1710 die Canstein'sche Bibelgesellschaft, um möglichst preiswert Bibeln unter das Volk zu bringen. In seiner schier unerschöpflichen Arbeitskraft gestaltete Francke durch all diese Aktivitäten ein überzeugendes Liebeswerk, wodurch er dem Pietismus an der Universität wie auch in der Bürgerschaft zu einer breiten Anerkennung verhalf.[66]

Die Halle'schen Anstalten, die 1727 etwa dreitausend Personen Lern- und Arbeitsmöglichkeiten boten, vielen auch Unterkunft und Verpflegung, hatten sich in wenigen Jahren mit der Buchhandlung, der Bibelanstalt sowie der Gewinn bringenden Apotheke zu einem erfolgreichen Wirtschaftsunternehmen entwickelt. Besonders bemerkenswert ist die Tatsache, dass von den in schulischer Ausbildung stehenden Kindern die Mädchen einen Anteil von 40 % stellten. *„Hier wird zum ersten Male in Deutschland die völlig einseitige Vorherrschaft der männlichen Schulbildung wirksam gebrochen.“*[67]

Aber auch als Autor verschiedener Schriften arbeitete Francke nachhaltig an der theologischen Prägung des Pietismus mit. Dabei kam auch immer wieder seine eigene Biografie zum Tragen, wenn er als Vorstadium der geistlichen Wiedergeburt einen intensiven „Bußkampf“ zu Voraussetzung machte.[68]

August Hermann Francke dachte aber nicht nur im engen Horizont seiner halleschen Herausforderungen. Vielmehr war er ständig von der Frage bewegt, wie der Glaube an Jesus Christus auch

Menschen anderer Kulturen zugänglich gemacht werden könnte. Nur auf diesem Hintergrund ist es zu verstehen, warum er bei der Gründung des *Collegium Orientale* im Jahr 1702 bereits das Studium der armenischen, persischen, türkischen und chinesischen Sprache als mittelfristige Ziele in den Lehrplan aufnahm. Er hoffte, dass Gott ihm eines Tages geeignete Türen öffnen würde, um dem Missionsbefehl Jesu nachkommen zu können. Diese Türen öffneten sich dann auch überraschend im Jahre 1705, als der dänische König Friedrich IV. für seine Kolonien in Übersee geeignete Männer suchte, die sich als Missionare aussenden ließen, um das Evangelium den Heiden zu bringen.[69] Francke sah hierin einen Fingerzeig Gottes und konnte bald Bartholomäus Ziegenbalg als ersten Missionar entsenden. Mit dieser Entscheidung begann Francke bereits damals in ausgesprochener Weitsicht einen Weg zu beschreiten, der noch heute im Pietismus völlig unumstritten ist: Ohne Weltmission ist die Konzeption pietistischer Frömmigkeit nicht vorstellbar. Diese schlichte Formel wird nicht nur durch den ausdrücklichen Missionsbefehl der Heiligen Schrift begründet, sondern ebenso durch das schlüssige Argument, dass die Freude der eigenen, in Christus gefundenen Errettung Widerhall in den Missionsstationen der ganzen Welt finden müsse.

Betrachtet man das Lebenswerk Franckes in seiner Gesamtheit, so fällt auf, dass all seine Aktivitäten, seien sie nun in Schriften gebunden oder in den pädagogischen Einrichtungen vor Augen gestellt, darauf abzielten, dass Menschen zu reifen geistlichen Persönlichkeiten wurden, die als Christen die Herausforderungen des Lebens annehmen und gerade darin zur Ermutigung für andere werden sollten, indem sie ihr Leben ganz auf die Hoffnung des Evangeliums gründeten. Genau dies aber, die Lehre der Schrift mit dem Leben glaubwürdig zu verbinden, ist eines der herausragendsten Grundanliegen des Pietismus schlechthin.

3. 2. Franckes Engagement in der Frauenfrage

Francke glaubte, dass Gott besonders zu den Herzen von Frauen reden könne, und schrieb über solche Frauen, durch die er den

Pietismus besonders gefördert sah: *„Es mag solches dem Teufel oder der bloßen Natur zuschreiben, wer will, ich halte, dass Gott auf solche Weise anfange, seine Wunder kund zu thun ...“*[70]

Durch solche und ähnliche Aussagen, durch die er die Bußrufe und Visionen ekstatischer Frauen als Zeichen für das anbrechende Reich Gottes deutete, machte sich Francke immer mehr zum Mentor und Fürsprecher der so genannten „Extraordinären“. Aber es war nicht allein diese Tatsache, die ihm viel Feindschaft einbrachte. Der kirchlichen Orthodoxie schien es besonders Besorgnis erregend zu sein, dass sich Frauen aktiv lehrend und predigend in den Konventikeln einbrachten, geistliche Schriften verfassten und als Exegetinnen der Heiligen Schrift auftraten, obwohl sie nicht das Studium der Theologie abgelegt hatten. Es war für die Kirchenleitungen ein besonderer Skandal, dass ausgerechnet Frauen, die in der kirchlichen Heilsverwaltung keine Rolle spielen durften, dafür besonders geeignet schienen, den Anspruch der pietistischen Frömmigkeitsbewegung zu untermauern. Dass jeder Gläubige unmittelbare Geisterfahrungen machen könne, und dies völlig unabhängig von der kirchlichen Gnadenvermittlung, das passte nicht in die offizielle Lehrmeinung.

So muss es nicht verwundern, dass im November 1692 im Auftrag der brandenburgischen Regierung eine Kommission eingesetzt wurde, die abklären sollte, *„ob allhier eine neue Secte, die mit dem ungeschickten Namen des Pietismi und Pietisten beleget worden, geheget werde“*.[71]

Für Francke gingen die Recherchen glimpflich aus. Vom Vorwurf der Irrlehre wurde er freigesprochen. In Bezug auf die Ekstatiker aber drang die Kommission auf Mäßigung, ließ Ortsfremde ausweisen und ermahnte die Prediger Halles, *„weil zu ietziger Zeit sich allerley extraordinair Dinge mit Entzückungen und Offenbarungen regen ... ein jeder mit seinem Judicio sich dergestalt zurückhalten, dass durch schnelles Vorurtheil nicht Aergernüß und Irrungen entstehen“*.[72]

Wenn auch ab Frühling 1693 Francke eine vorsichtige geistige Entkoppelung von den enthusiastisch-ekstatischen Frömmigkeitselementen anstrebte, indem er sich von deren Vertreterinnen distanzierte, so blieben doch tief greifend prägende Erfahrungen, die nicht ohne Resonanz für sein weiteres hallesches Lebenswerk bleiben konnten. Denn Frauen spielten fortan im Aufbau und in der Zielsetzung seiner Arbeit eine zunehmend dominierende Rolle.[73]

Diese Tatsache erfuhr im Jahre 1695 einen weiteren wesentlichen Anstoß, als er von Christina Sophia Knorr[74] eine größere Summe für die Armenkasse seiner Gemeinde erhielt. *„Das ist ein ehrlich Capital, davon muss man etwas rechtes stifften, ich will eine Armen-Schule damit anfangen. Ich besprach mich nicht darüber mit Fleisch und Blut, sondern fuhr im Glauben zu"*, resümierte Francke in seiner Schrift,[75] in der er seine Anstalten gegen öffentliche Angriffe zu verteidigen suchte.

Durch die Pest von 1680 und durch fortwährende kriegerische Auseinandersetzungen war das Elend der Menschen in Glaucha unermesslich geworden, sodass Francke nach Wegen suchte, dem sozialen Elend in christlicher Verantwortung glaubwürdig zu begegnen. Der Staat hatte seiner Meinung nach gegenüber den Armen gründlich versagt und ihnen keine entscheidende Überlebenshilfe geboten. Dieses soziale Unrecht aber war für Francke ein deutliches Kriterium, dass die Verantwortlichen ihre eigentliche, göttliche Bestimmung nicht erkannt hatten. Statt im *„Wesen der Gottebenbildlichkeit"* Liebe zu üben, verfielen sie dem *„Stand der Natur"* und dienten lediglich ihren eigennützigen Interessen.

Da Francke in diesem Sinne die soziale Krise seiner Zeit letztlich als geistliches Grundproblem identifizierte, war es ihm nicht genug, ihr allein mit Almosen zu begegnen. Vielmehr war es sein Anliegen, dass die Menschen durch biblische Belehrung zur Hinwendung zu Gott und damit zu einer inneren Wandlung geführt werden müssten, um endlich ihre Bestimmung als Gottes Geschöpfe leben zu können, nämlich Werkzeuge des göttlichen Willens zu werden. Vor der Verbesserung der Welt müsste die Verbesserung der Menschen stehen.

Um dieses Ziel zu erreichen, konnte es demnach nicht allein um kurzfristige Linderung der Not gehen. Francke wollte fundamental ansetzen und ähnlich wie Spener in Frankfurt den Menschen Lebenssinn, Arbeit und Verdienst ermöglichen. Ihm stand eine geistlich-soziale Reform vor Augen, die ihren Ausgangspunkt in den Halle'schen Anstalten nehmen sollte, um schließlich das ganze Land zu durchdringen. Wenn auch die Lokalgewalten der pietistischen Erneuerungsbewegung ablehnend gegenüberstanden, so gelang es ihm doch 1698, die Unterstützung des Berliner Hofs zu gewinnen und umfangreiche Privilegien zu erhalten.

Neben der Unterstützung des preußischen Staates gesellte sich ein beständig wachsender Förderkreis, in dem Christina Sophia Knorr nicht die einzige wohlhabende Frau blieb. Aufgrund dieser Ermutigungen, die Francke als deutliches Zeichen Gottes einordnete, wusste er sich als auserwähltes Werkzeug berufen und befähigt, den Aufbau des „Halle'schen Jerusalem“[76] als Zentrum einer sozial-geistlichen, universellen Reform voranzutreiben, in dem Bildung und die Erziehung zum Glauben an Gott das Kernstück waren. So errichtete Francke nach und nach neben einer Armenschule schon bald darauf ein Waisenhaus und gründete vielfältige Wirtschaftseinrichtungen, die der Ausbildung praktischer Fertigkeiten dienten.

Schließlich rief Francke das Pädagogium ins Leben, an dem Söhne aus adeligen und bürgerlichen Familien eine mehrjährige Erziehung und schulische Bildung erhalten sollten, und begann 1698 mit dem Bau eines Gebäudekomplexes für ein gegliedertes Schulsystem. Alle Einrichtungen waren baulich einander so zugeordnet, dass sie sich alle innerhalb einer Mauer befanden, durch die den Schülern während der Dauer ihrer Erziehung eine gewisse äußere Abschirmung auferlegt wurde. Dadurch beabsichtigte Francke, die Gemüter der Kinder aus den Bindungen an die *Menschenwelt* zu lösen, um sie so für *weltlich schädigende Einflüsse* resistent zu machen. Sein Ziel war es, starke geistliche Persönlichkeiten zu entwickeln, die mannhaft dem Zeitgeist zu widerstehen wussten und zugleich gewinnende Vertreter ihres Glaubens seien. Das war die geistliche Zielsetzung Franckes, die er durch biblische Unterweisung christlicher Lebenswerte, durch praktisches Zusammenarbeiten in der Gemeinschaft der Schüler, durch die Einübung des Gehorsams im Alltagsgeschehen wie auch durch Erziehung zur absoluten Wahrhaftigkeit auszuformen suchte .[77]

3. 3. Das Gynäceum

Das Besondere aber der Halle'schen Anstalten lag in der Tatsache, dass sie auch für Mädchen aus allen Ständen offen sein sollten. In ausgesprochen deutlicher Kritik bezichtigte Francke die Obrigkeit wie auch die Kirche, für die Erziehung der Mädchen kaum Sorge zu tragen. Weder ihre Erziehung noch ihre Bildung standen im Brennpunkt eines ernsthaften Interesses. In dieses gesellschaftliche Dilemma hinein veröffentlichte der französische Erzbischof Fénelon[78] seine aufrüttelnden Thesen über die Erziehung der Mädchen. Wenn auch Francke nicht alle Erziehungsziele des Katholiken gutheißen und übernehmen konnte, so war er sich mit ihm doch darin eins, dass auch Frauen als vollwertige Teilhaber des Reiches Gottes ein Recht auf die Entwicklung ihres christlichen Charakters hätten. Außerdem seien sie in besonderer Weise für die Erziehung ihrer Kinder beauftragt und hätten nicht zuletzt einen erheblichen Einfluss auf ihre Männer, den es durch tugendhafte Frauen positiv zu gestalten gälte. Allein diese Gründe rechtfertigten reichlich, dass auch Mädchen eine gründliche Erziehung und Bildung erhalten sollten.[79]

Wenn auch diese Zielsetzungen für moderne Ohren durchaus noch diskriminierende Akzente tragen und sie gegenüber der Forderung nach gleicher Bildung für Männer und Frauen, wie sie beispielsweise von den Ursulinen bereits zu Beginn des 17. Jahrhunderts vorgetragen wurden, doch deutlich zurückstanden, so darf dennoch nicht vergessen werden, dass noch am Ende des 17. Jahrhunderts der Zugang zu einer umfangreiche Bildung oder gar einem wissenschaftlichen Studium in der Regel ausschließlich adeligen Mädchen und Klosterfrauen vorbehalten war.

Allein auf diesem Hintergrund wird verständlich, dass die Erziehungs- und Bildungskonzepte Fénelons und Franckes in ihrer Zeit als ausgesprochen avantgardistisch galten und als durchaus revolutionär empfunden wurden, kratzten sie doch erheblich an der allgemeinen gesellschaftlichen Vorstellung von der Minderwertigkeit der Frau. Für aufgeschlossene und denkende Menschen allerdings stießen die Forderungen Franckes zudem in eine konzeptionelle Lücke. Denn in der lutherischen Orthodoxie hatten

Fragen der Mädchenerziehung kaum eine Rolle gespielt. Selbst Spener hatte diese Fragen in seiner *Pia Disideria* nicht thematisiert, wenn er auch offen dafür plädierte, dass Frauen neben der Bibel auch erbauliche Traktate studieren sollten, sei es doch ihre Pflicht, sich innerlich im Glauben zu bilden.[80]

Francke hingegen attackierte aufgrund geistlicher Verantwortung ein jahrhundertealtes Tabu, indem er die Anstöße Fénelons aufgriff, sie seinen eigenen Ausführungen über die praktischen Anweisungen zur Mädchenerziehung beherzt an die Seite stellte und seinen Überzeugungen Taten folgen ließ.[81] So begann er noch 1698, ein Projekt zur Erziehung für *„Mägdelein von Adel und sonst fürnehmer Condition"*[82] zu entwickeln, wobei er auch Mädchen aus dem Bürgertum mit aufzunehmen gedachte. Mädchen zwischen dem 6. und dem 15. Lebensjahr sollten Aufnahme finden und eine gründliche Erziehung und eine gediegene Ausbildung erfahren.

Das „Gynäceum" hatte allerdings einen unerwartet schweren Start. Obwohl Francke in seinem weiten Verwandten- und Bekanntenkreis unentwegt für seine neue Einrichtung warb, wurde er doch immer wieder mit erheblicher Skepsis konfrontiert. Einerseits konnten die Vorzüge einer Anstaltserziehung gegenüber der Erziehung in der Familie nur schwer plausibel gemacht werden, während zugleich andererseits die Sorge über ein enges klösterliches Gepräge laut wurde. Erst nachdem es Francke gelang, den Freiherrn von Canstein und Henriette Katharina von Gersdorf für sein Projekt zu gewinnen, setzte sich im lutherischen Landadel allmählich Franckes Gynäceum durch. Als die ersten drei Mädchen in Glaucha angekommen waren und es Francke schließlich gelang, die französische Hugenottin Louise Charbonnet als Leiterin zu gewinnen, konnte noch zu Pfingsten desselben Jahres die Schule ihren Dienst aufnehmen.

Das überwiegend weibliche Lehrpersonal und auch die Gouvernanten hatten sich hohe Ziele gesteckt, wollten sie doch aus kleinen Mädchen innerhalb weniger Jahre *„gottesfürchtige und verständige Personen erziehen"*. Neben dem Elementarunterricht gab es einen so genannten extraordinären Unterricht. Auf Wunsch der

Eltern lernten die Mädchen Hebräisch und Griechisch, während die französische Sprache obligatorisch war. Hinzu kamen Musik-, Sing- und Klavierunterricht, Arithmethik und natürlich umfassender Unterricht in theologischen und erbaulichen Fächern. Dabei war ein enormes Tagespensum zu bewältigen, wobei die Mädchen von 6 Uhr bis 17 Uhr ständig beaufsichtigt wurden.

Allerdings stellten sich schon bald erhebliche Schwierigkeiten ein, die sehr unterschiedliche Hintergründe kannten. Für einige war die Unterbringung wenig standesgemäß, andere beschwerten sich über das karge Essen, und wiederum andere empfanden offenbar erhebliche Spannungen im täglichen Miteinander oder ertrugen die Trennung von ihren Eltern nicht. Immer häufiger wurden Schülerinnen kurzfristig abgemeldet und in die Familie zurückgeholt. Im Sommer 1702 lebten neben Anna Katharina Francke nur noch zwei weitere Schülerinnen im Gynäceum, sodass es schließlich im März 1703 aufgelöst werden musste. Francke schien von dieser Entwicklung nicht sonderlich beeindruckt. In aller Sachlichkeit schrieb er: *„Eine Anstalt zur Erziehung Adelicher und anderer Töchter ist auch einige Jahre in gutem Seegen geführet worden, aber aus wichtigen Ursachen ist selbige nicht fortgesetzet.“*[83]

Obwohl man sicherlich zu Recht nach nur fünfjährigem Bestehen von einem Scheitern sprechen müsste, war Francke dennoch von seinem Auftrag offensichtlich derart überzeugt und von Gottvertrauen erfüllt, dass er seine Gedanken nicht fallen ließ, Töchter aus adeligen und bürgerlichen Familien für sein christlich-pädagogisches Reformprojekt zu gewinnen.

3. 4. Das Frauenzimmerstift

Bereits ein Jahr später eröffnete Francke ein neues Projekt,[84] das so genannte „Frauenzimmerstift“, nachdem Samuel von Chwalkowski, Mitglied des Geheimen Rates in Berlin, ihm für die Unterbringung von drei unverheirateten Frauen 3000 Reichstaler hatte zukommen lassen.[85] Da die inhaltlichen Zielsetzungen und personellen Konzeptionen sich gut mit den Prinzipien des ehemaligen Gynäceums verbinden ließen und zudem auch wieder einige Anfragen von adeligen und bürgerlichen Familien vorlagen, eröffnete Francke die Mädchenschule erneut, die danach immerhin noch über 36 Jahre ihren Dienst versah, bis sie schließlich 1740 endgültig ihre Pforten schloss.

Das Stift war für Francke eine völlig neue Herausforderung, womit er den gesellschaftlich schwächsten Gliedern, nämlich den allein stehenden Frauen, eine Heimat schaffen wollte. Als potenzielle Stiftsgenossinnen sah er drei nach ihrem Familienstand unterschiedene Zielgruppen. Zunächst dachte er an unverheiratete Frauen, daneben sollten *„christliche und wohlgesinnte Witwen"* eine Heimat erhalten, die in materielle Not gekommen waren. Und schließlich sollten Waisenmädchen im Stift aufgenommen werden, die wegen ihres Glaubens aus ihrer Heimat vertrieben worden waren. Bei den Frauen setzte Francke eine Geisteshaltung voraus, wonach sie den Wunsch haben sollten, sich von der *„Welt der Unbekehrten"* in die Abgeschiedenheit des Stiftes zurückzuziehen.[86] Eine derartige religiöse Motivation war ihm offensichtlich am liebsten. Die Waisenmädchen sollten hingegen im Geist des Pietismus erzogen und ausgebildet werden, sodass sie als gute Ehefrauen ihren Familien und dem Reich Gottes aufrichtig dienen könnten.

Francke glaubte auch für dieses Projekt wiederum die Freifrau Henriette Katharina von Gersdorf gewinnen zu können. Diese hatte sich aber bereits für ein anderes soziales Projekt in Altenburg entschieden. Auch während eines persönliche Gespräches mit Francke und Canstein auf dem Gutshof Großhennersdorf in der sächsischen Oberlausitz sah sie sich nicht imstande, ihren Entschluss zu revidieren, sodass Francke unverrichteter Dinge wieder heimfahren musste.

Ungeachtet dessen arbeitete er weiter an der Stiftsverfassung. Das Stift sollte von den Frauen in Eigenregie geführt werden. Dabei sollte eine Gouvernante eine maßgeblich leitende Rolle spielen. Francke behielt sich allerdings eine gewisse Oberaufsicht vor, die er in regelmäßigen, monatlich stattfindenden Gesprächen mit der Gouvernante, einer Lehrerin und zwei Insassinnen durchzuführen gedachte. Wie schon im Gynäceum sollte auch im Stift eine betont einfache Lebensführung das Miteinander prägen, dabei sollten Standesunterschiede überwunden werden. Die Frauen sollten *„ehrbare Kleidung“* tragen, keinen Silber- oder Goldschmuck anlegen und auch kein *„schwatzhaftes Wesen“* fördern. Vielmehr sollten sie in stiller Zurückgezogenheit sich der Kontemplation öffnen und Kontakte nach außen meiden. Auch die gemeinsamen Mahlzeiten sollten nicht die Schwatzhaftigkeit fördern, sondern jedes Stiftsmitglied sollte bald nach dem Essen *„ohne weitere Discurse in sein ordinaires Zimmer gehen“*.[87]

Tagsüber sollten alle Frauen einer Arbeit nachgehen. Den Witwen war die Krankenpflege aufgetragen, die Mädchen hatten ein Unterrichtsprogramm zu absolvieren, das dem des Gynäceums nicht nachstand. Die übrigen Frauen konnte ihre Zeit selbstständig planen. Einige nahmen als Lehrerinnen am internen Unterricht teil, andere halfen in der Hauswirtschaft oder in der Nähstube. Die religiösen Unterweisungen allerdings waren für alle Stiftsinsassen Pflicht.

Im Jahre 1709 mühte sich Francke in Berlin, das Frauenstift und das Gynäceum in das königliche Förderprogramm aufnehmen zu lassen. Innerhalb von drei Monaten führte er mit Königin Sophie Luise, der dritten Ehefrau Friedrichs I., regelmäßige Gespräche. Ein gemeinsam erarbeiteter Entwurf sah vor, dass die Einrichtungen in *„die besondere Gnade und Hulde“* der Königin aufgenommen würden. Zudem sollte Königin Luise der Wirtin des Stifts eine jährliche Rente zukommen lassen.

Doch all die kühnen Hoffnungen endeten schließlich in einem Fiasko. Francke wurde für die abwegigen und schwärmerischen Anschauungen der Königin verantwortlich gemacht und vom König kurzerhand aus Berlin verbannt.[88]

Nach dem Regierungsantritt Friedrich Wilhelms I. wurden die Beziehungen zum Halle'schen Pietismus intensiviert, der König kam sogar einmal nach Glaucha, um die Anstalten zu besuchen. Zu einer staatlichen Förderung der weiblichen Anstalten kam es jedoch nicht.

In den kommenden Jahren nahm die Zahl der Insassinnen des Stifts beständig ab. Auch die Maßnahme, das Gynäceum vom Stift organisatorisch und räumlich zu trennen, brachte keinen neuen

Zulauf. Immer mehr bekam das Stift den Charakter einer Versorgungsanstalt, bis es schließlich im Jahre 1760 aufgrund fehlender Finanzmittel geschlossen werden musste.

4. Graf Nikolaus von Zinzendorf (1700-1760)

4. 1. Seine Leistung für den Pietismus

Auch dem dritten „Vater des Pietismus", dem adeligen Nikolaus Ludwig Graf von Zinzendorf, ging es letztlich darum, Glauben und Leben authentisch miteinander zu verbinden. Geboren im Jahre 1700 in Dresden, brachte Zinzendorf wiederum einen sehr eigenen, originellen Frömmigkeitstypus in den Pietismus ein. Als sein Pate hatte ihm Spener segnend die Hände aufgelegt und der Gnade Gottes befohlen. Doch Zinzendorfs Vater, ein kurfürstlicher Minister, starb früh. Als seine Mutter wieder heiratete, wurde das Kind zu seiner Großmutter gebracht, der Freiherrin von Gersdorf, die ihn ganz im Sinne Speners erzog. So wird es verständlich, dass Zinzendorf bereits in jungen Jahren nach Gott fragte und kein größeres Ziel kannte, als seinem Heiland einmal zu dienen.

Bereits in frühen Jahren, in denen er als Schüler in den Francke'schen Stiftungen war (1710-1716), eignete sich Zinzendorf einen doppelten Grundsatz an, den er während seines ganzen Lebens beibehielt:

1. In geistigen, d.h. menschlichen Dingen stets einen sehr klaren Verstand walten zu lassen und den Geist auszubilden, soweit dies möglich ist.

2. In geistlichen, d.h. göttlichen Dingen fest in der schlichten Wahrheit der Bibel zu bleiben und sich darin durch nichts und niemanden beirren zu lassen.

Zinzendorfs Glaube wurde geprägt von den Erfahrungen strenger, aber liebevoller Seelsorge Franckes im Pädagogium seiner Halle'schen Anstalten und seinen Studienerlebnissen an der lutherisch orthodoxen Universität in Wittenberg, wo er zunächst Jura studierte und Professoren kennen lernte, die ihren Glauben sehr ernst nahmen. Vor allen Dingen aber seine Reise durch Frankreich, wo er den frommen Erzbischof von Paris, Kardinal Noeilles, kennen lernte, führten den jungen Grafen in der Frage der Frömmigkeit zu einer weiten Haltung der Toleranz und bestärkten ihn in dem Eindruck, dass die Herzensreligion das gemeinsame Kennzeichen der Frommen in den verschiedensten Glaubensrichtungen und Konfessionen sei. Nach seiner Rückkehr wurde Zinzendorf Hof- und Justizrat in Dresden und heiratete am 7. September 1722 Erdmuthe Dorothea von Reuss, die nachhaltig sein Lebenswerk mitprägen sollte.[89]

Noch im selben Jahr nahm Zinzendorf die ersten Emigranten der „böhmisch-mährischen Brüder"[90] in seinem Gut in Berthelsdorf, dem späteren Herrnhut, auf, zu denen auch ihr geistlicher Führer Christian David gehörte. Sie standen in der reformatorischen Tradition der Hussiten und erlebten um 1710 eine Erweckung, aufgrund derer sie verfolgt wurden und schließlich ihre böhmische Heimat verlassen mussten. Auch viele Lutheraner und Calvinisten, die in ihren Kirchen keine rechte Heimat finden konnten, fanden ihre Bleibe in Herrnhut. So entstand eine merkwürdige Mischung verschiedener Frömmigkeitskulturen, zusammengesetzt aus böhmischen Brüdern, erweckten Lutheranern und Reformierten. Unter der sensiblen Leitung des Grafen fand man sich in der Liebe Christi, indem man von den Reformierten die missionarische Hingabe zur Rettung der Verlorenen übernahm, von den böhmisch-mährischen Brüdern die Kirchenzucht und von den Lutheranern das Anliegen, dass allein im Sterben Jesu das Heil der Sünder liegt. Auf diesem Weg der wechselseitigen Wertschätzung fand man mit Zinzendorf, der seit 1737 Bischof der Brüderkirche geworden war, zur versöhnten Einheit in der Mannigfaltigkeit unterschiedlicher Frömmigkeitsprägungen und wurde gerade darin zum Modell für die ökumenischen Bestrebungen unserer Tage. Aber auch der Wunsch Speners vom *„Kirchlein in der Kirche"*, der schon von Luther mit seinem *„ecclesiola in ecclesia"* geträumt wurde, bekam in Herrnhut eine überzeugende strukturelle Ausgestaltung.

Fragt man nach dem herausragenden Beitrag, den Zinzendorf geleistet hat, so stößt man auf folgende Fakten:

1. Zinzendorf kannte eine Herzensfrömmigkeit, in der er nie die *„erste Liebe"* verlor.[91] Das war das Überwältigende seiner Persönlichkeit: seine glühende Liebe zu Jesus Christus, sein apostolischer Eifer, seine ungemein gewinnende Freundlichkeit und nicht zuletzt seine hoheitsvolle Erscheinung.

2. Zinzendorf hatte eine mächtige Predigtgabe. Oft war er wochenlang zu Fuß unterwegs und verkündigte das Evangelium. In Reval hielt er Predigten mit einer ungewöhnlichen Resonanz, sodass die Menschen sagten: *„Wenn immer so gepredigt würde, müssten sich alle bekehren."*[92] Die geistlichen Nachwirkungen dieses einen Besuches waren noch nach 150 Jahren zu spüren.

3. Seine Liebe zu den Menschen, die Christus nicht kannten, machte ihn zum Gemeindegründer in der Heimat und zum Missionar für die ganze Welt. Wo Zinzendorf predigte, da ging das Feuer der Erweckung nieder, sodass Brüdergemeinden gegründet wurden. So geschah es in Niesky, Gnadau, Ebersdorf, Gnadenfrei und Neuwied. Aber auch in Übersee sollte die Nachricht von der Rettung des Sünders durch Christus verkündigt werden. So sandte Zinzendorf Leonard Dober und Tobias Leutfeld als erste Missionare nach St. Thomas[93] und zwei weitere Brüder nach Grönland.[94]

4. Zinzendorf hat rund zweitausend Lieder geschrieben und damit dem Christus-Lob im Gemeindegesang einen unschätzbaren Dienst getan. Wenn auch manche seiner Lieder von einem geistlichen Überschwang[95] geprägt sind und einer Bearbeitung durch Christian Gregor bedurften, so sind uns doch bis heute viele erhalten, auf die die Christenheit nicht verzichten wollte, wie *„Jesus, geh voran"* oder *„Herr, dein Wort, die edle Gabe"*.

5. In den Brüdergemeinden sollte wieder urchristliches Gemeindeleben gelebt werden. Anstelle des Klerikalismus trat die bunte Vielfalt der unterschiedlichen Begabungen der Gläubigen. Die Gemeindeveranstaltungen waren spirituell aufgelockert, Älteste, Krankenpfleger und Helfer wurden zum Dienst für die Gemeinde bestellt, Gemeindezucht und Seelsorge erfuhren eine bedeutende Aufwertung.

Bei allem positiv Anzumerkendem kann dennoch nicht übersehen werden, dass die Brüdergemeinde Zinzendorfs auch zehn schwere Jahre zu durchschreiten hatte. In dieser Zeit konnten sich schwärmerische Elemente und seelische Überschwänglichkeiten durchsetzen, was sich nicht allein im Liedgut, sondern vielmehr auch in einer generellen Art der Versüßlichung und Verniedlichung des Leidens Christi niederschlug. So sprach man vom *„Wundenwürmlein"*, vom *„Kreuzluftvögelein"*, von der offenen Seite Jesu als dem *„Höhlchen"*, von Gott als dem *„Papachen"* und von Jesus als dem *„Bruder Lämmlein"*. Damit aber nicht genug: Am Eingang des Brüderhauses sah man Christus mit den Wunden dargestellt, aus denen das Blut herausplätscherte. Dann hatte man die Tür des Hauses zur Wunde Jesu umgestaltet, durch die man gebückt hindurchgehen musste. Auch die Veranstaltungen wurden zunehmend mystifiziert, um die Atmosphäre des Himmels in irdischen Konturen erlebbar zu machen. So berichtet Beyreuther von einer Abendmahlsveranstaltung am 21.Mai 1748 in Herrnhaag: *„Auf dem Brüderfest trat Christel (Christian Renatus, Vicarius Zinzendorfs), der von allen Angeschwärmte und Angehimmelte, mit seinen 30 Chorarbeitern in weißen Talaren in den Saal. Manche dünkte es schon jetzt, als käme das Lämmlein selbst in den Saal hinein. Christian Renatus war so stark von dem Gefühl der Gegenwart des Heilandes überwältigt, dass er keine Rede zu halten vermochte. Er konnte nur andeuten, dass Christus mitten unter sie treten würde und unseren Chor leibhaft umarmen werde. Diese wenigen Worte lösten eine solche Gemütsbewegung bei vielen aus, dass bei der Einsegnung einzelne so in Ekstase gerieten, dass sie nicht mehr allein aufstehen konnten. Während des Gebets und vollends nach dem Gebet war fast alles außer sich."*[96]

In Deutschland, aber auch in England, wo es in London bereits seit 1738 durch Peter Böhler eine kleine Gruppe von Herrnhutern gab, formierte sich Widerstand. Es wurden Schmähschriften verteilt und bei Strafandrohung jede Wirksamkeit der Brüder verboten.

John Wesley, der Böhler in London bei einem holländischen Kaufmann kennen gelernt hatte und durch ihn zur Gewissheit der Vergebung seiner Sünden geführt worden war, kam am 14. September 1741 in Gray's Inn Walk mit Zinzendorf zusammen. Wenn es auch hinsichtlich des Heiligungsverständnisses keinen Konsens gab, weil Wesley daran festhielt, dass eine sündlose Vollkommenheit im Bereich des Möglichen läge, was Zinzendorf strikt ablehnte, so wurde doch Zinzendorf durch die Worte des Methodistenpredigers, die ihn zur Nüchternheit mahnten, offensichtlich selbstkritischer. Seitdem suchte Zinzendorf unnüchternen Elementen Einhalt zu gebieten und löste sich endgültig auf der Synode zu Barby 1750 von jeder Schwärmerei. So konnte durch Wesleys Mahnung sowie durch die kontinuierliche Einflussnahme des deutschen Prälaten Bengel größerer Schaden vom Reich Gottes abgewendet werden.[97] Trotz aller Irrwege darf dennoch daran festgehalten werden, dass Zinzendorf der pietistisch-lutherischen Frömmigkeit einen ausgesprochen wertvollen Dienst erwiesen hat und kirchengeschichtlich zu Recht zu den Vätern des Pietismus gezählt wird.[98]

4. 2. Zinzendorfs Mühen um die Würde der Frau

Die bemerkenswerteste Position zur Frage nach dem Dienst der Frau im Pietismus hat Zinzendorf vertreten. Dies tat er in einer Zeit, in der Frauen gewöhnlich nur gesellschaftlich unbedeutende Randfunktionen wahrnehmen durften und lediglich dann eine allgemein anerkannte Stellung einnahmen, wenn sie Adelige oder Frauen erfolgreicher und bedeutsamer Männer waren.

In Abkehr von diesen gesellschaftlichen Normen des späten Mittelalters prägte Zinzendorf in Herrnhut ein völlig neues Verständnis von der Würde und vom Dienst der Frau, das Aufsehen erregend im wahrsten Sinne des Wortes war. Dabei ist es bezeichnend, dass seine neu gewonnenen Grundüberzeugungen direkt aus seinem Verständnis der Heiligen Schrift herrührten. So hielt er 1742 in Amerika erstmalig eine Vortragsreihe über das *„Sittlich religiöse Ideal des weiblichen Charakters“*, indem er die Bemerkung aus dem Johannesevangelium, dass Jesus Martha und ihre Schwester lieb hatte (Joh 11,5), zur Grundlage seiner Ausführungen machte.[99] Dabei hob Zinzendorf hervor, dass Jesu Liebe keinen parteiischen Makel kannte und es darum umso bemerkenswerter sei, wenn das Evangelium an dieser Stelle zum ersten Mal die Liebe Jesu zu den Frauen betonte. Dies müsse umso mehr gewürdigt werden, da man allgemein zur Zeit Jesu der Auffassung gewesen sei, dass Frauen zwar gut genug zum Dienst, zur Arbeit und zur Lust wären, aber sie keinerlei Respekt und Ehrerbietung verdienten.

Zinzendorf setzte hier an und verkündigte: „*Weil aber der Heiland durch seine Geburt, durch seine Zeugung und Menschwerdung den Fall und das ewige Verderben, das durch ein Weib in die Welt eingeführt worden war, in einem Weibe wieder gutmachte, so wollte er ihnen ihren Respekt wiedergeben.*“[100] Frauen hätten also allen Grund, sich ihres Frauseins zu freuen, habe es doch Gott gefallen, den Erlöser durch eine Frau Mensch werden zu lassen, damit er am Kreuz den Fluch vernichte. Auch das Leben Jesu war nach Zinzendorfs Überzeugung ein einziges Dokument der Wertschätzung der Frauen. Darum ehrte auch Jesus seine Mutter mit achtendem Gehorsam und sorgte sich noch am Kreuz um ihre Zukunft. Darum liebte er auch die Sünderin, die ihm die Füße mit ihren Tränen netzte und mit ihrem Haar trocknete, und vergab ihr ihre Schuld.

So sollten alle Frauen sich selbstbewusst ihres Frauseins freuen und in inniger Liebe ihrem Herrn für ihre Erlösung danken, indem sie den Worten des Apostels folgen und die Menschen „*ohne viel Worte durch ihren Wandel zu gewinnen suchen*“ (1. Petr 3,1-2). Darin seien sie den Männern weit überlegen, brächten es doch die natürlichen Umstände mit, „*dass die Mannsleute vielmehr Zerstreuung und Proben auf den Hals haben ... und sie mehr Staub an ihren Füßen kriegen ... sodass unser Bezeugen unter den Menschen nicht alle Mal so eindrücklich, so erbaulich, so andächtig scheinen kann.*“[101]

Welch hohe anerkennende Worte Zinzendorf für das weibliche Geschlecht fand, wurde auch in einer Rede vom 26. Oktober 1750 deutlich, in der er es wagte, grundsätzlich männliche und weibliche Charakterelemente einander gegenüberzustellen. „*Ihr seid zärtlicher als die Brüder, weil eure Hütten nicht aus einem Erdenkloß erbaut sind, sondern aus Fleisch und Bein. Auch haben die Schwestern für gewöhnlich etwas Munteres und Lichteres von Natur als die*

Brüder ... Ihr seid auch viel stärker als die Brüder, und daher kommt es, dass die Schwestern viel mehr ausstehen können. Sie sind viel treuer, aktiver und wachsamer ... Darum steht da: Ihres Mannes Herz kann sich auf sie verlassen, weil der Schwestern ihr Charakter Geradheit, Herzlichkeit, Ergebenheit, Gewogenheit, Attachment an das, was sie kennen, ehren und lieben, in dem allerhöchsten Grade ist."[102]

Das Lob Zinzendorfs über die Frauen und ihren Charakter kam in vielen seiner Predigten und Vorträge in immer wieder neuen Formulierungen und Tonlagen, manchmal sehr überschwänglich, zum Tragen. So sprach er einmal durchaus ernsthaft im Zusammenhang ihres *„edlen Charakters"* von der Möglichkeit, dass Jesus bei seiner Wiederkunft *„zuerst einer Schwester erscheinen"* würde.[103]

Zinzendorf hatte eine ausgesprochene Begabung der Menschenkenntnis. Bei Männern oder Frauen erkannte er sehr bald ihre Schwächen und Besonderheiten, wusste sie aber auch nach ihren Stärken einzuschätzen. So war er auch nicht blind hinsichtlich der charakterlichen Schwachstellen einiger Frauen und tadelte ihren Neid, ihre Eifersucht, ihre Neigung zur Falschheit und auch zu unversöhnlichem Hass. Vor allen Dingen innerhalb des eigenen Geschlechts gingen Frauen zuweilen recht unwirsch miteinander um, sodass *„eine Gesellschaft von Weibsleuten, die einander herzlich lieb haben und friedlich zusammen sind, eine große Seltenheit in der Welt ist"*.[104]

Besonders bedrohlich aber stufte Zinzendorf diese negativen Charakterelemente für die Gemeinde ein, wenn sie nicht unter die Zucht des Heiligen Geistes gebracht würden. Da doch gerade Frauen zu der religiös empfänglichsten Gruppe gehörten, würde der Schaden besonders groß, wenn Zwietracht erst einmal zu einer dominierend atmosphärischen Macht geworden sei.

Dabei verstand er die Darstellung ihrer Stärken und Vorzüge keineswegs nur als einen Beitrag zu einer blassen Theoriediskussion. Vielmehr flossen seine Überzeugungen im Sinne eines nüchternen, wohl durchdachten Pragmatismus direkt in die Lebensstrukturen seiner Herrnhuter Gemeinde ein. Im Klartext hieß das für ihn, dass er Männer und Frauen als Mitarbeiter des Reiches Gottes verstand und sie entsprechend ihrer Begabungen sinnvoll einsetzte.

Als 1727 Herrnhut von einer neuen geistlichen Erweckung erreicht wurde, sah Zinzendorf die Zeit gekommen, die gesamte Gemeinde strukturell und auch unter geistlichen Prämissen durchzuorganisieren. In den kommenden Jahren wurde eine Vielzahl von Ämtern geschaffen und mit geistlich kompetenten Menschen besetzt. Dabei leitete ihn das grundsätzliche Prinzip, dass Frauen für Frauen da sein sollten und Männer für Männer. So gab es in der Herrnhuter Gemeinde weibliche Älteste, die die Leitung des Frauenhauses oder eines Chores[105] innehatten. Ihnen zur Seite standen jeweils Diakonissen und Helferinnen. Den geistlichen Dienst versahen Prophetinnen und Priesterinnen. Während die Prophetinnen mit der Gabe des Leitens („Regentengabe") ausgestattet waren, kam den Priesterinnen der seelsorgliche Dienst zu, da ihnen die Gabe der Ermahnung anvertraut worden war. Darüber hinaus berief Zinzendorf Krankenschwestern („Krankenwärterinnen") und Almosenpflegerinnen, die sich wöchentlich aus der Gemeindekasse Geld zur Versorgung der Bedürftigsten holten. Auch Hebammen werden von Zinzendorf auf der Gothaer Synode von 1740 als in ein von der Gemeinde gesetztes Amt genannt. Dem Waisenhaus für Mädchen stand selbstverständlich die Waisenmutter vor, die alle Legitimation zur eigenständigen Führung ihres Hauses innehatte. Ebenso lag die geistliche und wirtschaftliche Leitung der Mädchenanstalt in der Wetterau in den Händen einer Frau. Aber nicht nur in der Gemeinde wurden viele Frauen in leitende Funktionen gebracht. Viele wurden auch zum Dienst ausgesandt, etwa als Erzieherinnen in Familien, als Diakonissen in Mädchenwaisenhäuser oder als Ledige in die Gemeinschaftspflege und zum Predigtdienst in die Mission.[106]

Als Herrnhut den rechtlichen Status einer Kirche bekam, übernahm es die Ordnung der alten Brüderkirche mit ihrer dreifachen Weihe zum Diakon, Presbyter und Bischof. In diesem Sinne wurden ab 1745 auch Diakonissen als Gehilfinnen des Geistlichen ordiniert. Im Mai 1758 weihte Zinzendorf drei Presbyterinnen und ordinierte 14 Priesterinnen. Die eigentliche Leitung Herrnhuts wurde von der Ältestenkonferenz wahrgenommen, in der die leitenden Brüder und Schwestern zusammenkamen, um über die

Geschicke der Gemeinde zu beraten. Als die Arbeit über Herrnhut hinausging, wurde zur Leitung des Gesamtwerkes eine Synode einberufen, in der von Anfang an auch Schwestern in die Verantwortung eingebunden waren.[107]

Bei all den Frauen in leitenden Ämtern sollen an dieser Stelle zumindest einmal zwei namentlich genannt werden, die für die Gesamteinrichtungen geradezu Hervorragendes geleistet haben.

Da ist zunächst die *Gräfin Erdmuthe von Zinzendorf* zu nennen, die Gattin des Grafen, ohne deren brilliante Finanzverwaltung und kluge wirtschaftliche Führung Herrnhut sicher nicht lange überlebt hätte. Dies stand auch für Zinzendorf selbst außer Frage, wenn er über sie auf der Gothaer Synode von 1740 den Satz prägte: *„Die Obrigkeit in Herrnhut ist die Frau Gräfin, und die behält die Pflege in allen Stücken bei der Gemeinde und an allen Orten.“*[108] Zum andern ist *Anna Nitschmann* zu erwähnen, die einen außergewöhnlichen Einfluss in der Gemeindeleitung Herrnhuts ausübte und insofern für die Gesamtentwicklung wohl noch entscheidender war. Diese Mitarbeiterin und Älteste bezeichnete Zinzendorf einmal als *„die im Reich des Heilands ihm nächste Person“*[109] und wagte am 17. März 1755 die Bemerkung, dass *„sie zugleich unser aller, auch der Brüder ihre Vorgesetzte war“*.[110]

Diese gelegentlich lobenden Anmerkungen Zinzendorfs reiften in seinem Alter zu einer tragenden theologischen Überzeugung aus, zu einer Konzeption, die er immer häufiger in seinen Predigten und Vorträgen einbrachte. Dabei war sein Grundgedanke, dass durch die Jungfrauengeburt Marias das weibliche Geschlecht nicht nur zu den Rechten der Männer gekommen sei, *„sondern gewissermaßen obenan gesetzt sei“*.[111] Er kam zu dem Schluss: *„Die alte geringschätzige Idee, als wenn die Weiber von geringerer Gattung wären, ist weggefallen.“*[112] Zunehmend nahm er auch an der biblischen Terminologie „Brüder“ Anstoß und kritisierte Luther, indem er etwa den Imperativ aus dem Petrusbrief *„Habt die Brüder lieb!“* (1. Petr 2,17) mit *„Habt die Geschwister lieb!“* übersetzte.

Diese Überzeugung generalisierte Zinzendorf und bezog sie auch auf den Stand des Mannes in der Kirche: *„... und alles, was in dem Teil in Kirchenprinzipien und Ideen den Brüdern gesagt ist, das ist* *der Schwestern ihre Sache auch.*"[113] Wenn es um Aufträge und Kompetenzen in der Gemeinde ging, sah Zinzendorf den alttestamentlichen Patriarchalismus überwunden und verstand im Kreuz Christi und in der Ausgießung des Heiligen Geistes auf Männer und Frauen die entscheidenden Argumente einer geistlichen Gleichstellung der Geschlechter. „*Wie er den ganzen Fluch des Menschentums abgetan hat, hat er auch seiner Mutter zuliebe die gräuelhafte Geringschätzung eines ganzen Menschenteils aufgehoben.*"[114]

Konsequent stand Zinzendorf darum auch für die Verkündigung der Frau ein und erklärte das paulinische Verbot nicht als Generalerlass im Sinne einer Gemeindeordnung, sondern als spezifisches Mahnwort hinsichtlich ungeordneter Zustände in der korinthischen Gemeinde. Auf der Synode zu Gotha im Jahre 1740 antwortete Zinzendorf auf die Mitteilung einiger Mitarbeiter, dass bei den Quäkern die Frauen predigen durften, wenn es ihnen der Heiland zeigte: „*O ja! Wenn es ihnen der Heiland heißt, so habe ich nichts darwider.*"[115]

Bei aller Unterschiedlichkeit der Geschlechter, die Zinzendorf deutlich markierte, suchte der Graf in Herrnhut eine weitestgehende Gleichberechtigung von Mann und Frau zu erreichen und förderte den weiblichen Einfluss durch die Besetzung einer Vielzahl von Ämtern durch Frauen und nicht zuletzt durch deren Verkündigung und Arbeit bis zum Ende seines Lebens. Allerdings, so scheint es, waren die unverkennbaren Folgen nicht nur Eifersüchtelein unter den weiblichen Amtsträgerinnen. Vielmehr führte die Überbetonung des Weiblichen offenbar so weit, dass eine gesunde Ausgewogenheit zwischen den Geschlechtern schließlich nicht mehr gewährleistet war und man in der Gefahr stand, die Männer zu benachteiligen. Diese Befürchtungen konnten jedoch offenbar erst nach Zinzendorfs Tod offen auf der Synode zu Marienborn im Mai des Jahres 1764 angesprochen und durch entsprechende Beschlüsse korrigiert werden.

5. Fazit

Die wegweisende Arbeit für die pietistische Frömmigkeit, wie sie von Spener, Francke und Zinzendorf in unterschiedlichen Konzeptionen wahrgenommen wurde, war ohne Einflussnahme geistlich reger und hoch begabter Frauen nicht denkbar. Wenn sie auch häufig ungenannt und unbekannt blieben, so haben sie doch ganz entscheidenden Anteil an der Entwicklung und Prägung der neuen evangelischen Glaubenshaltung.

Wenn auch Spener noch weithin geistiger Gefangener einer patriarchalen Kirchlichkeit war, so muss ihm doch zugestanden werden, dass er in ermutigenden Ansätzen des „allgemeinen Priestertums" auch bereits das kirchliche Frauenengagement deutlich im Blick hatte. Bei Francke spricht eine beeindruckende Wirklichkeit in seinen Halle'schen Anstalten für seine Überzeugung, Frauen als Leistungsträger für das Reich Gottes bewusst einzubeziehen und sie bereits im kindlichen Stadium als solche zu sehen, um sie pädagogisch und schulisch entsprechend zu fördern. Dabei ist unverkennbar, dass seine zahllosen Begegnungen mit geistlich reifen Frauen ihn in diesen seinen Zielen stärkten. Zinzendorf schließlich steht für das pietistische Konzept, dass Frauen völlig gleichwertig neben den Männern stehen und entsprechend ihrer Begabungen Christus dienen. In diesem Denken gestaltete er seine eheliche Beziehung und auch die Lebensstrukturen in seiner Herrnhuter Gemeinde.

Wollte man das Wesen pietistischer Frömmigkeit auf dem Hintergrund der Lebensarbeit seiner geistlichen Väter einmal thesenhaft in wenigen Worten zusammenfassen, so wären sicherlich folgende Eckpunkte festzuhalten:

1. Der Pietismus baut auf den geistlichen Grundlagen der Reformation auf und sieht darin das Fundament biblischer Frömmigkeit. Allerdings stellt er fest, dass die Reformation auf halbem Wege stehen geblieben ist.

2. Darum geht es dem Pietismus nicht um eine neue Reformation der Lehre, sondern um die des Lebens. Zur Rechtfertigung des Sünders durch den Glauben an Jesus Christus fügt er das durch diesen Glauben geprägte erneuerte Leben hinzu, die Heiligung,

die in der Kraft der Liebe Gottes durch praktischen Gehorsam gegenüber dem erkannten Willen Gottes Ausgestaltung erfährt.

3. Grundvoraussetzung für ein solches Leben ist eine persönliche geistliche Erfahrung, die auf der einen Seite als Reaktion des Menschen auf das Anreden Gottes mit „Bekehrung" beschrieben wird. Auf der anderen Seite aber ist es der Geist Gottes selbst, der an der Persönlichkeit des Menschen arbeitet, Glauben an den Erlöser Jesus Christus gewährt und schließlich somit den Menschen in ein geistliches Kindschaftsverhältnis zu Gott stellt, was die Bibel mit dem Begriff der „Wiedergeburt" umreißt.

4. Weil die Theologie Dienerin Gottes ist, will sie nicht nur informativ von Gott reden, sondern sucht engagiert den Menschen in eine persönliche Gottesbeziehung zu rufen. Darum kann sie nicht allein ihre Ziele mit den faktenvermittelnden Aufgabenstellungen einer rationalen Wissenschaft definieren. Hingegen müssen die seelsorglichen Absichten Gottes, dem Bischof der Seelen, sich in der Art und Weise der Lehrvermittlung an den Universitäten nachweisen lassen, ebenso auch in der Verkündigung von den Kanzeln.

5. Da sich der Pietismus in die Verantwortung zum Nächsten gewiesen weiß, sieht er seinen Auftrag nicht allein in der Pflege weniger, sich separierender Frommer, was ihm allzu häufig vorgeworfen wurde, sondern weiß sich in die Pflicht gestellt, den Menschen in werbender Diakonie und in erwecklicher Verkündigung zu dienen. Diese Herausforderung erträgt weder eine lokale noch eine kulturelle Einengung, sondern hat eine weltweite Dimension, die durch rege Missionsarbeit wahrgenommen wird.

6. Da die geistliche Verantwortung für die Verkündigung des Erlösungswerkes Christi für jeden gläubigen Menschen bindende Gültigkeit hat, kann der Pietismus folgerichtig die Differenzierung von Klerus und Laienstatus nicht konsequent stützen. Vielmehr nimmt er die biblische Weisung auf, indem er vom Priestertum aller Gläubigen überzeugt ist, was für den praktischen Vollzug des Gemeindelebens von herausragender Bedeutung ist.

Der Pietismus ist angetreten, das Erbe der Reformation um eine wesentliche Komponente zu erweitern: Die persönliche Heiligung der Christen. Die Lehre sollte Leben werden, die geistliche Erkenntnis sollte die Menschen ethisch nachhaltig verändern. Dazu hat Spener in seiner *Pia Desideria* die dogmatischen Grundlagen gelegt. Francke sieht sich als Christ in die soziale Verantwortung für die Menschen seiner Zeit gestellt und ruft das pädagogisch-diakonische Werk in Halle ins Leben. Zinzendorf hingegen gibt den Lehren Christi Gestalt, indem er in Herrnhut einen herausfordernden Gemeindetyp verwirklicht, der die soziale und missionarische Kompetenz miteinander verbindet.

III. Frauen im Frühpietismus

1. Pietistische Frauen in charismatischer Mission

Wenn es auch für die Öffentlichkeit zunächst so aussah, als seien Theologen wie Spener, Francke und Zinzendorf die ausschließlich prägenden Gestalten des Pietismus gewesen, so mag dies wohl für die dogmatisch-theologische Lehrarbeit zutreffen, nicht aber hinsichtlich der Entwicklung einer breit greifenden Frömmigkeitsbewegung. Diese ist ohne eine ganze Reihe markant prägender Frauengestalten überhaupt nicht denkbar.

Ausgerechnet eine Vielzahl pietistischer Frauen haben genau das getan, was für Spener völlig inakzeptabel sein musste: Als Prophetinnen und Führerinnen, als Organisatorinnen und Agitatorinnen traten sie in der Öffentlichkeit auf und gewannen Menschen für den neuen Weg der Herzensfrömmigkeit. Von Anfang an war es gewissermaßen das Erkennungszeichen des Pietismus, dass er als eine geistliche Bewegung galt, die maßgeblich von Frauen ausgelöst und von ihnen getragen wurde.[116] Dieser Ruf ging ihm noch bis zum Anfang des 18. Jahrhunderts voraus und hatte seinen inhaltlichen Grund darin, dass im Pietismus die Überzeugung lebte: Die angestrebte, vertiefte Herzensfrömmigkeit und Hingabe an den Retter der Menschheit liege dem natürlichen Wesen der Frau viel näher als dem des Mannes. Gott, so war man überzeugt, spreche eben nicht zum Verstand der Menschen, sondern zu deren Herzen. Dafür aber seien Frauen in ihrer emotionaleren Persönlichkeitsstruktur viel aufgeschlossener als Männer.[117] Eine so gepflegte Hinkehr zum religiösen Gefühlserlebnis kannte natürlich seine kontrastreichen Hintergründe in einer seelenkalten kirchlichen Orthodoxie, die der Pietismus anklagte.[118]

1. 1. Antoinette Bourignon und Madame Guyon

So ist es nicht verwunderlich, dass es Frauen wie *Antoinette Bourignon* (1616-1678) und *Madame Guyon* (1648-1717) waren, deren mystische Schriften bei den deutschen Pietisten einen äußerst nachhaltigen Eindruck hinterließen. Beiden Frauen war eine quietistische Selbstverleugnung zu Eigen. Ihre kompromisslose Hingabe des Lebens an Christus und eine herausfordernde Frömmigkeit ließen sie zu hoch verehrten religiösen Vorbildern ihrer Zeit werden. Man kann Gottfried Arnold gut verstehen, wenn er unter dem Eindruck der Botschaften dieser Frauen von sich sagte, dass er mehr von Madame Guyon gelernt habe als von den meisten Gelehrten.[119] Offenbar ging die religiöse Erfahrung vieler Menschen so tief, dass selbst in der Frage der Ehe die oberste Priorität der gemeinsame *„Dienst für den Heiland"* war, dem alles andere untergeordnet wurde.[120] Aufgrund dieser Überzeugungen dienten im Frühpietismus nicht nur ledige Frauen Christus, wie es das in früheren Jahrhunderten auch außerhalb von Klostermauern immer wieder gegeben hatte. Sie verstanden ihre Berufung auch nicht nur an der Seite ihrer Männer in untergeordneter Funktion. Viel häufiger stoßen wir auf namhafte weibliche Persönlichkeiten, die ein völlig eigenständiges Dienstleben als Ehefrauen entwickelten und als inspirierte Prophetinnen ein hohes gesellschaftliches Ansehen genossen.[121]

1. 2. Rosamunde Juliane von Asseburg (1672-1712)

Eine für den Pietismus bedeutsame Frau, deren Einfluss bis an die Fürstenhöfe ging, war *Rosamunde Juliane von Asseburg* (1672-1712). Sicher gehörte sie zu den berühmtesten und zugleich umstrittensten Persönlichkeiten des Pietismus des ausgehenden 17. Jahrhunderts. Wilhelm Petersen[122] spricht in seiner Autobiografie von ihr wie von einer großen Heiligen, die aufgrund ihrer Frömmigkeit, ihres keuschen Lebens und ihrer Glaubensgelassenheit von Gott gewürdigt wurde, ihm als Prophetin zu dienen. Auch seine Frau, Eleonore Petersen, die selbst in einem außergewöhnlich gesegneten Dienst den Pietismus maßgeblich mitprägte, fand für Rosamunde nur Worte höchster Anerkennung und betonte, dass ihre Vollmacht *„... aus einer extraordinären Gnade von oben herab"* zu verstehen sei.[123] Neben ihren Visionen, die sich zentral mit Jesus Christus als dem Retter der Menschheit beschäftigten, aber auch mit der Nähe des bevorstehenden tausendjährigen Gottesreiches und damit des Gerichtes, kritisierte sie zunehmend auch die weltliche und kirchliche Obrigkeit, weswegen sie schließlich verfolgt wurde. Gerade in dieser schweren Phase ihres Lebens fand sie ausgerechnet Freunde im Adelsstand, beispielsweise die Kurfürstin von Hannover, die sie finanziell unterstützte, und Dodo von Knyphausen, der Kammerpräsident des Kurfürsten Friedrich III. von Preußen, der sie schützte. Aber auch der König von England, Jakob II., und die Königin von Dänemark, Anna Sophia, hatten von Rosamundes geistlichem Wirken gehört und nahmen Kontakt zu ihr auf. Einer ihrer prominentesten Bewunderer aber war Gottfried Wilhelm von Leibnitz, der ihre Prophetie als göttlich inspiriert erkannte und sagen konnte: „*... denn solche, wie die Asseburg, welche uns die besonderen Umstände der Zukunft lehren können, müssen übernatürliche Gnade haben.*"[124] Selbst Spener, dessen vorsichtig kritische Position zum Dienst der Frau bekannt ist, war von der geistlichen Persönlichkeit Rosamundes von Asseburg und nicht zuletzt von den Wirkungen ihres Dienstes so angetan, dass er sich öffentlich hinter sie stellte, indem er auf ihr gottseliges Wesen verwies.[125]

1. 3. Anna Maria Schuchart

Dass der Frühpietismus nicht nur das Heil in Christus bezeugte, sondern immer wieder auch bevollmächtigte Zeuginnen hervorbrachte, die in ihren visionären Gerichtsbotschaften Geistlichkeit und weltliche Würdenträger anprangerten, sehen wir bei *Anna Maria Schuchart,* deren exakte Lebensdaten wir nicht mehr kennen. Die Stigmatikerin aus Erfurt trat dort mit einer Vision von der Hölle auf und beschrieb, wie sie in ihr allseits bekannte und anerkannte Geistliche gesehen habe. Wann immer sie in Trance fiel, und das konnte mehrere Male am Tag geschehen, verlor sie jedes Bewusstsein für räumliche Grenzen und sah sich selbst außerhalb ihres Leibes. In solchen Situationen wurde ihr ganzer Körper völlig steif, wobei sie die Augen weit geöffnet hielt. In diesem

Zustand empfand sie eine tief beglückende Freude.[126] Häufig sang sie geistliche Lieder in hochdeutscher Sprache, die sie in wachem Zustand nicht zu sprechen vermochte. Bis zu 100 Reime sang sie, deren sie sich später nicht mehr erinnern konnte. Zuweilen verbanden sich mit ihren Visionen stigmatische Erlebnisse. Dann flossen Blutströpfchen aus ihrem Handinneren. Aus solchen Erfahrungen schöpfte Anna Maria ein hohes Sendungsbewusstsein, was sie zur bevollmächtigten Mahnerin und Bußpredigerin machte. Ihre Visionen wurden in der pietistischen Frömmigkeit weithin als göttlich inspiriert anerkannt, wenn auch nicht immer ohne Sorge. So meinte Spener in einem Brief an Francke: *„Der Herr laße immer seine krafft mächtiger werden und wehre nur dem Satan, das er in nichts sich einmischen dörffe."*[127]

Auch August Hermann Francke, der längst zu Anna Marias Bewunderern gehörte, erlebte einmal während des gemeinsamen Gebetes mit ihr, wie sie plötzlich in Verzückung – *„in ecstasin"* – geriet, die Hände hob und erbauliche Verse wiedergab und geistliche, nie zuvor gehörte Lieder sang. Diese Erfahrung beeindruckte ihn offenbar sehr nachhaltig, empfand er doch, wie viele Menschen seiner Zeit, den Trancezustand als ernsten Hinweis für die Göttlichkeit ihrer Offenbarungen.[128] Als Anna Maria Schuchart wieder einmal der Stadt verwiesen wurde, wanderte sie im Sommer 1694 mit einer Gruppe von radikalen Pietisten nach Pennsylvanien aus. Auch in ihrer neuen Heimat blieb sie ihrer Berufung treu und wirkte weiterhin als Prophetin.[129]

1. 4. Adelheid Sybilla Schwartz

Auch die exakten Lebensdaten von *Adelheid Sybilla Schwartz* sind heute nicht mehr rekonstruierbar.[130] Sicher ist, dass sie mit dem Kunstmaler Johann Heinrich Schwartz verheiratet war und mit ihm sechs Kinder hatte. Ihre religiöse Haltung und ihre öffentliche Wirksamkeit werden in rund fünfzig aufschlussreichen Briefen transparent, die sie zwischen 1691 und 1702 an einen unbekannten Fremden in Lüneburg wie auch an August Hermann Francke geschrieben hatte. In ihm sah sie ihren verständnisvollen

Mentor und besuchte ihn mehrere Male in Halle. Selbst in der Öffentlichkeit fand Francke zumindest in den ersten Jahren ihres Wirkens lobende Worte über sie, sodass sie von Theodor Worschke als *„Franckes Debora"* bezeichnet wurde.[131]

Sie ist mit vielen anderen Frauen des Frühpietismus einem eher schwarmgeistigen Flügel zuzuordnen, verstand sie sich doch selbst als mahnende Prophetin, die in ihrer chiliastischen Gesinnung ihre Zeitgenossen fortwährend zur Buße rief. Sie hatte mit vielen hochgestellten Persönlichkeiten Kontakt, die ihre religiöse Inbrunst sehr schätzten.

In ihren Gerichtsprophetien wandte sie sich besonders gegen die orthodoxen Vertreter ihrer Kirche. In einem besonders dramatischen Fall schickte sie *„im Auftrage Gottes"* eine *„Bezeugung"* gegen den Superintendenten August Pfeiffer in Lübeck.[132] Darin fanden sich die überaus angriffigen Sätze: *„Du, an welchem meine Seele einen Ekel hat, siehe, ich werfe dich in ein Bett, das mit Pech und Schwefel brennt, so du nicht umkehrest und wahre Buße tust."* Hier wurde Prophetie zur Agitation mit dem Ziel, den Superintendenten aus seiner kritischen Haltung gegenüber den Pietisten unter Androhung der Hölle zur Umkehr zu bewegen. Pfeiffer veröffentlichte jedoch gegen ihren Willen das von ihm so verstandene Schmähpapier und zog sie vor das Stadtgericht. Nach langen Verhandlungen, in denen Adelheid Sybilla Schwartz beeindruckend fest zu ihren Offenbarungen stand, kam sie der Ausweisung zuvor und verließ die Stadt. Unstet zog sie durch Mitteldeutschland, trennte sich zuweilen bis zu einem Jahr von ihrer Familie. Ihr war bewusst, dass ihr wahrer göttlicher Beruf darin bestand, Menschen des Glaubens zu sammeln, sie in Privathäusern zu lehren und sie auf die Wiederkunft Jesu Christi vorzubereiten.

Aber auch für andere Frauen, die wie sie ihre Visionen und Prophetien der Öffentlichkeit mahnend mitteilten und nicht selten deshalb verfolgt wurden, verstand sie sich als Mentorin. So besuchte sie wiederholt Anna Eva Jacobs aus Quedlinburg, die sie in ihrem Auftrag ermutigte und bestärkte, indem sie ihr Wirken öffentlich als göttliche Offenbarung unterstrich. Als auch nach Jahren öffentlicher Wirksamkeit viele Prophezeiungen nicht eintrafen, spaltete sich schließlich die Bewegung in einen separatistisch schwärmerischen und einen nüchternen innerkirchlichen Flügel.

IV. Frauen im Pietismus

Es ist bereits vielfach belegt, dass die Geschichte des Reiches Gottes in der Gestalt der Gemeinde Jesu ohne das Engagement selbstlos dienender Frauen nicht möglich gewesen wäre. In all ihrem Reden und Tun verstanden sich Frauen unter der Autorität Gottes, wussten sich durch die Heilige Schrift autorisiert und durch seinen Geist erfüllt. Sie verstanden sich als Gefäße Gottes, als Werkzeuge in seiner Hand, eben als seine Mägde, die nichts anderes sein und tun wollten, als was der auferstandene Herr der Gemeinde, Jesus Christus, in und durch sie zu beabsichtigen suchte. Diese markanten geistlichen Überzeugungen, von denen Frauen immer wieder in spirituellen Hochzeiten der Gemeinde geprägt waren, gehören auch in ganz besonderer Ausgestaltung zu den Persönlichkeitsmerkmalen pietistischer Frauen.

Wie verstanden sie sich selbst? Nie konnten sie sich als Teil eines Geschlechterkampfes sehen. Sie rangen nicht verzweifelt in einer männlich dominierten Kirche um Gehör. Sie traten nicht an, um sich religiös mit Männern zu messen, und schon gar nicht ging es ihnen um den fragwürdigen Erfolg einer wie auch immer gearteten Gleichberechtigung. Nein, die Frauen des Pietismus sind wohl nicht treffender zu charakterisieren als durch Folgendes: Sie waren schlichte Jüngerinnen Jesu, die sein Wort ernst nahmen und darum in festem Glauben aufstanden, um im Rahmen ihrer Lebensmöglichkeiten den aufgetragenen Willen ihres Herrn zu erfüllen.

Sie waren ganz und gar auftragsorientiert, sie kannten eine Passion, eine einzige Leidenschaft in ihrem Leben – und die hieß „Jesus Christus". Dabei kümmerten sie sich allerdings nur wenig um gesellschaftliche Konventionen, Normen oder Protokolle, die ihnen unablässig Grenzen ihrer Aktivitäten suggerieren wollten und ihnen zu wissen gaben, was für eine Frau schicklich war oder nicht. Würdevoll und erhaben zugleich setzten sie sich über jede Einengung ihres Auftrages hinweg. Und dies allein deshalb, weil sie sich in der Mission ihres Gottes wussten und ihnen darum als Mägde ihres Königs keine andere Wahl blieb.

Aufgrund dieser Motivationen kann und will sich der Pietismus nicht in der ihm oft genug zugedachten Rolle der innerkirchlichen Rebellion verstehen – obwohl er doch unverkennbar Unruhe in seine Evangelische Kirche brachte. Darum suchten auch seine Vertreterinnen nicht die beständige Konfrontation – obwohl ihr Reden und Tun ohne Zweifel viele Menschen zu einer Gotteserfahrung führte, in der sie nachdenklich ihr Leben neu zu ordnen begannen.

Da der frühe Pietismus zunächst im Adel und im höheren Bürgertum Wurzeln schlagen konnte und er erst später im Kleinbürgertum seine Anhänger fand, ist es ganz selbstverständlich, dass es zunächst namhafte Frauen aus dem Adel waren und nur gelegentlich namenlose Vertreterinnen, die das geistliche Klima in Deutschland über Jahrhunderte maßgeblich mitprägten. Diese Frauen wurden schon allein deshalb zum Stachel ihrer Zeit, weil sie unter allen Umständen *„Gott mehr gehorchen wollten als den Menschen"* (Apg 4,19).

Durch ihre unbeirrbare Glaubenshaltung und durch die daraus folgende geistlich konsequente Gestaltung ihres Lebens brachten die Frauen des Pietismus längst verschüttete Inhalte des Evangeliums wieder neu zum Klingen, sodass Menschen in ihrem Umfeld erlebten, wie ein in der Kraft des Heiligen Geistes geführtes Leben den in ihnen wohnenden Christus transparent werden ließ. Sie erfuhren die inspirierende Macht eines unter Christus gelebten Lebens, die bis auf den heutigen Tag nachwirkt. Darum sind für moderne pietistische Frauen jene geistlichen Quellen so wichtig, die sie in spezifischen Worten der Bibel finden, in denen ihnen zugesprochen wird, dass sie bei Gott nicht Menschen zweiter Klasse sind, sondern sie durch Jesus Christus tief greifende Erlösung erfahren haben. Er hat auch *„ihre Füße auf weiten Raum"* (Ps 31,9) gestellt, sie vielfältig begabt und sie mit der Botschaft der Liebe betraut. Ob sie als Hausfrauen, Krankenschwestern oder in irgendeinem Büro arbeiten – Frauen des Pietismus profitieren unendlich durch die im Alten und Neuen Testament vermittelten Glaubenspersönlichkeiten und erfahren sie als geistliche Ermutigung und Stärkung für ihr christliches Selbstverständnis. Oftmals sind es aber auch Frauen aus der Geschichte der Kirche, die vor ihnen mit gleichen Fragen und Problemen rangen. Dennoch gingen sie unbeirrt und stark ihren manchmal sehr dornenvollen Weg und geben gerade in ihrer festen Glaubenshaltung vielen Frauen reichen Trost und häufig eine spirituelle kraftvolle Vision für ihr eigenes Frausein.

Dieses erstaunliche Phänomen evangelischer Geistesgeschichte anhand von einigen markanten pietistischen Frauengestalten nachzuweisen, soll nun das Ziel dieses Kapitels sein.

1. Johanna Eleonora Petersen (1644-1724): Laientheologin von Gottes Gnaden

Die Kirchenhistoriker sind sich darin weithin einig, dass die Eheleute Petersen „psychologisch, literarisch und nicht zuletzt theologisch ein faszinierendes Phänomen darstellen"[133], und dies nicht nur in den geschichtlichen Grenzen des radikalen Pietismus, sondern vielmehr innerhalb des gesamten neuzeitlichen Protestantismus. Diese Einschätzung trifft akzentuiert auf *Johanna Eleonora Petersen* zu, die als willensstarke Persönlichkeit, engagierte Laientheologin, Verkündigerin und Lehrerin des Evangeliums und als viel gelesene Autorin dem Pietismus innerhalb des deutschen Adels in bemerkenswerter Weise zum Durchbruch verhalf.

1. 1. Ihr Elternhaus

Johanna Eleonora wurde am 25. April 1644 in Frankfurt am Main geboren. Sie war die zweite Tochter des Freiherrn Georg Adolph von Merlau und seiner zweiten Frau Maria Sabina Ganß von Utzberg. Der Vater stammte aus einem alten hessischen Adelsgeschlecht, das seinen Stammsitz in Merlau bei Grünburg hatte. Er war als Kammerherr beim Landgrafen von Hessen-Homburg tätig und war mit seiner Familie wegen der Gefahren eines Bürgerkrieges nach Frankfurt geflüchtet. Johanna war gerade neun Jahre alt, als für sie bereits ein Leben voller Entbehrungen begann, da plötzlich ihre Mutter starb. Sie wurde mit ihren zwei Schwestern auf das Gut Merlau geschickt, um dort von einer alten Schulmeisterswitwe versorgt zu werden, was jedoch nicht lange gut ging. Als der Vater bald darauf ihre ältere Schwester Philippina nach Stuttgart zu ihrem Onkel zur weiteren Erziehung sandte, musste Johanna den gesamten Haushalt übernehmen und litt besonders in dieser Zeit unter ihrem harten und unbarmherzigen Vater.[134] Doch mit zwölf Jahren wandte sich erneute ihr Schicksal. Sie kam an den Hof der Gräfin von Solms-Rödelheim, wo sie mit den höfischen Sitten vertraut gemacht werden sollte. Da sich jedoch bald herausstellte, dass die Gräfin unter zunehmender Verwirrtheit litt und sie infolgedessen Johanna häufig schlug und sie ernsthaft bedrohte, hatte der Vater schließlich ein Einsehen und schickte sie 1659 mit gerade fünfzehn Jahren als Hofjungfer zu Anna Margaretha von Hessen-Homburg, ihrer Patin, die mit ihrem Mann, Herzog Philipp von Schleswig-Holstein-Sonderburg, auf ihrem Lehnsgut Wiesenburg bei Zwickau lebte.

Johanna nahm zunächst am aufwändigen Treiben des Hofes unbekümmert teil, wurde zu einer anmutigen Tänzerin, gewann dabei manche Preise, und galt bald als eine der beliebtesten jungen Damen beim Reigen. Darüber hinaus schätzte man sie wegen ihrer auffälligen Klugheit als geistvolle Gesprächspartnerin. Doch bald durchschaute sie die Hohlheit der Feste und die Eitelkeit des Adels. Angewidert von den höfischen Vergnügungen zog sie sich immer mehr zurück und setzte sich dem Unverständnis und schließlich dem Spott des übrigen Hofpersonals aus.

In ihrer Lebensbeschreibung machte sie sich noch Jahrzehnte später Vorwürfe und konnte nicht verstehen, wie sie in ein solch leichtfertiges Leben einwilligen konnte. Und doch war das Leben in der Wiesenburg nicht nur von rauschenden Festen und üppigem Leben gekennzeichnet. In den mehr als zehn Jahren, die Johanna dort verbrachte, eignete sie sich eine beachtliche Bildung an. Sie lernte nicht nur Französisch, was damals für eine Hofdame als Selbstverständlichkeit galt, sondern auch Griechisch und Hebräisch, um die Heilige Schrift im Urtext lesen zu können. Getrieben von einem enormen Wissensdurst durchforschte sie die verfügbare Literatur über die verschiedensten wissenschaftlichen Disziplinen und kam somit auf autodidaktischen Wegen zu einem beeindruckenden Bildungsniveau.

1. 2. Ihre geistliche Entwicklung

Wer sich einmal die Mühe macht, die Autobiografie Johanna Eleonora Petersens gründlich zu studieren, der kommt wohl kaum an der Erkenntnis vorbei, dass sie bereits von Kindheit an für religiöse Überzeugungen ausgesprochen offen war. So beschrieb sie ein Erlebnis, das sie mit vier Jahren hatte, als sie mit ihrer Mutter und ihren beiden Schwestern auf dem Rittergut Philippseck bei Heddernheim war. Als ihnen der Dienstbote mitteilte, dass eine Reiterschaft sich ihrem Anwesen nähere, nahm die Mutter ihre drei Töchter, um mit ihnen kurzentschlossen zu Fuß in Richtung Frankfurt zu fliehen. Als sie plötzlich die Reiter ganz in ihrer Nähe hörten, suchten sie Zuflucht in einem hoch stehenden Getreidefeld. Angsterfüllt ermahnte die Mutter ihre Töchter zum Gebet. Als die Soldaten vorübergezogen waren und offensichtlich Gott ihre Gebete erhört hatte, ermahnte die Mutter ihre Kinder, Gott zu danken, worauf die älteste Tochter antwortete: „*Warum sollen wir nun Gott dancken, nun können sie ja nicht mehr zu uns kommen?*“ Daraufhin reagierte Johanna betroffen und schrieb später in ihren Lebenserinnerungen: „*Da habe ich in meinem Herzen eine rechte Empfindung über diese Rede gehabt, dass michs recht geschmerzet, dass sie Gott nicht dancken wollte, oder meynete, dass es nun nicht nöthig wäre; das bestraffete ich an ihr mit brünstiger Liebe gegen Gott, dem ich von Herzen danckete.*“[135]

Auch eine andere frühkindliche Erinnerung Johannas lässt auf eine sensible Empfindungslage für religiöse Wirklichkeiten schließen. Als sie einmal fragte, woher denn die Kinder kämen, wurde ihr gesagt, dass die „Bademutter“, also die Hebamme, sie aus dem Himmel hole. Danach suchte Johanna nach der Bademutter, und als sie sie endlich gefunden hatte, bat sie die Hebamme, den Herrn Jesus Christus herzlich von ihr zu grüßen. Zudem wollte sie unbedingt wissen, ob der Heiland sie auch lieb habe.[136] Was hier im Kind bereits als bewegende Frage formuliert wurde, sollte in ihrem späteren Leben der Grundtenor ihrer werbenden Verkündigung sein: die grenzenlose Liebe Jesu zu seinen Menschen.

Auch ein anderes Erlebnis zeugt von ihrem kindlichen Glauben und ihrer kindlichen Liebe zum Heiland. Als ihre Mutter schwanger zu Bett lag, hörte Johanna sie weinen, worauf sie ihre ältere Schwester nach dem Grund fragte. Diese teilte ihr mit, dass ein bekanntes adeliges Fräulein eine Hure geworden sei. Wenn Johanna auch nicht wusste, was eine Hure sein könnte, so ahnte sie doch, dass es „etwas Böses" sein müsse. Daraufhin ging sie in ihr Zimmer, kniete nieder und flehte unter Tränen zu ihrem Vater im Himmel, dass er sie davor bewahren wolle, eine Hure zu werden. *„Dieses einfältige Kinder-Gebet hat der treue Gott erhöret, dass er mich nicht allein vor Gelegenheit behütet, sondern auch ein solches Herz gegeben, dass ich einen Greuel an unkeuschen Reden und Geberden gehabt, und in keiner Gesellschaft geblieben, wo es nicht keusch und ehrbar zugegangen"*, kommentiert Johanna in späteren Jahren ihr bewegendes Erlebnis.[137]

Auf dem Hintergrund dieser Erfahrungen ist es nicht verwunderlich, dass Johanna bereits mit zehn Jahren ihren Vater bat, sie zur Abendmahlsunterweisung zu schicken. Wenn auch der Vater zunächst diesen Wunsch ausschlug und ebenso der zuständige Pfarrrer es für ungewöhnlich hielt, ein Mädchen in diesem kindlichen Alter in das Abendmahl einzuführen, so setzte sich doch Johanna beiden gegenüber durch und wurde schließlich auf den Empfang des Mahles vorbereitet.[138]

Dass ihr Glaube an Gott immer reifere Züge bekam und sie zunehmend in der Lage war, Glaubensinhalte auch kritisch zu beleuchten, mag ein anderes Erlebnis unterstreichen, das Johanna als siebzehnjährige junge Dame hatte. Als die Tochter des Herzogs von Hessen-Homburg in Linz heiratete, war die ganze adelige Festversammlung mit dem Schiff zu ihrem Ziel unterwegs. Je näher man nach Linz kam, umso mehr Ängste überfielen Johanna. Sie war in Sorge, dass der „papistische Ort" ihrer Seele schaden könne. Als man schließlich überlegte, Johanna als Kammerjungfer bei der jungen Braut in Österreich zurückzulassen, ging sie in die Schlosskapelle und betete zu Gott, er möge sie vor dem Papsttum bewahren.[139] Auch dieses Gebet blieb von Gott nicht unbeantwortet. Denn der Gedanke wurde verworfen und Johanna durfte wieder mit heim auf die Wiesenburg fahren.

Durch all diese Erfahrungen wurde Johannas Glaube fester, während sie sich immer mehr darin übte, *„in die Gelassenheit Gottes einzukehren“*,[140] womit sie meinte, es zu lernen, sich ganz und gar dem göttlichen Willen zu überlassen und das Verfolgen eigener Lebensziele aufzugeben. Bei allem geistlichen Wissensstand, den sie sich bereits angeeignet hatte, fehlte ihr dennoch die Ermutigung von Christen, denen sie abspüren konnte, dass ihr Leben mit ihrem Glauben deckungsgleich war (Jak 1,22). Als sie im Sommer 1672 die Prinzessin von Holstein-Sonderburg nach Bad Ems auf dem Schiff begleitete, begegnete sie Philipp Jakob Spener, der *„etzliche Stunden“* mit ihr über geistliche Dinge sprach und sie in seiner Persönlichkeit offenbar so beeindruckte, dass Johanna das Gefühl hatte, Spener könnte in ihr Herz schauen. Äußerst freudig bewegt schreibt sie von dieser Begegnung: *„Ja, ich fand an demselben Freund das, woran ich gezweifelt, an einigen Menschen in der Welt zu finden, nämlich einen Prediger des Wortes, der zugleich Täter des Wortes war.“*[141]

Durch diese wenigen Akzente ist sicher deutlich geworden, dass Johannas Glaube an Jesus Christus Wurzeln kannte, die ohne Zweifel ihre fromme Mutter schon sehr früh in sie hineingelegt hatte. Wenn dieser Glaube auch nicht ohne kritische Rückfragen blieb und zuweilen erhebliche Anfechtungen kannte, so entwickelte er sich doch in einem kontinuierlichen Prozess zu einer stabilen Tragfähigkeit, in der Johanna während ihres ganzen Lebens vielen Menschen Wegbereiterin zum ewigen Heil werden konnte.

1. 3. Ihre Ehe

Eine besondere Art der Anfechtung hatte Johanna zu Beginn der sechziger Jahre durchzustehen. Wie es damals üblich war, schien es wohl bereits eine beschlossene Sache, dass Johanna den Sohn eines kursächsischen Oberstleutnants von Bretewitz heiraten sollte, ohne dass sie auch nur einmal gefragt worden wäre, wie sie darüber dachte. In einer betonten Gleichmütigkeit des Glaubens, wie es dem Pietismus zu Eigen ist, fügte sie sich ohne sonderliche Bedenken in ihr zu erwartendes Schicksal. Doch als sie hörte, dass ihr Bräutigam im Krieg *„kein gottseliges Leben führte“*, sondern ganz nach den Lüsten der Welt, geriet sie in große Angst und bat Gott inständig, er möchte entweder den Sinn des Mannes ändern oder aber ihr Verlöbnis scheitern lassen.[142] Sie konnte eine Ehe mit einem solchen Menschen nicht als den Willen Gottes für ihr Leben begreifen, wollte aber auf gar keinen Fall offen aufbegehren. Trotz erheblicher Bedenken verhielt sich Johanna still und wartete auf Gottes Lösung.

Diese kam völlig unerwartet in der Form, dass der Bräutigam bereits während seines nächsten Besuches durchblicken ließ, dass er den Entschluss gefasst habe, eine reichere Dame aus Dresden zu ehelichen und nun nur noch darauf bedacht war, Johanna mit Anstand verlassen zu können. Wenn diese Absicht auch nicht ganz gelang, denn er setzte hinterhältig böse Gerüchte gegen sie in Umlauf, so kam doch die Wahrheit bald ans Licht, sodass von Bretewitz aus den Diensten des Hofes entlassen wurde. In Johanna hingegen vertiefte sich die Befürchtung, die während ihres Dienstes am Hof immer wieder einmal genährt worden war, dass *„Adelige wohl ein recht gottloses Leben führten“*.[143] Diese Erkenntnis führte sie schließlich zu der Überzeugung, dass es besser sei, auf eine Ehe zu verzichten und als ledige Frau ihrem Herrn Christus zu dienen.

Doch 1674, Johanna war gerade dreißig Jahre alt, wurde sie erneut von einem Mann umworben. Diesmal kam der Antrag jedoch nicht von einem Vertreter des Adelstandes, sondern von einem evangelischen Pfarrer, der zudem ein enger Vertrauter Philipp Jakob Speners war. Johann Winckler war gerade Witwer geworden und warb um Johanna, um sie als seine zweite Frau zu ehelichen. Doch sehr bald stellte sich heraus, dass Johannas Vater als standesbewusster Adeliger gegen diese Heirat war. Diese Reaktion kam Johanna ganz und gar nicht ungelegen. Vielmehr fühlte sie sich durch dieses neuerliche Scheitern nur umso mehr bestätigt, ihren Lebensweg ehelos fortzusetzen, um sich so noch intensiver dem Dienst im Reich Gottes widmen zu können.

Als 1675 Johanna Eleonora von Merlau von ihrem Vater von der Wiesenburg nach Hause gerufen wurde, um nach dem Tode ihrer Stiefmutter deren kranken Säugling zu pflegen, kehrte sie nur für kurze Zeit auf das elterliche Gut zurück, da das Kind noch im gleichen Jahr starb. Daraufhin kehrte Johanna nicht mehr auf die Wiesenburg zurück, sondern reiste auf Empfehlung Speners nach Frankfurt, wo sie im „Saalhof" wohnte, einer pietistischen Versammlungsstätte, die von Maria Juliane Baur von Eyseneck geleitet wurde. Wie sich schon bald herausstellte, verstanden sich die beiden Frauen ausgezeichnet und wurden *„ein Herz und eine Seele"*.[144] In erbaulichen „Privatversammlungen" wurden hier seit 1630 Bibelgespräche geführt, zu denen Männer und Frauen zusammenkamen, die besonders radikal nach den Konsequenzen des christlichen Glaubens fragten. Das Besondere aber der „Saalhof-pietisten", wie man sie ein wenig verächtlich in der Stadt nannte, war die Tatsache, dass auch Frauen rege am Bibelgespräch teilnahmen und auch als Leiterinnen, Lehrerinnen (1. Kor 11,5) und Seelsorgerinnen den Menschen dienten.

Im Frühling des Jahres 1676 kam der junge Theologe Johann Wilhelm Petersen in den Saalhof, um an den Bibelstunden teilzunehmen. Schon bald war er von der vollmächtigen Verkündigung der Frauen so beeindruckt, dass er sich dem Pietismus zuwandte. Dieser Schritt sollte sein Leben völlig verändern und zog erhebliche Konsequenzen nach sich. Eine dieser Konsequenzen war offenbar die Tatsache, dass Petersen nicht nur geistlich von Johanna inspiriert worden war, sondern von ihrer auffallenden Schönheit und liebevollen Persönlichkeit so angetan war, dass er ihr bald einen Heiratsantrag machte. Da sie jedoch nichts davon wissen wollte, schlug sie ihm „eine andere sehr tüchtige Person vor".[145]

Petersen ließ sich jedoch von ihrer Ablehnung nicht beeindrucken und setzte seine Werbung fort. Da Johanna allein Gottes Willen tun wollte und weder ihrer Neigung noch ihrer Vernunft folgen wollte, übergab sie diese Entscheidung kurzerhand ihrem Vater in der Erwartung, dass Gott durch ihn schon den rechten Weg weisen würde. Und er zeigte ihn. Denn völlig unerwartet stimmte der Vater der Ehe zu. So führte am 7. September 1680

Johann Wilhelm Petersen seine geistliche Freundin Johanna Eleonora von Merlau zum Altar und ließ sich von ihrem gemeinsamen väterlichen Freund Spener trauen. Es wurde eine glückliche Ehe, der drei Kinder geschenkt wurden, von denen allerdings nur eines die Kindheitsphase überlebte. Gustav Freytag urteilte über ihre Ehe, *„sie seien einträchtig, wie ein Vogelpaar durch die Anfechtungen und Beschwerden dieses Erdentales geflattert"*.[146] Und in der Tat mussten sie viele Anfeindungen und Verkennungen ertragen. Seine Karriere als Dozent an der Universität Rostock, die ihm die Ehrendoktorwürde verlieh, und als Superintendent in Lüneburg fand am 21. Januar 1692 ein jähes Ende, als er vom Konsistorium in Celle aufgrund seiner chiliastischen Überzeugungen seines Amtes enthoben wurde.[147]

Was zunächst als eine persönliche Lebenskatastrophe verstanden werden musste, entwickelte sich jedoch unter Gottes Segen zu einer Tür, die ihn in einen weiten Raum der geistlichen Tätigkeit führen sollte. Das Ehepaar zog sich auf das Gut Thymer bei Zerbst zurück, das es durch die Zuwendungen adeliger Sponsoren erwerben konnte, und widmete sich bis zum Lebensende der erbaulich-theologischen Schriftstellerei. Hier starb auch Johanna am Sonntag Lätare, am 19. März 1724, im Alter von beinahe achtzig Jahren.

1. 4. Ihre Theologie und Wirksamkeit

Schon als 20-jährige junge Frau empfand Johanna, dass die ewige Verdammnis mit der göttlichen Liebe unvereinbar sei. Zunehmend geriet sie wegen dieser Frage in innere Not und konnte nicht glauben, dass der Gott der Liebe arme Heiden auf ewig verdammen könnte. Immer wichtiger wurden ihr darum Bibeltexte wie Joh 3,16 oder Eph 1,10, die belegen, dass Gottes Liebe umfassend ist und absolut für alle Menschen ausreicht. Nach dem Studium von 1. Petr 3,18 und 4,6, worin mitgeteilt wird, dass Christus auch den Toten im Gefängnis das Evangelium gebracht hat, wurde ihr die Allversöhnungslehre, die schon Origenes lehrte, wie eine neue Offenbarung zuteil. Seit dieser Zeit lebte in ihr die Gewissheit,

„dass das Blut Christi, auch nach dem Tode seine Gültigkeit habe, und alles wieder werde aus der Höllen erlöset werden, außer den gefallenen Engeln und den Menschen, die eine Sünde gegen den Heiligen Geist begangen hätten“.[148] Diese Überzeugung wurde in ihr durch die „Wiederbringungslehre aller Dinge“ noch verdichtet, die die englische Mystikerin Jane Leade in ihrem Buch „Die acht Welten“ entwickelt hatte.[149]

Zu einer noch wesentlicheren Erkenntnis gelangte Johanna im Jahre 1685, als sie begann, die Offenbarung des Johannes zu studieren. Dabei entdeckte sie, dass Christus wiederkommen würde, mit seiner Gemeinde die Herrschaft über die Völker wahrnehmen und dass sich daraufhin ein tausendjähriges Reich des Friedens auf der Erde für alle Völker anschließen würde. Dabei erinnerte sie sich an einen Traum, den sie als achtzehnjähriges Mädchen gehabt hatte. Darin hatte sie am Himmel die Zahl 1685 *„mit großen güldenen Ziffern“* geschrieben gesehen und einen Mann, der auf die Zahl gedeutet und mitgeteilt hatte, dass in diesem Jahr große Dinge geschehen würden.[150] Diesen Traum bezog sie auf ihre neue Erkenntnis und erwartete geradezu in ökumenischem Geist mit dem wiederkommenden Herrn die Erneuerung seiner weltweiten Kirche.

Bewegt von ihren geistlichen Einsichten schrieb Johanna einen ausführlichen, mehrere hundert Seiten umfassenden Kommentar zur Johannes-Apokalypse, in dem sie ihre chiliastischen Glaubenserwartungen vielfältig zur Sprache brachte und dabei auch Kontexte aus den Psalmen und den Propheten Esra, Jesaja und Micha mit einband. Dieser Kommentar hat ganz wesentlich die Endzeiterwartung im Pietismus geprägt und ließ die Autorin zu einer anerkannten geistlichen Persönlichkeit werden. Wenn sich der Chiliasmus im Zeitalter der Gemeinde auch immer wieder einmal durchsetzen konnte und geradezu als religiöses Motiv bei Thomas Müntzer, Melchior Hoffman und Oliver Cromwell zu finden ist, so ist es doch ein Verdienst von Johanna Petersen und ihrem Mann, wenn er zu einer unverzichtbaren Grundmelodie der christlichen Zukunftserwartung wurde.[151]

Eng mit der pietistischen Eschatologie ist die Frage nach der

Zukunft des jüdischen Volkes verbunden. Johanna ging auf diese Frage ein, indem sie auf einen Traum aus dem Jahre 1664 verwies. In ihm habe ihr der auferstandene Herr mitgeteilt, *„dass es noch eine künfftige Bekehrung der Juden und Heyden"*[152] geben werde, wie sie es später auch im Römerbrief bestätigt fand (Röm 11). Während die Theologengenerationen des 16. und 17. Jahrhunderts das jüdische Volk für dauerhaft verworfen erachteten und als Konsequenz einen breiten Antisemitismus nährten, stellte sich eine Frau in die Brandung der Anfeindungen, verkündigte den Juden das Heil und forderte ein bußfertiges Umdenken.

Beide Lehren, die des tausendjährigen Reiches und die der endzeitlichen Judenbekehrung, wurden von Johanna Petersen *vor* der *Pia Desideria* Speners vertreten. Der Gedanke liegt nahe, dass Spener vielleicht ihre eschatologischen Anstöße in sein eigenes Glauben und Denken übernahm.[153]

Auch in der Rechtfertigungslehre, in der für den Pietismus so wichtigen Frage nach dem rechten Verhältnis von Glaube und Werken, fand sie durch einen Traum eine theologische Position, die ihr erst später durch das Studium der Bibel bestätigt wurde. Dabei war ihr klar, dass man allzu schnell *„zur Rechten oder zur Lincken"* fallen könne. Das könne dadurch passieren, dass man sich durch Werke bemühe, Gott zu gefallen, ohne zuvor die geschenkte Gerechtigkeit im Glauben erfasst zu haben. Andererseits aber könne man auch in seinem sündigen Leben bleiben und sich die Rechtfertigung anmaßen. Johanna erkannte, *„dass uns Gott zwar ... als Gottlose annimmt, aber nicht gottloß lässet, sondern gerecht und heilig machet, dass wir der Sünden absterben und der Gerechtigkeit leben sollen"*.[154]

In dieser Frage schätzte sie die Erkenntnisse Martin Luthers nicht nur aufrichtig, sondern gewann eine heilige *„Abscheu vor der Päpstlichen Lehre"*, in der die Menschen unter Androhung des Fegefeuers angespornt wurden, durch gute Werke den Himmel zu verdienen. Wenn Johanna Eleonora Petersen auch immer wieder auf bemerkenswerte Träume zu sprechen kam, so ist doch festzuhalten, dass sie ihren Träumen und Visionen niemals die Priorität zuwies und sie nie als letztes Argument ihres Lehrens heranzog. Sie verstand sie lediglich als Impuls, als „Anleitung", um in der Bibel nach der offenbarten Wahrheit zu suchen. Allein der Bibel gab sie in allen Lehr- und Lebensfragen den absoluten Vorrang. Sie allein, durch die Gott mit ihr sprach, war für sie letzte und entscheidende Autorität.

Aufgrund dieser Autorität, aber auch durch die englische Böhme-Schülerin Jane Leade angeregt, kam Johanna in ihrer späteren Schaffenszeit zu einer theologischen Einsicht vom androgynen Urmenschen, die allerdings im heutigen Pietismus durchaus kontrovers beurteilt wird. Demnach sei Adam, als vollkommenes Ebenbild Gottes, Mann und Frau zugleich gewesen. Diese These wurde auch schon im frühen jüdischen Rabbinat gelehrt, erfuhr im christlichen Mystizismus eine Neubelebung und gelangte so in das junge pietistische Denken, wo es sich allerdings nicht durchsetzen konnte.

Eine andere, durchaus interessante Lehre liegt in ihrem Verständnis des Heiligen Geistes, den sie als weibliches Element Gottes verstand. Gerade wenn man vom Hebräischen her denke, so Johanna Petersen, liege die Einsicht nahe, von der dritten Person als einer *„fruchtbaren Mutter"* oder als einer *„ausbrütenden Taube"* zu denken.[155] Ohne Zweifel hat sie damit einen Wesenszug des Geistes richtig erkannt, erscheint doch Gottes Geist als die fantasievolle Kraft Gottes, *„der brütend über den Wassern schwebt"* (Gen 1,2), um die Schöpfung zu gestalten, der physiologisches Leben ins Dasein ruft (Gen 2,3), wie er auch neue gottgewollte Persönlichkeiten schafft (Joh 6,63), indem er in ihnen Glauben an Jesus Christus wirkt (1. Kor 12,3) und sie mit geistlicher Vollmacht und Kraft beschenkt (Micha 3,8; Apg 4,33). So ordnen die Offenbarungsquellen der biblischen Schriften dem Heiligen Geist die schöpferischen und lebensweckenden Komponenten zu.

Johanna Eleonora Petersen hat in ihrem Leben etwa zwanzig Bücher geschrieben, die für die damalige Zeit einen beeindruckend großen Leserkreis fanden. Ihr erstes Buch *Gespräche des Herzens mit Gott* war ein Erbauungsbuch, erschien erstmalig 1689 und hatte drei Auflagen. 1691 folgte das Buch *Glaubensgespräche mit Gott*, worin sie auf 962 Seiten das Wesen des christlichen Glaubens und das Ziel christlicher Hoffnung reflektiert. Dabei wählte sie den Stil eines Gebetsbuches und vermittelte eine endzeitliche Stimmung des nahen, wiederkommenden Herrn. *Der geistliche Kampf der berufenen, auserwählten und gläubigen Überwinder* erschien 1698 als Andachtsbuch und vermittelte dem Leser Wegweisung für die konkrete Jesus-Nachfolge.

Als exegetisch hervorragende Werke erschienen 1696 der Kommentar zur Offenbarung und 1706 *Die verklärte Offenbarung Christi*. Darüber hinaus schrieb sie einen Kommentar über die Sendschreiben, über den Römerbrief und über *Das Geheimniß des Erst-Gebohrnen/ Der von Anfang an ist/ und der da ist Gott das Wort* (1711).[156]

Hinsichtlich ihres literarischen Schaffens gibt es bis heute noch viele Unklarheiten. So könnten einige Bücher, die unter dem Namen ihres Mannes veröffentlicht wurden, aus ihrer Feder stammen,[157] hatten ihre Freunde ihr doch dies geraten, um so einen größeren Leserkreis zu finden. Es ist nicht ganz auszuschließen, dass sie diesem Rat zuweilen gefolgt ist, denn für eine Frau war es damals völlig unüblich, sich schriftstellerisch zu Fragen der Theologie zu äußern. Häufig hatte sie sich darum wegen ihres Frauseins zu erklären und zu rechtfertigen.

Dazu schreibt sie in der Vorrede des 1696 erschienen Johannes-Kommentars: „*Ettliche werden mir die Worte Pauli 1. Corinth 14,34 und 1. Tim 2,12 vorwerffen, dass einem Weibe unter der Gemeinde Gottes zu lehren nicht gezieme. Ich respectire was der Heilige Geist durch Paulum gezeuget hat, und masse mir gegen die geziemende weibliche Unterthänigkeit keines Lehrens unter der Gemeinde Gottes an: Dieses aber weiß ich auch wohl, dass gleichwie in Christo Jesu nach Austheilung der Gnade und des Geistes weder Mann noch Weib etwas gilt, Gal 3,28, also auch die Gnade und Gabe Gottes in einer Weibes-Person nicht zu dämpfen und zu unterdrücken sei.*“[158]

Trotz allem wurden Johannas Werke in der Fachwelt durchaus höher geschätzt als die ihres Mannes. Eine Literaturzeitschrift, die *Unschuldigen Nachrichten,* meinte 1718, dass sie „*männlicher*“ als ihr Mann schreibe,[159] womit man ihr im sprachlichen Kontext der Zeit ein Kompliment zu machen suchte. Sicher allerdings ist, dass

Johanna in der Ehe Petersen der eigentlich produktive und führende Mensch gewesen ist, oder, um es mit Ritschl schlüssig und prägnant zu formulieren: „*Das Pietistische an Petersen war seine Frau.*"[160]

2. Erdmuthe Dorothea von Zinzendorf (1700-1756): Schatzmeisterin über Gottes Güter

Inmitten einer Zeit, in der es als selbstverständlich galt, in Frauen nicht viel mehr als das Lustobjekt des Mannes zu sehen, sie als Verführerin zum Bösen zu betrachten und sie im Übrigen als ein notwendiges Übel hinzunehmen[161], begann im Pietismus ein dramatisches Umdenken mit kaum überschaubaren Wirkungen. Wo immer sich die Erweckungen durchsetzen konnten, hatte dies direkte Folgen für das Beziehungsgeflecht in den Familien, zwischen Männern und Frauen, Arbeitgebern und Arbeitnehmern und selbst zwischen Fürsten und ihren Bediensteten.

2. 1. Ihr Elternhaus

Erdmuthes Mutter war eine fromme Frau, die zu den ersten Anhängerinnen Speners gehörte. Auch ihr Mann, Graf Heinrich X. von Reuß-Ebersdorf, hatte schon früh Kontakt zu pietistischen Persönlichkeiten und wurde bald zu einem überzeugten Verfechter der neuen Lehre. Darum ist es nicht verwunderlich, dass beide Eltern der neuen evangelischen Reformbewegung ihr Schloss öffneten, um in ihrem Bereich die Nachricht von der Liebe Gottes weiterzusagen.

So versammelten sie in ihrem thüringischen Herrensitz, dem Schloss Ebersberg, mehrmals wöchentlich ihre Hausangestellten und Bediensteten, um miteinander auf das Wort der Bibel zu hören und in freien Gebetsgemeinschaften, wie es schon früh im Pietismus Brauch war, Gott anzurufen. Immer wieder waren aus der deutschen pietistischen Bewegung bedeutende Männer und Frauen im Schloss, denen man interessiert und gern zuhörte. So lernte Erdmuthe schon in ihrem Elternhaus auch viele Frauen kennen, die völlig entgegen der Sitte ihrer Zeit das Wort Gottes auslegten, die Leitung von Versammlungen innehatten und in der Öffentlichkeit beteten.

Aber Erdmuthe erlebte auch etwas von der Wirklichkeit des „*Einsseins im Geist*", was ihr besonders bewusst wurde und geradezu in Erstaunen versetzte. Wenn Vertreter von unterschiedlichen Konfessionen im elterlichen Schloss in großer Harmonie zusammen waren, um gemeinsam die Bibel zu lesen, Erlebnisse mit Gott weitersagten und ihn miteinander anriefen. Dieses neue tiefe Empfinden der Zusammengehörigkeit machte innerhalb der unterschiedlichen Konfessionen nicht Halt. Unter dem Evangelium erlebte sie mit, wie auch starre Standesunterschiede aufgebrochen wurden, der Abstand des Adels zu den Untergebenen zusammenschmolz und distanzierender Dünkel im Geiste Jesu überwunden wurde.[162]

Erdmuthe empfing aber nicht nur geistliche Werte in ihrem Elternhaus. Im Adel der damaligen Zeit war es durchaus üblich, dass Kinder die bestmögliche Erziehung und eine gediegene Bildung genossen. So wurde Erdmuthe in den höfischen Sitten des deutschen Kleinadels erzogen. Als junge Komtesse gewöhnte sie sich bald an geschliffene Umgangsformen, wurde souverän im ständischen Repräsentieren, lernte eigenständiges und verantwortungsbewusstes Mitdenken und wusste bald, in jeder Situation galant und gewandt zugleich mit Worten umzugehen. Darüber hinaus erhielt sie gemeinsam mit ihrem nur wenig älteren Bruder Heinrich eine umfassende schulische Privatausbildung, wobei sie neben vielen anderen Fächern auch Latein und Griechisch lernte,[163] was ihr in ihrem späteren Amt in Herrnhut sehr entgegenkommen sollte.

2. 2. Ihre geistliche Entwicklung

Bei Erdmuthe von Zinzendorf waren es wohl zwei Erfahrungen, die sie nachhaltig zum Glauben bewegen sollten. Zu einem ersten tief greifenden Erlebnis kam sie durch die Hausandachten des Radikalpietisten Hochmann von Hochenau, der sich im Jahre 1711 im Schloss

Ebersdorf aufhielt. Äußerst bewegt durch seinen Verkündigungsdienst schrieb sie in Gedichtsform ihre Eindrücke nieder:

Ich hörte mit Bewegung
Und guter Überlegung,
Es blieb auch was zurück.
Ich fühlte eine Neigung
Und eine Überzeugung,
Dass Dein zu sein ein großes Glück.[164]

Aber erst neun Jahre später, um das Jahr 1720, wurde die junge Gräfin während einer Reise durch die Wetterau – wo sie wiederum Hochmann begegnete – sowie zu den Halle'schen Anstalten innerlich so sehr bewegt, dass ihre Seele tagelang aufgewühlt blieb, bis sie schließlich Ruhe im Glauben an ihren Retter fand.

2. 3. Ihre Ehe

1721 besuchte Zinzendorf erstmalig Schloss Ebersdorf, um seinen ehemaligen Halle'schen Mitschüler Heinrich, Erdmuthes älteren Bruder, zu besuchen, der zu diesem Zeitpunkt bereits die Regierungsgeschäfte übernommen hatte. Dabei gewann er Interesse an der älteren Schwester Erdmuthes. Erst als diese dem Grafen abgesagt hatte, wandte er sich an die stillere Erdmuthe, um sie als Ehegattin zu werben. Erdmuthe aber war von kleinem Wuchs und schwächlicherer Konstitution, sodass Henriette Katharina von Gersdorff, Zinzendorfs Großmutter, ihrem Enkel abriet, sie zu ehelichen. Sie würde wohl die Geburt ihres ersten Kindes nicht überleben, dachte sie.

Zinzendorf aber hatte Bedenken ganz anderer Art, die er in einigen Briefen deutlich mit ihr ansprach. So schrieb er ihr im Juli 1722: „*Ich liebe Ew. Liebden von gantzem Herzen und innigstem meiner Seele, aber den Herrn Jesus liebe ich noch viel mehr.*“[165] Nur kurze Zeit später teilte er ihr mit, dass Christus sein „*Bräutigam*“ sei und er sich eine Frau wünsche, „*die einen Mann haben kann, als hätte sie keinen, und die Jesum Christum über alles liebet*“.[166]

Diese Hinweise verraten, dass Zinzendorf glaubte, schon bald als Missionar die Heimat, Frau und Kinder, verlassen zu müssen. Andererseits lassen diese Sätze auch sicher den Schluss zu, dass Zinzendorf keine Liebesheirat anstrebte, sondern eher eine Arbeitsgemeinschaft suchte, in der beide Eheleute sich für den Dienst für Jesus freigeben sollten.

Ihre eheliche Beziehung als Mann und Frau sahen sie nicht unter dem Vorzeichen einer romantisch glühenden Liebe, sondern verstanden sie streng theologisch als Abbild der Liebe Christi zu seiner Gemeinde (vgl. Eph 5,25). Auf diesem Hintergrund wird man gut einordnen können, dass das Paar in ihre Trauringe nicht etwa ihre Namen gravieren ließ, sondern in den einen „*Lasst uns ihn lieben*" und in den anderen „... *denn er hat uns zuerst geliebt*".[167] Zinzendorf selbst gab diesem Eheverständnis den Namen „Streiter-Ehe" und verfasste seinen Vorstellungen gemäß einen Ehevertrag, in dem ihm die Freiheit zugestanden wurde, im Dienste Jesu Christi zu tun und zu lassen, was er wollte, während Erdmuthe die Verwaltung des Hauses und des Vermögens auferlegt wurde.[168]

Als sie am 7. September 1722 heirateten, konnte Erdmuthe sicherlich aus Überzeugung dieses Eheverständnis bejahen. Allerdings ließ sie nie einen Blick in ihre Gefühlswelt zu, sodass durchaus anzumerken ist, dass bei aller Erfüllung im Dienst für Jesus sie als Frau und Mutter viel zu entbehren hatte. Diese Entbehrungen sollten für sie besonders hinsichtlich ihrer Kinder schmerzlich ihr ganzes Leben zeichnen. Denn von den zwölf Kindern, die sie gebar, überlebten nur drei Töchter ihre Mutter. Als 1752 die Nachricht aus London Herrnhut erreichte, dass auch ihr letzter Sohn, Christian Renatus, an Lungenentzündung gestorben sei, fiel Erdmuthe in eine tiefe Depression, von der sie sich nicht mehr erholte. Am 4. Todestag ihres Sohnes „*war sie ganz außerordentlich still und in tiefen Gedanken*"[169]. Ihre Seele konnte den Schmerz über den Verlust ihres letzten Sohnes nie verarbeiten. Erdmuthe von Zinzendorf fiel in einen dreiwöchigen Tiefschlaf, aus dem sie nicht mehr erwachen sollte. Am 19. Juni 1756 verließ sie diese Welt für immer.

2. 4. Ihre Wirksamkeit

„Erdmuthe war eine außergewöhnliche Frau, und sie war mit einem außergewöhnlichen Manne verheiratet, und die beiden führten eine in jeder Hinsicht außergewöhnliche Ehe.“[170] Diese Außergewöhnlichkeit bezieht sich im Wesentlichen auf ihr Eheverständnis und ihren starken Charakter, mit der sie in konsequenter Haltung ihrem Herrn Christus zu dienen suchte. Aus diesem Grund wollte sie möglichst wenig Privatsphäre für ihre Ehe und Familie beanspruchen, sondern strebte ganz bewusst eine für jeden zugängliche, offene Familie an. Immer waren mehr oder weniger viele Mitglieder der Gemeinde im Hause tätig, sodass sie von dem Vorbild der Eheleute profitierten, für die damalige Zeit ein überdurchschnittliches Niveau an Bildung erreichten und vor allen Dingen eine geistliche Erziehungsschule genossen, in der die Gräfin immer häufiger zur Seelsorgerin wurde.

Allerdings war dieses nahe Verhältnis für Erdmuthe nicht immer unproblematisch. Sie hatte am Anfang ihrer Ehe sehr mit Distanzierungswünschen ihres adeligen Gepräges zu kämpfen und tat sich ausgesprochen schwer, das geschwisterliche „Du“ zu akzeptieren. Doch fand sie in ihrem Mann einen feinfühligen Helfer, der ihr einmal schrieb: *„Du kannst dich auf Hennersdorf und Dresden ... anziehen, wie du willst. Nur in Herrnhut recht schlicht, ohne Reifrock, den Armen ähnlicher ... Aber zwinge dich eben zu nichts, sondern fange ... an, eine Magd zu werden von ganzem Herzen mit den Schwestern ..., wie ich mit den Brüdern.“*[171]

Offenbar ist es Erdmuthe gelungen, alle inneren Widerstände gründlich zu überwinden und eine Schwester unter Schwestern zu werden. Denn als man in den dreißiger Jahren damit anfing, einander am Gründonnerstag die Füße zu waschen, so wie sie glaubten, dass es der Herr Jesus Christus auch ihnen geboten habe (Joh 13,15), war sie ganz dabei und wusste sich in der Gemeindearbeit voll integriert.[172]

Seit sie 1727 von Berthelsdorf nach Herrnhut umgezogen waren, hatte Erdmuthe beständig leitende Aufgaben in der Gemeinde. So leitete sie eine größere Gruppe von Frauen, für deren Wohl und Heil sie als Vorsteherin verantwortlich war. In großer Liebe und mit viel Sachverstand beaufsichtigte sie ihr Arbeiten und wurde bald von ihnen zärtlich „Mama" genannt.[173] Wenn Erdmuthe auch eine schweigsame Persönlichkeit war, so war es ihr doch selbstverständlich, dass sie die Frauen in biblischem Unterricht lehrte, ihnen Andachten hielt und schon den Kindern biblische Geschichten erzählte.

In der Brüdergemeinde gehörte es von Anfang an zur Selbstverständlichkeit, dass Frauen als Zeuginnen Jesu alle Möglichkeiten zur Verkündigung der Heilsbotschaft wahrnehmen konnten. Das Pauluswort *„Das Weib schweige in der Gemeinde"* hatte nach Zinzendorfs Überzeugung keine aktuelle Bedeutung,[174] sondern wurde in eine konkrete Situation zu einer ganz bestimmten Zielgruppe gesprochen. Darüber hinaus sah er durch die Erlösung Jesu Christi Frauen in den Auftrag gestellt, seine Jüngerinnen und Botinnen zu sein, denn auch sie hätten den Geist Gottes erhalten und hätten die wunderbarsten Gaben empfangen.[175]

Auch Leitungsaufgaben in den Konferenzen und Synoden Herrnhuts nahm Erdmuthe ernst und brachte ihre Fähigkeiten und Einsichten zum Wohl der ganzen Gemeinde ein.[176] Ihr hervorragender Lebensauftrag aber bestand für Erdmuthe, so wie es im Ehevertrag schon dargelegt wurde, in der Finanzverwaltung des Gesamtwerkes, die sie bis 1740 mehr oder weniger allein wahrnahm. Ihr gelang es, das Unternehmen Herrnhut aus erheblichen Schuldenlasten herauszuführen und es zu einer ertragreich arbeitenden Gutswirtschaft umzubauen. Um dieses Ziel zu erreichen, erbrachte sie auch sehr persönliche Opfer, indem sie in den ersten Jahren ihren ganzen Schmuck verkaufte und damit die Finanzen sanierte.

Ab 1732 hatte Erdmuthe außerdem das Amt der weltlichen Obrigkeit in Herrnhut inne, hatte ihr doch der Graf schon im Ehevertrag alle ortsherrschaftlichen Rechte übertragen. Der Höhepunkt ihres Wirkens aber lag in den Jahren 1741-43, als Zinzendorf auf einer Reise in Nordamerika weilte. Er hatte ihr das Generaldirektorat anvertraut und somit die Gesamtleitung aller Herrnhuter Siedlungen. In dieser Funktion reiste Erdmuthe 1742 nach Dänemark, wo sie eine Audienz mit Königin Anna Sophia hatte. Danach besuchte sie Livland, wo sie sich dafür einsetzte, dass der mährischen Kirche Gewissensfreiheit und Niederlassungsrecht gewährt würden.

In dieser Zeit traf sie einige innenpolitische Entscheidungen, durch die Herrnhuts Entwicklung zu einer eigenständigen Freikirche bis auf den heutigen Tag festgeschrieben wurde. Aber gerade in diesen Entscheidung hatte sie ihren Mann nicht auf ihrer Seite, wollte er doch Herrnhut zu einem erwecklichen Ferment in der vorfindlichen Kirche machen.[177] So trat denn auch nach seiner Wiederkunft aus Amerika eine merkliche Trübung im Verhältnis des Ehepaars zueinander ein, sodass Erdmuthe am Ende ihres Lebens sich immer mehr aus dem öffentlichen Leben zurückzog, aber dennoch nicht untätig wurde. Im Herrnhuter Gesangbuch der Ausgabe von 1741 sind 62 Lieder aus ihrer Feder. Wenn die meisten auch eine zeitspezifische Sprache kennzeichnet und sie darum heute kaum noch zu singen sind, so haben sie doch das geistliche Leben Herrnhuts ausgeprochen prägend gestärkt.

Erdmuthe von Zinzendorf war eine hoch begabe Frau, die der Christenheit sehr viel gegeben hat, weil sie sich nicht scheute, ihre äußerst vielfältigen Gaben zum Wohl der ganzen Gemeinde einzubringen. So äußerte sich auch der Graf immer wieder in den höchsten Tönen, wenn er von seiner Frau sprach. Anlässlich der Silberhochzeit 1747 sagte er: „*Ich habe fünfundzwanzig Jahre aus Erfahrung gelernt, dass die Gehilfin, die ich habe, die Einzige gewesen, die von allen Enden und Ecken her in meinen Beruf passt. Wer hätte sich in meiner Familie so durchgebracht? Wer hätte vor der Welt so unanstößig gelebt? Wer hätte mir in Ablehnung der trockenen Moral so klug assestiert? ... Wer hätte die Irrgeister, die sich von Zeit zu Zeit so gerne mit uns vermengt hätten, so tief eingesehen? ... Wer hätte meine ganze Oekonnomie so viele Jahre so wirtschaftlich und so reichlich geführet, wie es die Umstände erfordert? ... Wer hätte einem Ehegatten solche Reisen und Proben passieren lassen? Wer hätte zu Lande und See solche erstaunlichen Mitpilgerschaften übernommen und soutenieret?*“[178]

Zwei Tage nach Erdmuthes Tod im Jahre 1756 entstand die letzte uns überlieferte Würdigung Zinzendorfs, als er vielsagend feststellte: „*Ich war von Herzen ihr erster Untertan, davon hat sie täglich Proben gehabt ... Ich habe es meiner Gräfin seit 25 Jahren gesagt, dass sie der Gemeine Mutter und Fürstin war.*“[179] Dieser lobende Grundtenor über dem Leben einer außergewöhnlichen Frau schwingt auch unverkennbar in den Worten mit, die Zinzendorf zwei Jahre nach Erdmuthes Tod auf ihrem Grabstein anbringen ließ:

Hier liegt seit dem 25. Juni 1756
vor (für) eine bestimmte Zeit
der Leichnam der Gräfin
Erdmuthe Dorothea von Zinzendorf
und Pottendorf, geborene Gräfin Reuß.
Eine Fürstin Gottes unter uns
und der Saug-Amme der Brüderkirche im
XVIII. Secula (Jahrhundert).
Das Blut Jesu Christi hat ihn (den Leichnam) versöhnt,
sein Geist hat ihn bewohnt,
und das Korn seines (Jesu) Leichnams verklärte ihn.
Denn er ist selbst die Auferstehung.
Das Leben (Jesus) war auch todt.
Sie war geboren d. 7. November 1700.
Und entschlief d. 19. Juny 1756.[180]

3. Wiederentdeckung der Diakonie durch Friederike Fliedner

Auf die einschneidenden gesellschaftlichen Umbrüche und die damit verbundenen sozialen Herausforderungen, die die Industrialisierung zu Beginn des 19. Jahrhunderts mit sich brachte, reagierten Männer und Frauen der Kirche, indem sie das biblische Amt der Diakonisse wiederentdeckten und ihm zu neuer Würde verhalfen. Denn es waren vor allen Dingen die jungen unverheirateten Frauen, denen der tief greifende Wandel jegliche Zukunftsperspektive nahm, sodass sie kaum zu ihrer Identität finden konnten. Denn es schickte sich für eine allein stehende Frau der damaligen Zeit nicht, einen eigenständigen Beruf zu ergreifen, um so selbstständig ihren Lebensunterhalt verdienen zu können. Zusätzlich lasteten noch traditionelle Vorurteile auf ledigen Frauen, sodass sie sich unverschuldet im gesellschaftlichen Abseits wiederfanden.

Zunächst waren es Theodor Fliedner und seine Frau Friederike, die, angeregt durch Elisabeth Fry, sich dieser Problematik junger Frauen annahmen und bereits 1836 die „Bildungsanstalt für Evangelische Pflegerinnen“ in Kaiserswerth ins Leben riefen und damit den Beruf der modernen Krankenpflege schufen.[181] Noch im gleichen Jahr traten die ersten beiden Schwestern, eine „Krankendiakonisse“ und eine „Kinderdiakonisse“, ins gerade eröffnete Mutterhaus ein.

Als Friederike Fliedner in das Amt der Vorsteherin des Diakonissenmutterhauses eingeführt wurde, konnte sie endlich zu ihrer Lebensberufung finden, die ihr schon in jungen Jahren angesichts einer schrecklichen Flecktyphus-Epidemie in ihrer Heimatstadt Braunfels im Jahre 1813 innerlich klar geworden war: Sie wollte sozial engagiert sein und – wo immer möglich – menschliches Elend lindern helfen, war doch damals jeder 13. Bewohner der Stadt an Flecktyphus gestorben – schließlich auch ihre Mutter, als Friederike gerade 16 Jahre alt war. Um der öffentlichen Diskriminierung lediger Frauen Einhalt zu gebieten, kleidete sie ihre anvertrauten jungen Frauen bewusst in die Tracht einer verheirateten mittelständigen Bürgersfrau mit Haube und ließ sie einen Beruf erlernen.

Eine so beruflich versierte, ledige Frau im Diakonissenamt war gesellschaftlich der verheirateten völlig gleichgestellt und erfüllte zudem wesentliche Voraussetzungen für die Gleichberechtigung mit dem Mann. Darüber hinaus erhielten Kaiserswerther Diakonissen eine ansehnliche Entlohnung, die ebenfalls dazu beitragen sollte, ihren aufopferungsvollen Dienst am Menschen zu würdigen. In der theologischen Begründung des Diakonissenstandes griffen die Fliedners bezeichnenderweise nicht auf das katholische Ordenswesen zurück, sondern knüpften an die apostolische Zeit an, wo sie bereits in Phöbe den Prototypen einer Diakonisse sahen, die im Auftrag der Gemeinde zu Kenchrea ihren Dienst der Liebe an den Menschen wahrnahm (Röm 16,1).

Fliedner stellte nüchtern fest: „*Dies Amt, das endlich untergegangen war, ist durch Gottes Gnade wieder jetzt ... erneuert worden.*"[182] Aber die Diakonissen sollten nicht nur Arbeit und damit eine erfüllende Lebensaufgabe erhalten, sondern vielmehr sollte ihr Mutterhaus für sie auch ihre Heimat werden, in dem Friederike Fliedner ihnen „*Mutter*" sein wollte. In dieser Haltung nahm sie sich viel Zeit, um jeder einzelnen Schwester in ihren Fragen und Konflikten des Lebens fachlich beizustehen und sie seelsorglich zu begleiten. Eine solche geistliche Einbettung in einem geborgenen Zuhause war für die jungen Schwestern eine persönlich wichtige Voraussetzung, um ihren diakonischen Auftrag der Liebe wahrnehmen zu können. Denn sie wollten 1. Dienerinnen des Herrn Jesus Christus, 2. Dienerinnen der Armen, Kranken und der Kinder um Jesu willen und schließlich 3. Dienerinnen untereinander sein.

Mit diesen Zielsetzungen erfuhren Diakonissen ohne Zweifel eine immense gesellschaftliche Aufwertung, während ihre junge Hausmutter selbst immer mehr weit über Deutschland hinaus zur Bahnbrecherin eines emanzipierten Rollenverständnisses der Frau in Kirche und Gesellschaft wurde.

Aber nicht nur ihre geistliche Leiterschaft in der Mutterhausdiakonie machte sie zu einer außergewöhnlichen Frau. Auch in ihrem erweiterten Lebensraum wurde Friederike Fliedner für viele moderne Frauen zum erstrebenswerten Vorbild, weil sie es wie kaum eine andere verstand, die unterschiedlichsten Belastungen beherzt anzunehmen, die an sie herangetragen wurden. Ihr Bestreben, für leidende Menschen das eigene Leben zu investieren, schlug sich auch im Ziel ihrer Ehe nieder, für die Friederike und Theodor Fliedner sich miteinander vornahmen „*vereint das Himmelreich an sich zu reißen*". In dieser Haltung wollten sie Ermutigung und motivierendes Vorbild für andere Menschen sein. Denn neben ihren umfassenden Pflichten ihres Leitungsauftrages im Mutterhaus verstand Friederike sich als Pfarrfrau in der Verantwortung eines großen Haushaltes. Elf Kindern schenkte sie das Leben. Wenn auch nur wenige das Erwachsenenalter erreichten, so wollte Friederike doch auch ihnen liebevolle Mutter sein. Als Ehefrau hingegen sah sie sich im Verständnis der Bibel als Gehilfin ihres Mannes, dem sie seine mitdenkende Beraterin[183] und zugleich ebenbürtige Partnerin sein wollte.[184] Darum bewahrte sie sich bewusst eine geistig zugängliche Haltung für alle Anfragen und Konflikte ihres Mannes. Nur so konnte sie ihm wirklich stützend zur Seite stehen, zur verständigen Lastenträgerin seines Amtes werden und nicht zuletzt seine liebevoll tröstende Begleiterin sein.

Friederike schöpfte die Kraft diakonischer Hingabe aus den Quellen des Evangeliums. Darum suchte sie gemeinsam mit ihrem Mann auch für ihre Schwestern eine Lebens- und Arbeitskonzeption zu entwickeln, in der sich die Prinzipien christlicher Liebe mit sozialer Verantwortung zusammenfanden. Offensichtlich war ihr Modell von einer derartigen Durchschlagskraft beseelt, sodass es vielfach übernommen wurde. Denn schon zur Kaiserswerther Generalkonferenz desselben Jahres kamen bereits Delegierte aus zwölf der inzwischen 26 neu gegründeten Mutterhäuser zusammen.

4. Anna Kolitz (1880-1954): Eine Frau des Glaubens im geistlichen Leitungsamt

4. 1. Geistliche Erweckung in Westpreußen

Anna Kolitz, am 7. November 1880 im westpreußischen Vandsburg geboren, war gerade 15 Jahre alt, als in ihrer Heimat eine durchschlagende geistliche Bewegung begann, in deren Verlauf tausende Menschen zu ihrem persönlichen Heil fanden und bereits Gläubige für Christus neu erweckt wurden. Diese Erfahrungen, die schon in der Bibel vielfach belegt sind (vgl. Jes 60,1; 1. Thess 5,1; Eph 5,14), zielten auf die Belebung des Glaubens und damit auf die Überwindung eines platten Rationalismus sowie einer starr und steril gewordenen Frömmigkeit, die sich in faden theologischen Richtigkeiten ergoss. In seiner Gnade hat es Gott immer wieder gefallen, den Menschen solche Zeiten besonderen Segens zu geben[185], in denen die Heilige Schrift mit neuen Augen gelesen wurde, die Menschen leidenschaftlich nach dem Willen Gottes fragten und ihm gehorsam wurden und ein lebendiger, das ganze Leben durchpulsender Glaube die Folge war. Menschen erlebten in solchen Zeiten die Apostelgeschichte neu und waren erfüllt von der Gegenwart des lebendigen Gottes.

Es ist interessant festzustellen, dass man beim Nachspüren jener Ereignisse in Westpreußen sehr schnell in die angloamerikanische Erweckungsbewegung stößt. Hier wiederum spielte der Amerikaner Fredrik Franson (1852-1908), gebürtiger Schwede, für Deutschland eine entscheidende Rolle. Er war ein Schüler D.L. Moodys (1837-1899) und legte wie sein Lehrer besonderen Wert auf eine klare öffentliche Entscheidung für Jesus Christus, was ihm in Europa viel Kritik einbrachte. Doch Franson erwiderte solchen Stimmen gewöhnlich: „*Besser amerikanisch gerettet werden als europäisch verloren gehen.*“[186]

Fredrik Franson besuchte in den Jahren 1885 bis 1887 insgesamt sechsmal Deutschland und hinterließ hauptsächlich im Ruhrgebiet und im Osten des Landes nachhaltige Spuren. Theologisch stand er der Keswick-Heiligungsbewegung nahe und war von der nahen Wiederkunft Jesu durchdrungen. Darum konnte es für ihn nur eine Schlussfolgerung geben: dass alle verfügbaren Kräfte zur Evangelisation der verlorenen Menschen frei gemacht werden müssten, damit die Botschaft der Liebe von jedem Menschen gehört werden könnte.[187] Franson war zutiefst davon überzeugt, dass ihm und der Gemeinde Gottes nicht mehr viel Zeit bliebe, also Endzeit sei. Aufgrund seines Verständnisses des allgemeinen Priestertums aller Gläubigen deutete er Ps 68,12 als konkrete Aufforderung Gottes, die „*Freudenbotinnen in großer Schar*“[188] zur Verkündigung des Evangeliums auszusenden.

Damit hatten freilich damals wie heute viele Gläubige äußerste Schwierigkeiten. August Kmitta etwa, Chrischona-Prediger aus Elbing in Westpreußen, schrieb: „*Es war schwer für uns zu glauben, dass solch eine Berufung auch einer Frau gegeben sein würde ... Umso williger waren einige von den kürzlich zum Glauben gekommenen Pastoren der evangelischen Kirchen, diese Ideen von Franson aufzugreifen. Unter ihnen war unser geliebter Pastor Blazejewski in Borken ... Er öffnete seine Pfarrei für junge*

Frauen, die dort eine Ausbildung erhalten sollten, vor allem als Evangelistinnen.“[189]

Aber auch Theophil Krawielitzki erlebte als Theologe seine späte Bekehrung, indem Gott einen schlichten Grobschmied gebrauchte, den er später respektvoll seinen *„geistlichen Vater“* nannte.[190] Die persönliche Erweckung Krawielitzkis und seines Freundes Blazejewskis sollte ungeahnte Folgen haben. Sie führte nicht allein dazu, dass ihre Verkündigung eine neue Klangfarbe erhielt, indem sie nun mit ganzem Ernst, aber auch mit glühender Liebe die Menschen aufforderten, sich zu ihrem Retter Jesus Christus zu bekehren. Vielmehr gebrauchte sie Gott auch als Segensträger und Gründer einer neuen, bald weltweit arbeitenden diakonisch-missionarischen Einrichtung. Denn nachdem Theophil Krawielitzki 1894 nach einer Allianz-Gebetswoche eine vierwöchige Evangelisation gehalten hatte, brach in Vandsburg und den umliegenden Ortschaften eine weitere geistliche Erweckung durch, die auch seine Konfirmandin Anna Kolitz erfasste.

„Ich sah meine ganze Vergangenheit von frühester Kindheit an wie in einem Spiegel, bat um Vergebung meiner Sünden und überließ Gott mein Herz und Leben. Als glückselges Kind Gottes bin ich aus der Versammlung nach Hause gegangen, kniete an meinem Bett nieder und sagte: Mein Gott, du hast mir alle Schuld abgenommen. Was willst du von mir? Ich gebe dir alles; sage es mir! Da ging der Ruf Gottes zum Dienst an mich. Ich erschrak darüber, war einen Augenblick still und sagte meinem Gott: Ich gebe dir mein junges Leben, verbrauche es für dich, wo und wie du willst. Das war ein Bund, den ich mit meinem Herrn gemacht habe und der mich nie gereut hat“, gestand Anna Jahre später.[191]

Von diesem Zeitpunkt war es ihr klar, dass sie Diakonisse werden sollte. Allerdings wusste sie noch nicht, in welches Mutterhaus der Herr sie führen wollte. Als sie ihren Wunsch mit Pfarrer Krawielitzki besprach, bat er sie lediglich um Geduld. Doch schon bald wurde am Rande einer Konferenz in Danzig über die Gründung eines Gemeinschaftsschwesternhauses gesprochen und schließlich ein entsprechender Beschluss gefasst. Nun gab es für Anna Kolitz keinen Zweifel mehr: Am 20. Oktober 1899 trat sie mit weiteren drei jungen Mädchen in das Pfarrhaus in Borken ein, das sie sich als ihr vorläufiges Mutterhaus mit der Pfarrfamilie Blazejewski teilten. Dieses wahrhaftig unspektakuläre Ereignis in einem abgelegenen Winkel Deutschlands war der Beginn des Deutschen Gemeinschafts-Diakonieverbandes (DGD). Diesem Tag in Borken sollten noch eine ganze Reihe ähnlicher Gründungen von Mutterhäusern im In- und Ausland folgen. Aber auch zwei theologische Ausbildungsstätten, eine Mission, eine Schriftenmission, ein Verlag mit mehreren Buchhandlungen, sieben Gemeinschaftsverbände sowie eine Vielzahl von Krankenhäusern, Fachkliniken und Schulen gehören heute zu diesem Werk mit dem unscheinbaren Auftakt.

4. 2. Leiterin des Diakonissenmutterhauses Hensoltshöhe

Als im April 1909 in einer ehemaligen Gartenschänke das Diakonissenmutterhaus Hensoltshöhe ins Leben gerufen wurde, berief Pfarrer Krawielitzki Anna Kolitz, gerade 29-jährig, als erste Hausmutter, die offenbar über diese Berufung nicht wenig überrascht war. Obwohl sie in den bereits vergangenen zehn Jahren einen überaus vielfältigen und umfangreichen Dienst getan hatte, indem sie eine Ausbildung als Krankenschwester erfuhr, die Privatpflege für eine ältere Dame übernahm, sich als Gemeindeschwester der Armen und Kranken annahm, in einem Kinderheim arbeitete, ledige Mütter und ihre Kinder betreute und nicht zuletzt sich in einer intensiven Evangelisationsarbeit bewährt hatte, zeigte sie doch angesichts dieses Auftrages eine deutliche Verunsicherung. In ihrem ersten Rundbrief vom 25. April 1909 ließ sie davon etwas spüren, als sie schrieb: *„Tief beugt mich die Gnade des Herrn im Blick auf das große Arbeitsfeld, das er uns hier anvertraut hat. Ich muss ehrlich sagen, vor dieser Arbeit zittere ich. Aber wie gut, dass mein Gott für diesen von mir nicht gesuchten Weg die Verantwortung trägt!"*[192]

In diesen Äußerungen kommen charakteristische Züge der pietistischen Frömmigkeit deutlich zum Ausdruck. Zunächst betonte sie, dass sie nicht selbst diesen Weg gesucht habe (vgl. Röm

12,16). Führung Gottes wird im Pietismus nicht nur hinsichtlich seiner Heilsgemeinde verstanden, sondern auch bezüglich des einzelnen Gemeindegliedes festgehalten. Als der gute Hirte leitet Jesus Christus seine Kinder des Glaubens und führt sie durch alle Unwegsamkeiten hindurch auf dem Weg zum ewigen Leben. Eine wie auch immer geartete eigene Initiative der Lebensplanung ist nicht gefragt, ja, eher der Führung Gottes hinderlich. Der Klärungsprozess in Entscheidungsphasen geht in der Regel über das Studieren der Heiligen Schrift und über das still suchende Hören im Gebet. Aber auch das Einbeziehen von Brüdern und Schwestern kann der Vergewisserung des göttlichen Weges dienen. Zum andern fällt auf, dass im Pietismus mit einem eher bescheidenen Selbstverständnis gelebt wird, in dem die Mahnung des Apostels *„durch Demut achte einer den anderen höher als sich selbst“* (Phil 2,3) konkrete Resonanz findet.

In der Praxis heißt das, dass die Erfahrung eigener Schwäche und persönlicher Grenzen nicht von vornherein einen Menschen für eine Aufgabe als unqualifiziert erscheinen lassen, sondern ihn nur umso mehr in die Abhängigkeit Gott stellen, der in seiner Allmacht gern und reichlich gibt, wer immer ihn bittet. So ist es nicht verwunderlich, dass gerade in der Mutterhaus-Diakonie die geistliche Empfehlung gelebt wurde, die sich etwa in dem Satz niederschlägt: *„Lass dir Gnade schenken!“* oder, wie es in einem Lieblingswort von Anna Kolitz heißt: *„Alle Dinge sind möglich dem, der da glaubt.“* (Mk 9,23)

Fundiert in dieser Glaubenshaltung hinsichtlich der grenzenlosen Möglichkeiten Gottes ist es ganz erstaunlich, was sich diese „zitternde“ Frau in 45 Jahren permanenter Herausforderungen an menschlich schier Unmöglichem erbetete.

4. 3. Gott schenkt Aufgaben und Menschen

Es sollte nicht in Vergessenheit geraten, dass Anna Kolitz die Leitung eines Mutterhauses übernahm, das noch gar keines war. Außer ihr selbst gab es noch keine einzige Schwester. In dieser Situation am Nullpunkt schien es geradezu wie eine Ermutigung des

Himmels, als Pfarrer Krawielitzki in dieser Zeit Schwester Anna eine Überweisung von 5 RM überreichen konnte, die Spende einer Schwester aus dem ältesten Mutterhaus Kaiserswerth für das jüngste. Doch diese Lage währte nicht lange. Schon im zweiten Rundbrief konnte Anna Kolitz schreiben: *„Am Mittwoch trat das erste Mädchen aus Bayern ein. War das eine Freude!*“[193]

Diesen Auftakt wird man in seiner geistlichen Dimension nur dann recht würdigen können, wenn man das Glaubensprinzip der Vandsburger Schwestern kennt. Krawielitzki war der Überzeugung, dass alle Anfragen und Bedürftigkeiten des Lebens allein in das Ohr Gottes gehörten und es geradezu ein Akt des Misstrauens Gott gegenüber sei, wenn Menschen des Glaubens mit ihren Belangen nicht zu ihm, sondern zu Menschen kämen.[194] So gab er auch Schwester Anna bei ihrem Dienstantritt nur wenig bares Geld, wollte er sie doch nicht um die Erfahrung bringen, sich von Gott alles schenken zu lassen. Darum bettelten die Schwestern niemals um Geld und riefen nie zu Sammlungen für ihren Lebensunterhalt oder für die Durchführung sozialer oder missionarischer Projekte auf. Sie sahen sich auch nicht in der inneren Freiheit, für den Diakonissenstand zu werben und junge Frauen für das vollzeitliche Amt einzuladen.

Diese Haltung ist für jeden Christen eine echte Herausforderung. Auch Anna Kolitz gestand: *„Ich habe damals sehr aufgepasst und hingehört, und doch war in meinem Herzen ein leises Fragen: Mein Gott, ob ich das jemals lernen werde, mir alles zu erglauben, mir alles schenken zu lassen, was wir im Mutterhaus nötig haben? Doch war es mir ein heiliges Anliegen, mich für Gott zu öffnen und ihm ganz zur Verfügung zu stehen, um ihn zu erleben.*“[195]

Offenbar hat sie es gelernt. Mehr noch: Man wird sicher zu Recht sagen dürfen, dass Anna Kolitz geradezu zu einer Königin des Glaubens wurde. Denn bereits zum ersten Jahresfest 1910 zählte das junge Mutterhaus 24 Diakonissen – jede Einzelne erbetet und erglaubt. Aber Gott wollte auf anhaltendes Gebet hin auch anhaltend segnen und beschenken. Darum nahm die Schwesternschaft unaufhaltsam zu. Bereits zum dritten Jahresfest waren es 56 Diakonissen, und als die Hensoltshöhe in Gunzenhausen zum zehnjährigen Jubiläum einlud, waren es genau 200 Schwestern, die Gott gerufen hatte, um in seinem Reich zu arbeiten.[196] Dieses geschah auf 46 bayerischen, weithin sozialdiakonischen Arbeitsfeldern wie in Erholungsheimen, Schulen, Fachakademien, Kindergärten, aber auch in Gemeinschaften und Kirchengemeinden.

Der Dienst der „Hensoltshöher Schwestern" wurde im Lande sehr geschätzt, sodass immer mehr Anfragen das Mutterhaus erreichten. Schwester Anna hatte die Ausweitung der Arbeit nie gesucht. Vielmehr war es ihr Prinzip, unter allen Umständen dem Willen Gottes gehorsam zu sein und dem Herrn zu folgen, wo er die Türen öffnet. So lernte sie, in den zunehmenden Anfragen die Offerten Gottes zu sehen, etwa der biblischen Tonlage gemäß: *„Komm herüber und hilf uns!"* (Apg 16,9)

Solche Anfragen legte sie zunächst ihrem Herrn im Gebet hin und bat ihn um Schwestern, die aufgrund ihrer Begabungen die unterschiedlichsten Dienste wahrnehmen könnten. Im Jahresbericht von 1926 erwähnte sie, dass ihre Schwestern nun auf 133 Stationen arbeiten würden und die Zahl der Diakonissen auf 555 gestiegen sei.[197] Nur drei Jahre später, also zum zwanzigjährigen Bestehen der Hensoltshöhe, war die Schwesternschaft bereits auf 750 Diakonissen gestiegen. Die unterschiedlichsten Aktivitäten waren nun längst nicht mehr auf Bayern begrenzt. Schwester Anna hatte einen weltweiten Blick für die Bedürfnisse des Reiches Gottes gewonnen. Ob in Holland, Österreich, Schweiz, England, USA, Brasilien oder China – Hensoltshöher Schwestern standen nun auf der ganzen Welt im Dienst für ihren Herrn: ein Zeichen der Liebe Gottes zu allen Menschen, aber sicher auch als ein Hinweis auf ihre Hausmutter Anna Kolitz und deren brennendes Herz für die Weltmission.

4. 4. Gott schenkt Mittel und Häuser

Gott vertraute Schwester Anna aber nicht nur Menschen an, die sie in mütterlich-mitfühlender Seelsorge zu trösten und zu ermutigen wusste. Das konnte sie überzeugend, weil sie die Güte Gottes unzählige Male erfahren hatte und es darum glaubwürdig bezeugen konnte, dass im gekreuzigten und auferstandenen Herrn Jesus Christus *„Gottes Fülle leibhaftig wohnt“* (Kol 2,9), die für alle Lebenslagen absolut ausreicht. Sie hatte es gelernt, aus dem Glauben zu leben und auch die kleinsten Dinge von Gott zu erwarten. Dazu gab es in der Schwesternschaft auch keinerlei Alternative. Denn von Anfang an gab es für die Schwestern nicht einmal das Nötigste wie Betten, Schränke, Stühle und Tische. Selbst Wäsche und das tägliche Essen mussten im wahrsten Sinne des Wortes „erglaubt“ werden. Als eine Schwester einmal zur Post ging, wurde sie von einem fremden Mann angesprochen, der sie fragte, ob sie nicht einen Schrank gebrauchen könnte. Vertrauensvoll ging sie mit ihm und erhielt von dem Ehepaar gleich zwei Kleiderschränke geschenkt.[198] An einem Sonntag fand sich ein Zwanzig-Mark-Schein in der Opferdose, der an einen Zettel mit dem Vermerk geheftet war: *„Zum Schweinekauf für die Hensoltshöhe“*.[199]

Glaubenserfahrungen wie diese und viele andere gehörten wie selbstverständlich zur täglichen Wirklichkeit, ohne die die Schwesternschaft gewiss nicht überlebt hätte, in der sie aber auch die Treue Gottes äußerst lebensnah und glaubensstärkend vor Augen geführt bekam. Ob es nun Geld, Gardinenstoff, Matratzen, Handtücher, Futtermehl oder auch ein Sofa waren – über alle Geschenke wurde genau Buch geführt, um die Mahnung des Psalmisten mit Leben zu erfüllen: *„Vergiss nicht, was er dir Gutes getan hat.“* (Ps 103,2) So hatte die Schwesternschaft ständig viel Grund, Gott zu danken und ihn zu loben.

Unter diesem Segen Gottes wuchsen natürlich nicht nur die Schwesternzahlen, sondern mit ihnen auch die Raumprobleme. Aber gerade im Planen, Konzipieren, Besprechen und Bauen erwies sich Schwester Anna als eine geniale Fachfrau – und dies in Zeiten fortschreitender Inflation. Bereits beim 3. Jahresfest war die räumliche Enge so bedrückend, dass man mutig den Plan fasste, ein neues Erholungsheim zu bauen und das Mutterhaus in das alte zu verlegen. Im Oktober 1913 wurde dieser Plan Wirklichkeit und die Schwestern konnten das Gebäude schließlich schuldenfrei erstellen. 1924 wurde dem Mutterhaus von der Stadt ein angrenzendes großes Haus, das ehemalige „Bezirkskommando“, angeboten. Da man schon lange eine Unterkunft für die Haushaltungsschule und die Realschule suchte, sah man hierin einen Fingerzeig Gottes und konnte es nach kurzen Verhandlungen erwerben.[200]

Auch eine ehemalige Malzfabrik, die nur kurze Zeit später veräußert werden sollte, fand nach langem Ringen im Gebet das Interesse der jungen, aufstrebenden Schwesternschaft. Wie schon so oft hatte Schwester Anna auch angesichts dieses Projektes eine ausgesprochen glückliche Hand. Wenn es auch angesichts der angespannten finanziellen Lage eine große Glaubensherausforderung war, so entschloss sie sich doch, es zu kaufen, denn sie wollte ihrem Gott auch in schweren Zeiten viel zutrauen und es im Glauben beherzt wagen. So handelte Schwester Anna wieder einmal gemäß ihres Glaubens, wenn sie im Blick auf Gottes Güte sagte: *„Er hat viel tausend Weisen, auf Gebet und Glauben zu antworten. Wir haben einen reichen Vater.“*[201]

So erwarb sie schließlich das Haus „Silo“ und schuf genügend Raum für die Gemeinschaftsarbeit, den Kindergarten, die Fachakademie für Sozialpädagogik und auch für die Suchtberatung des Blauen Kreuzes. Da auch die Konferenz- und Freizeitangebote sich einer zunehmenden Beliebtheit erfreuten, wollte Schwester Anna einen weiteren Glaubensschritt wagen und die Konferenzhalle „Zion“ erbauen. Sie sollte 3000 Plätze haben, um somit genügend Raum für große erweckliche Veranstaltungen zu bieten. *„Es ist allen heute noch ein wirkliches Wunder Gottes, wie der Bau zu Ende geführt werden konnte. Das Geld verlor ständig an Wert. Die Bank, der die Mutterhausgelder anvertraut waren, machte bankrott, ebenso die Baufirma. Gelder, die bereits angezahlt waren, gingen damit verloren. Diese Tiefen waren ‚Gutwetter für den Glauben‘. Er blieb nicht unbeantwortet. Gott half wunderbar durch alle Wirrnisse hindurch“*,[202] erinnerte sich Schwester Anna in späteren Jahren.

Nachdem gerade noch rechtzeitig am Ostersamstag 1926 die Baupolizei die Genehmigung zur Benutzung der Halle erteilt hatte, konnte schließlich die Osterkonferenz in der neuen Zionshalle stattfinden. Diese Maßarbeit Gottes war für die Schwestern eine herrliche Gebetserhörung.

Doch bei allem nötigen äußeren Wachstum war es Anna Kolitz eine beständige Sorge, dass ihre Schwestern auch im geistlichen Wachstum zunehmen könnten. So formulierte sie einmal: *„Nur nicht nach außen groß und mächtig dastehen und dabei geistlich verkümmern.“*[203] Darum waren niemals die enormen Bautätigkeiten ihr eigentliches Anliegen. Alle Häuser sollten lediglich dienende Funktion haben, damit auf vielfältigen Wegen reichlich geistliche Frucht für den Herrn der Ernte eingeholt werden könnte.

4. 5. Gott schenkt Frucht für die Ewigkeit

„Aus der Erweckung – für die Erweckung!“ Dieser Leitsatz des Vandsburger Werkes war auch für Anna Kolitz und die Diakonissenschaft in der Hensoltshöhe Auftrag und Lebensprogramm zugleich.[204] Selbst wenn es so aussah, als würde das soziale Engagement einen deutlichen Vorrang im Dienst der Schwestern einnehmen, so versahen sie doch all ihre Arbeit mit eindrücklich missionarischer Zielsetzung. *„Seelen, Seelen – und kein Allotria!“*, hatte ihnen Theophil Krawielitzki immer wieder zugerufen und wollte damit sagen, dass letztlich alle Arbeit im Reiche Gottes auf die Bekehrung und damit auf die ewige Rettung der Menschen ausgerichtet sein muss. Um diesem Auftrag aber gerecht zu werden, war es wesentliche Voraussetzung, jede einzelne Schwester in der Lebendigkeit des Glaubens zu bewahren. Darum richtete Schwester Anna schon sehr früh „Erholungskreise“ für die Schwesternschaft ein, die dem Ziel der seelisch-körperlichen Erholung wie der geistlichen Erweckung dienen sollten.

Freudig berichtete sie im Mai 1921: *„Der Herr hat unsere Gebete erhört und uns den äußeren Regen gegeben, der Natur und Menschen erquickte. Aber er gab auch den geistlichen Regen, indem er uns mit Gericht und Gnade begegnete und ein inneres Aufwachen schenkte. Zunächst brach diese unter unseren Erholungsschwestern auf … Gottes Geist drängte alle Sünde aus Vergangenheit und Gegenwart ans Licht. Ungehorsam und Bindungen wurden bekannt … Betet doch weiter, dass er durch all unsere Häuser gehen kann und wir alle von* *diesem Geist erfasst werden. Nicht Gefühle sollen sichtbar werden, sondern die tief gehenden Wirkungen des Heiligen Geistes.*“[205]

Schwester Anna wusste: Gott gebraucht nur gereinigte Gefäße, schenkt seine geistliche Vollmacht nur Menschen, die selbst ein Leben in der Heiligung führen. So schrieb sie ein anderes Mal: *„Ist es vielleicht bei dir auch so ähnlich, liebe Schwester, dass du durch Zurückhalten deiner Schuld den Geist Gottes dämpfst? Und dann klagst du die anderen an und wirst bitter über sie, weil es dir innerlich nicht gut geht. Wir wissen doch, dass Gott es dem Aufrichtigen gelingen lässt.*“[206] In dieser Atmosphäre des transparenten Lebens, der beständigen Reinigung und Heiligung war Jesus Christus selbst gegenwärtig und gebrauchte den Dienst der Schwestern, um viele Menschen für die Ewigkeit zu retten. So zogen die Schwestern aus und evangelisierten in den Dörfern und Städten, besuchten die Alten und Kranken, und immer wieder lesen wir, *„dass viele Besucher sich bekehrten und gleichgültig gewordene Gotteskinder aufwachten“*.[207]

Die predigende Diakonisse, allen voran Anna Kolitz, war allerdings für viele ein ungewohntes Bild. Widerstand trat darum häufig offen zutage, der nicht zuletzt durch Pfarrer genährt wurde, die es offenbar nur schlecht ertragen konnten, von Frauen belehrt zu werden.[208] Andere Diakonissen brachten geistliche Traktate und Bibeln unters Volk und stillten so den Hunger nach dem Wort Gottes. Aber nicht nur in den Dörfern und Städten waren die Diakonissen als Missionarinnen unterwegs. Auch in der Hensoltshöhe selbst kamen ständig Menschen zum Glauben. Ob in Bibelwochen im Bethelsaal, die oftmals von Ernst Modersohn oder Inspektor Rappard gehalten wurden, ob in Ferienkursen und Freizeiten – immer kamen Frauen und Männer jeden Alters zum Glauben an Jesus Christus und fanden ihre geistliche Heimat in den noch jungen Gemeinden.

Ein besonderer Segen lag auf den Konferenzen, die von Anfang an bis heute in der Hensoltshöhe durchgeführt wurden. Dazu gelang es, immer wieder namhafte Zeugen des Evangeliums einzuladen. Zuweilen wirkte das Wort der Bibel so massiv in den Seelen der Menschen, dass sie sich schon beim Verlesen des Gotteswortes bekehren wollten und kaum abwarten konnten, bis die Möglichkeit zur Aussprache gegeben wurde.[209] Ob bei den Jugendkonferenzen zu Ostern oder zur Gemeinschaftskonferenz in den Pfingsttagen, immer sah man lange Menschenreihen vor den Seelsorgezimmern. Besonders in den Kriegszeiten suchten viele Menschen Vergebung ihrer Sünden und Frieden mit Gott. Schwester Anna erinnerte sich und schrieb: *„1916 blieben bei der Nachversammlung, die Evangelist Jakob Vetter hielt, etwa 300 Menschen zurück. Viel Schuld wurde abgeladen.“*[210] Und über die Osterkonferenz im Jahre 1918 berichtete sie: *„Tief bewegt stehen wir unter dem Eindruck der Segnungen unseres Gottes ... Unser großer Konferenzsaal wollte nicht mehr ausreichen ... Zur Nachversammlung am ersten Feiertag blieben Hunderte zurück.“*[211]

Als in den Jahren beider Weltkriege die Hensoltshöhe ihre Türen öffnete und zum Lazarett wurde, standen die Schwestern vor einer neuen großen Herausforderung. Tag und Nacht standen Diakonissen an den Betten der schwer verwundeten Soldaten, um ihnen durch Wort und Tat die Liebe Jesu nahe zu bringen. Schwester Anna motivierte ihre Schwestern immer wieder in dieser dunklen Zeit, ihren Basisauftrag nicht zu vergessen. Sie schrieb: *„Es ist uns ein großes Anliegen, dass die Verwundeten in unserem Haus die Botschaft von Jesus hören und als Männer, die sich retten ließen, unsere Hensoltshöhe verlassen. Deshalb hält jeden Abend eine Schwester die Andacht und betet mit ihnen.“*[212] So fanden viele Soldaten auf der Hensoltshöhe nicht nur Genesung, sondern auch zum lebendigen Glauben an ihren Erlöser.

Als Anna Kolitz den Rundbrief vom 17. Mai 1954 schrieb und dankbar auf den gerade zu Ende gegangenen Erholungskreis zurückblickte, ahnte sie noch nicht, dass sie eine Frage an ihre Schwestern richtete, die die letzte sein sollte. Eine Frage, die noch einmal die große Leidenschaft ihres Lebens aufleuchten ließ. Sie zitierte eine Schwester und fügte hinzu: *„Nicht ich habe ihm gedient, sondern er hat mir gedient. – Ob uns schon allen dieses tiefste Geheimnis eines wirklich fruchtbaren Lebens und Dienens aufgeschlossen wurde?“*[213] Nach einem Schlaganfall ging Anna Kolitz am 29. Mai 1954 für immer zu dem, der ihr während ihres Lebens alles geworden war.

V. Der Dienst der Frau im Verständnis der Gemeinschaftsverbände

1. Einführung

Die Vertreter des Pietismus begründeten die religiöse und gesellschaftliche Gleichberechtigung der Frau theologisch mit drei wesentlichen Argumenten:

1. Die Unterordnung der Frau ist von Gott ursprünglich als Strafe gedacht, die durch den Sündenfall hervorgerufen wurde (Gen 3,16). Die dem Menschen im Opfer Jesu geschenkte Vergebung beendet sein Schuldverhältnis vor Gott und somit auch das Unterordnungsverhältnis der Frau ihrem Mann gegenüber. Unterordnung behält allerdings als generelle christliche Haltung wechselseitiger Wertschätzung ihre uneingeschränkte Bedeutung (Eph 5,21).

2. Die Erkenntnis des *allgemeinen Priestertums* (1. Petr 2,9) lässt eine maskuline Verengung im Sinne eines patriarchalen Klerikalismus theologisch nicht zu. Darum gilt die neutestamentliche Berufung in die Priesterschaft Gottes beiden Geschlechtern gleichermaßen.

3. Zinzendorf setzt in seiner ihm eigenen Frömmigkeit noch einen weiteren Impuls hinzu, wenn er die Rolle des Heiligen Geistes in der Trinität feminin definiert und daraus eine breite, gabenorientierte Wirksamkeit der Frau ableitet.

In diesem Grundverständnis haben pietistische Frauen ihre weibliche Rolle neu definiert und in Kirche und Gesellschaft beeindruckende Akzente gesetzt. Im Frühpietismus hat Johanna Eleonora Petersen die These widerlegt, dass ausschließlich Männer zu tiefgründigem theologischem Denken in der Lage seien. Mit Erdmuthe von Zinzendorf wurde in der Brüdergemeinde die Frau von ihrer Beschränkung auf Haus und Familie befreit und konnte endlich entsprechend ihrer gottgeschenkten Begabungen Christus dienen. In der Mutterhausdiakonie setzte Anna Kolitz für junge Frauen einen Markstein, indem es ihr gelang, der missionarischen Diakonie als Auftrag Gottes innerhalb einer Schwesternschaft in anziehender Frömmigkeit Gestalt zu verleihen.

Der Pietismus in Deutschland kennt im Wesentlichen zwei grundlegende Geistesströme. Da sind zunächst jene Werke und Verbände, die sich als direkte Erben der pietistischen Gründungsväter verstehen und überwiegend im schwäbischen Pietismus Baden-Württembergs beheimatet sind. Zum andern sind es jene Bereiche, die sich zum Neupietismus zählen, weil sie ihre Wurzeln in der geistlichen Erweckungsbewegung des ausgehenden 19. Jahrhunderts haben und somit wesentliche Akzente ihrer Frömmigkeit aus Amerika und Großbritannien empfangen haben. Beide Ströme aber wissen sich als Kinder der Reformation, haben ihre inhaltlichen Leitlinien im *sola scriptura, sola fide* und *sola gratia* und verbinden diese reformatorischen Grundanliegen mit der Erkenntnis des „allgemeinen Priestertums" aller Gläubigen. Auf diesem Hintergrund ist es nur konsequent, dass sich der Pietismus überwiegend innerhalb der Evangelischen Landeskirchen angesiedelt hat und sich in ihnen als „erweckliches Ferment" versteht.

1888 schlossen sich während der ersten Pfingstkonferenz in Gnadau bei Magdeburg ein Großteil der pietistischen Werke im Gnadauer Verband zusammen, der heute den Namen „Evangelischer Gnadauer Gemeinschaftsverband"[214] (EGG) trägt. Dieser Dachverband repräsentiert den größten Teil des innerkirchlichen Pietismus in Deutschland und definiert seine geistlichen Zielsetzungen mit den Begriffen „*Gemeinschaftspflege und Evangelisation*". Die Verbände Gnadaus zählen heute insgesamt 38 Regionalverbände mit rund 300.000 Mitgliedern. Die hauptamtliche Mitarbeiterschaft des Verbandes wird überwiegend in den zehn Gnadauer Theologischen Seminaren ausgebildet. Darüber hinaus sehen acht Missionsgesellschaften und sechzehn Diakonissen-Mutterhäuser hier ihre Platzanweisung. Aber auch Werke mit spezifischen Aufträgen wie das Blaue Kreuz[215], der Jugendverband für EC[216] und der Evangelische Sängerbund haben hier ihre geistliche Heimat gefunden.

Wenn auch die Zentralanliegen des Evangeliums von allen Regionalverbänden ungeschmälert geteilt werden, so haben sich doch aufgrund unterschiedlicher Geschichte und Prägungen in Detailfragen differenzierte Positionen ergeben, die sich bislang keineswegs durch übergeordnete Autoritäten harmonisieren ließen.

Wenn nun der Versuch unternommen werden soll, hinsichtlich der „Frauenfrage“ die Position des Evangelischen Gnadauer Gemeinschaftsverband transparent zu machen, so ist dies nur möglich, indem die in den letzten Jahren veröffentlichten Papiere der größten Mitgliedsverbände kritisch durchgesehen und bewertet werden. Dabei wird es das Ziel der Auseinandersetzung sein müssen, gemeinsame Positionen herauszustellen, aber auch deutlich Divergierendes zu beschreiben.

2. Das Positionspapier des Evangelischen Gnadauer Gemeinschaftsverbandes[217]

Gleich in seiner Vorbemerkung nennt der Präses des Evangelischen Gnadauer Gemeinschaftsverbandes eine theologische Prämisse, die für sein weiteres Nachdenken im wahrsten Sinne des Wortes „fundamental“ ist, wenn er schreibt: *„Normgebend kann uns allein das Wort der Heiligen Schrift sein.“*[218] Allerdings muss er wenig später die ernüchternde Einschränkung machen, dass *„es nicht die Bibelstelle gibt, die alles klärt“* und *„wir beim Lesen der Bibel immer eine Brille tragen“*, sodass wir weithin unbewusst der Verführung erliegen, die Bibel *„wie einen Steinbruch zu benutzen, aus dem jeder seine Stellen herausbricht“*, von denen er glaubt, dass sie seine Überzeugungen legitimieren. *„Wir haben, das kann gar nicht anders sein, ein Vorverständnis, das uns zugewachsen ist und das sich meist als äußerst resistent erweist.“*[219]

Gerade deshalb ermutigt der Verfasser, sich auf neue Einsichten einzulassen, *„wenn es uns nicht wie den Vätern der altprotestantischen Orthodoxie ergehen soll, die sich am Ende in eine fromme Bedeutungslosigkeit hineinmanövriert hatten“*.[220] Dass die Antworten der Bibel in der Frauenfrage ganz offensichtlich keineswegs eindeutig sind, macht Morgner auch am Praxisvollzug des gemeindlichen Lebens fest, wenn er für die Jugendarbeit feststellt, *„dass*

Mädchen uneingeschränkt alle Dienste ausüben dürfen"[221], während sie sich in späteren Jahren in ihren Gemeinschaften mit vielerlei Begrenzungen abzufinden hätten. Dies ist für den Verfasser insofern kaum nachvollziehbar, als der Schöpfungsbericht Mann und Frau als absolut gleichwertig darstellt – wenn auch nicht als gleichartig. Erst durch den Sündenfall seien Unterordnungsstrukturen aller Art in das menschliche Beziehungsgeflecht gekommen, da nun aufgrund des Einbruchs der Sünde in die menschliche Persönlichkeit der Stärkere die Neigung empfindet, sich den Schwächeren unterzuordnen.

„*Der Bruch zwischen Gott und Mensch zeigt seine Folgen auch in jeder Form zwischenmenschlicher Verhältnisse,*"[222] sodass Gott sich genötigt sehe, durch ordnende Gesetze die Schwachen vor den Starken zu schützen. „*Nach herrschender jüdischer Rechtsauffassung war die Frau Besitz des Mannes und demzufolge seinem Wohlwollen ausgeliefert. Die Gesellschaft des AT wurde mehr und mehr zu einer patriarchalischen.*"[223] Der Status der Frau war „*eindeutig der eines zweitrangigen Wesens*".[224] Sie stand unter der Vormundschaft ihres Mannes, der sie jederzeit rechtswirksam verstoßen konnte.

Die erlösende Wende für Frauen sieht der Verfasser in der geradezu programmatischen Zuwendung Christi. Ständig habe er jüdische Sitten durchbrochen, indem er mit Frauen sprach, sie als Hauptakteure in seinen Gleichnissen aufnahm, sie Adressat seines göttlichen Heilshandelns werden ließ, sich Zeit für sie nahm und ihnen Teil an seinem Unterricht gab. Indem Frauen in der Gefolgschaft Jesu ihren festen Platz bekamen und Christus sie als Zeuginnen seiner Auferstehung berief, habe er ihnen ihre Würde zurückgegeben, die ihnen das jüdische Patriarchat geraubt hatte. Morgner bilanziert: „*Jesu Verhalten Frauen gegenüber war so einzigartig, dass er im scharfen Gegensatz zu der frauenfeindlichen Praxis des damaligen Judentums stand. In seinem Lehren und Verhalten hat Jesus einen stillen Protest gegen das Judentum seiner Zeit geübt. Im Leben unseres Herrn wurde deutlich: Männer und Frauen sind gleichermaßen zum Dienst im Reich Gottes berufen und begabt.*"[225]

Diese von Jesus neu gesetzten Vorzeichen im Verständnis von Stellung und Dienst der Frau sieht der Verfasser in den ersten

Gemeinden aufgenommen. Dabei werden die wesenhaften Unterschiede der Geschlechter nicht nivelliert, wohl aber die religiös und sozial diskriminierenden Faktoren aufgehoben. „*In der Gemeinde Jesu sind die alten Gegensätze überwunden. Es soll sichtbar werden, dass alle Gläubigen vor Gott gleich sind, dass alle unmittelbar zu Gott stehen. Hier gibt es keine Herrschaft von Menschen über Menschen, sondern verschiedene Gaben und Dienste zum Nutzen des Ganzen. Dabei bleiben die wesensmäßigen Unterschiede der Geschlechter natürlich bestehen (...). Für Leben und Dienst in der Gemeinde sind Herkunft, weltlicher Status und das Geschlecht der Personen jedenfalls nicht ausschlaggebend; sie sind zweitrangig.*“[226] Nun gilt: „*Ordnet euch einander unter in der Furcht Christi.*“ (Eph 5,21) Eine so verstandene Integration der Frauen in die Gemeinden „*gewährte ihnen einen Schutzraum, den sie in der damaligen Welt nicht hatten*“.[227]

Morgner spricht von „erratischen Blöcken“, wenn er auf 1. Kor 14,33-40 bzw. 1. Tim 2,11-15 zu sprechen kommt.[228] Damit will er andeuten, dass diese Textpassagen im Gesamtkontext der Frauenfrage zumindest vordergründig eine irreführende Tendenz in sich bergen könnten. Indem er sie allerdings geschichtsbezogen zu interpretieren sucht, gelingt es ihm durchaus, die inhaltliche Übereinstimmung zu wahren. Denn in der Tat sei das „*Schweigegebot für Frauen*“ in 1. Kor 14 keine Generalanweisung, sondern als Ordnungsfaktor in einen konkreten gottesdienstlichen Missstand hineingesprochen. Die charismatische Gemeinde in Korinth drohte in ihrem Freiheitsverständnis auszuufern, um schließlich in chaotischer Unordnung zu enden. Rücksichtslosigkeit, ethische Entgleisungen, Spaltungen und Verunsicherung der Schwachen prägten das Gemeindebild. „*In Korinth muss das Lehrgespräch dermaßen aus dem Ruder gelaufen sein, dass die Frauen vorübergehend nicht mehr daran teilnehmen sollten.*“ Aus dieser Textstelle ein allgemein gültiges Redeverbot für Frauen ableiten zu wollen, würde fraglos die ursprünglich intendierte Tragweite des lokalen Missstandes verkennen. Um die Behebung eines solchen spezifischen gottesdienstlichen Missstandes aber gehe es dem Apostel und nicht um ein generelles Schweigegebot für Frauen.

Auch in 1. Tim 2,11 kann der Verfasser keine grundsätzlich normativen Aussagen über den Verkündigungs- und Lehrdienst von Frauen sehen. Vielmehr schließt er sich den Argumenten derer an, die den religionsgeschichtlichen Hintergrund in Ephesus vor Augen stellen, um die Weisung des Apostels verständlich zu machen. „*In der gesamten griechisch-römischen Welt scheint es Gruppen gegeben zu haben – manche von ihnen bezeichneten sich als christlich –, die Gottesdienst, Lehre und sexuelle Ausschweifungen verbanden (...). Diese Irrlehre ging davon aus, dass Frauen den Männern in Bezug auf intellektuelle und geistliche Fähigkeiten überlegen seien und dass ihnen deshalb auch in der Schöpfung eine höhere Position zustehe. Viele dieser Irrlehren beinhalteten, dass Eva zuerst geschaffen worden sei und dass aus ihr Leben und Erkenntnis auf Adam übergegangen sei. Ephesus war ein Zentrum für solche Kulte, und deshalb ist es nicht unwahrscheinlich, dass Paulus sich in dem Brief auf solche Kulte bezieht. Das würde auch erklären, weshalb ihm so sehr an angemessener Kleidung, angemessenem Benehmen und ruhigem Auftreten gelegen war.*“[229]

Aber auch ein anderer geistesgeschichtlicher Rahmen, der in Ephesus höchste Aktualität beanspruchte, könnte zum Verstehen der paulinischen Äußerung hilfreich sein. „*Auf dem griechischen Hintergrund waren Frauen, die in der Öffentlichkeit hervortraten, leicht mit den Priesterinnen am Dianatempel in Ephesus zu verwechseln, die sich als Prostituierte betätigten. Eine Wirksamkeit der Frau in Verkündigung oder gar Gemeindeleitung hat die geltende Sitte je länger desto weniger geduldet. Andernfalls hätte sich die Urchristenheit der Verwechslung mit üblen Verfallserscheinungen ausgesetzt, an denen es in der alten Welt nicht fehlte.*“[230]

Morgner resümiert nach überzeugender Exegese, dass die Schrift zwei Linien zur Frauenfrage nebeneinander stehen lasse:

1. Sie spricht von einer gewissen Unterordnung der Frau (z.B. 1. Kor 11,3).

2. Sie spricht auf der anderen Seite von einer unverkennbaren Gleichrangigkeit der Frau.

Beide Positionen seien keineswegs Gegensätze, sondern flössen faktisch zusammen, sei doch auch dem Mann die Unterordnung geboten, was selbst im eigenen Verband so nicht durchgängig nachvollzogen werden könne. Der Verfasser konstatiert ein wenig schwerblütig: „*Diese Dissonanz, die sich ja auch in anderen Verbänden und Werken beobachten lässt, hat eine gewisse Gnadauer Tradition.*"[231]

Im Folgenden weist der Verfasser darauf hin, dass biblische Erkenntnisse nicht ohne weiteres und grundsätzlich in das Leben des modernen Menschen übertragen werden könnten, habe sich doch die Gesellschaft als ihr Adressat grundlegend verändert. Darüber hinaus gelte es die Frage abzuklären, ob die Gemeinde des NT als End- und Idealgestalt verstanden werden dürfte. Morgner gibt gleich selbst die Antwort, wenn er argumentiert: „*Die Unterschiedlichkeit, mit der die Gemeinde Jesu im Laufe ihrer Geschichte gestaltet und ihr Gemeindeleben praktiziert worden ist, zeigt an: So etwas wie die ‚biblische Gemeinde' als eine für alle Zeiten gültige Gemeindegestalt gibt es nicht.*"[232] Dabei lägen die Konsequenzen auf der Hand: Indem wir derart vorgehen würden, gingen wir vom NT und seinen Ordnungen aus und „prüften" von den biblischen Maßstäben her, was heute unter veränderten Vorzeichen dem Willen Gottes entspräche (Röm 12,1f), was also ehrbar, gerecht, rein, liebenswert sei, was einen guten Ruf habe (Phil 4,8) und dem Nutzen aller diene, weil es die Gemeinde aufbaute (Eph 4,11f; 1. Petr 4,10f).

Da sich im NT das Neue mit dem Alten überlappend verbindet, seien in der Bibel noch nicht alle Konturen des Evangeliums definitiv erkennbar. Sie hätten sich erst nach und nach durchsetzen können und seien auch heute noch nicht in letzter Konsequenz verwirklicht. Denn in der Geschichte der Kirche würden Prinzipien der Gemeinde ausschließlich im vorgegebenen Rahmen des jeweils gesellschaftlich Möglichen gelebt.

Am Ende des Gnadauer Arbeitspapieres stellt Morgner fest: „*Jesus hat in einer Apartheidsgesellschaft der Frau ihre gottgeschenkte Würde wiedergegeben, die sie von Anfang der Schöpfung an innehatte und die im Sündenfall verloren gegangen war.*" Dann stellt er provozierend die Frage: „*Hätte uns der Apostel Paulus für heute das Gleiche zum Thema geschrieben, was er nach Rom, nach Korinth und zu den anderen Gemeinden und Einzelpersonen geschrieben hat? Würde er für eine Zeit, in der Frauen ihr Abitur ablegen, Professoren- und Ministerämter bekleiden und Kabinettsposten innehaben, Ähnliches schreiben?*“[233]

Er selbst gibt eine pragmatische, aber nichtsdestoweniger theologisch abgesicherte Antwort, wenn er zusammenfassend schreibt: „*Ungezählte Menschen sind durch den Verkündigungsdienst von Frauen zum Glauben gekommen und auf dem Weg des Glaubens gefördert und gestärkt worden. Können wir an dieser heutigen ‚Erweisung des Geistes und der Kraft‘ (1. Kor 2,4) unbeeindruckt vorübergehen? Frauen arbeiten und bewähren sich längst als Missionarinnen, Dozentinnen, Jugendreferentinnen usw. Sie leiten Gremien und schreiben theologische Artikel. Wir freuen uns über diesen Dienst, der uns mittlerweile selbstverständlich geworden ist und der nicht weniger qualifiziert ausgeübt wird als der der Männer.*“[234]

Indem der Verfasser abschließend grundsätzliche Fragen des Leitungsamtes wie auch ihre Ordination anspricht, verwirft er die katholische Ämterhierarchie und stellt zugleich fest, dass Ämter in der Gemeinde Jesu aufgrund des allgemeinen Priestertums aller Glaubenden gleichwertig verstanden wurden und folgerichtig selbstverständlich auch für Frauen offen stehen müssten. Er bringt seine Überzeugung auf den Punkt, indem er formuliert: „*Ich halte folgendes Fragen für bibelgemäß und deshalb für sachgerecht: Ist der Verkündigungs- und Leitungsdienst für Frauen biblisch, d.h. entspricht er der Absicht und den Zielen, der Gesamtlinienführung des Evangeliums? Läuft die Botschaft des NT darauf zu, wenngleich sich in der damaligen Zeit noch verzögernde Elemente in den Weg stellten? Diese Frage ist nach meiner Sichtweise zu bejahen, wobei ich allerdings auch diejenigen respektiere, die hier zu einer anderen Überzeugung gelangen.*“[235]

3. Das Positionspapier des Altpietistischen Gemeinschaftsverbandes[236]

Mit seinen rund 580 Gemeinschaften, die in vierzig Gemeinschaftsbezirke aufgegliedert sind, erreicht der Altpietistische

Gemeinschaftsverband in Württemberg wöchentlich beinahe 9000 Menschen. Er wurde 1857 gegründet und erfuhr inhaltlich von Johann Albrecht Bengel seine maßgeblichen theologischen Prägungen, die ihre grundlegenden Voraussetzungen in der Ehrfurcht vor der Heiligen Schrift haben.

Heute arbeiten etwa vierzig Gemeinschaftspfleger und 17 Gemeinschaftsschwestern als hauptamtliche Mitarbeiter im Verband. Dennoch spielt das starke Laienelement eine ausgesprochen wichtige Rolle. So ist es nicht ungewöhnlich, wenn die Gemeinschaftsstunde gleich von mehreren Brüdern am „Brüdertisch" gestaltet wird und Männer jeden Alters ihren Urlaub investieren, um eine ganze Woche lang durch die verschiedenen Gemeinschaften des Verbandes zu ziehen, um zu evangelisieren und zu lehren.

Der Gemeinschaftsverband hat bereits 1994 ein Papier mit dem Titel „*Der Dienst von Frauen in unseren Gemeinschaften*" herausgebracht, worin in knappen Thesen die theologischen Überzeugungen der Verbandsleitung zur Frauenfrage formuliert werden. Einleitend wird darauf hingewiesen, dass das Papier als Reaktion auf „*anhaltende Anfragen und Tendenzen in Kirche und Gesellschaft*" zu verstehen sei, aber auch aufgrund von „*verstärkten Fragen aus dem Kreis älterer und jüngerer Gemeinschaftsgeschwister*" nötig geworden sei.[237] Kurz: Das Papier habe das Ziel, Verunsicherungen bezüglich der Rolle der Frau in den eigenen Reihen entgegenzuwirken.

Die Verfasser sprechen dem Alten Testament „*eine hohe Würdigung und Achtung der Frau und ihres Dienstes*" zu, wobei als Referenz konkrete Persönlichkeiten genannt werden, auf die eine solche Einschätzung in der Tat zutrifft. So werden als Beleg *Mirjam*, *Deborah* und *Abigail* genannt wie auch das „*Lob der Frau*" aus Sprüche 31. Bei aller positiven Schau des Frauenbildes im AT sehen die Verfasser dennoch eine deutliche Trendwende zum Besseren durch das Leben Jesu markiert, wenn es da heißt: „*Jesus würdigt entgegen der Sitte einzelne Frauen persönlich ...* "[238] Die Darstellung der durch Jesus Christus eingeleiteten gesellschaftlichen, rechtlichen und nicht zuletzt kultischen Aufwertung wird im Folgenden überaus erfrischend wahrgenommen, wenn die Verfasser die betonte Hinwendung Jesu zu den Frauen beschreiben: „*Er nimmt die materielle Unterstützung von Frauen in seinem Jüngerkreis in Anspruch (...) macht Frauen zu den ersten Zeugen seiner Auferstehung (...) Frauen nehmen von Anfang an auch öffentliche Dienste (‚Ämter') wahr (...) sie wirken mit bei der Ausbreitung des Evangeliums (...) und sind Gastgeberinnen für Hausgemeinden.*" (vgl. Röm16,1f)

Wenn auch Kontraste zum AT gemieden werden, so ist doch die Einsicht der Verfasser unverkennbar, dass das Evangelium Jesu Christi für die Frauen eine enorme Aufwertung mit sich brachte.

Unter der Überschrift „*Das Miteinander von Mann und Frau*" wird das Verhältnis der Geschlechter zueinander unter dem Vorzeichen der Erlösungsordnung dargestellt, indem der Begriff der „*Unterordnung*" definiert wird. Dabei ist der Kernsatz sicher der, dass die Unterordnung der Frau dem „*Mann keine Machtposition*" über seine Frau oder gar generell über die Frauen verleihe, sondern ihn vielmehr in die „*Verantwortung*" für sie stelle. Mit dieser Aussage akzentuieren die Verfasser das Verhältnis von Mann und Frau in ihrer Ehe und ergänzen es zugleich, indem sie von „*gegenseitiger Hingabe*" sprechen, wobei das Verhalten des Mannes seinen Maßstab an der „Lebenshingabe Christi für seine Gemeinde" finde.[239] Im Folgenden wird eine „*geistliche Gleichwertigkeit*" von Männern und Frauen konstatiert, wobei man sich allerdings zugleich auch deutlich von Tendenzen einer modernistischen Egalisierung der Geschlechter in unserer Gesellschaft abgrenzt. Die „Unterordnung" der Frau unter ihren Mann wird festgehalten und zugleich der Versuchung des Mannes widerstanden, sie als Einladung für männliche Herrschaftsgelüste zu missbrauchen. Andererseits wird allerdings darauf verzichtet, diesen Begriff als geistlich relevante wechselseitige Haltung von Männern und Frauen in den Gemeinden darzustellen.

Die dem Mann zugeordnete „letzter Verantwortung" vor Gott für das innereheliche Zusammenspiel wird theologisch durch den „Haupt-Gedanken"[240] gerechtfertigt. Allerdings wird in diesem Zusammenhang der Lebenswirklichkeit kein Raum gewährt, die davon ausgeht, dass ein gesundes Zusammenspiel nur von zwei aktiven Seiten her gestaltet werden könne, wie auch das gesunde Arbeiten des Hauptes vom warmen Blutstrom des Leibes lebt.

Andererseits ist es wohltuend, wenn die Verfasser die von Paulus akzentuierte „Verführbarkeit der Frau“ (1. Tim 2,14) nicht als generellen Schatten über das gesamte weibliche Geschlecht verstehen wollen. Vielmehr bemühen sie in dieser Frage das Prinzip „*wiederum steht geschrieben*“, um die Einsicht aus Röm 5,12 – dass durch Adam die Sünde in die Welt gekommen ist – jene Passage zu neutralisieren. „*Das Miteinander von Mann und Frau darf unseres Erachtens durch diese Bibelstelle nicht bestimmt werden.*“[241]

Schließlich beleuchten die Verfasser den Dienst der Frau aus der Position der spezifischen, geschichtlich relevanten Verbote oder, wie sie es selbst formulieren, auf dem Hintergrund der „*Einschränkung*“. Dabei geht es ihnen um die Klärung der Aussagen von 1. Kor 14,34 und 1. Tim 2,12.

Bei der Darlegung über 1. Kor 14,34 wird unter Verweis der geschichtlichen Situation die Allgemeingültigkeit des Schweigegebotes abgelehnt und gleichzeitig das öffentliche Beten und prophetische Reden von Frauen anhand anderer Textbezüge belegt. Als Verstehenshilfe für diese Einschätzung erklären sie, dass die Anweisungen des Apostels sich „*gegen ein ungeordnetes Durcheinander im Gottesdienst, ein ungefragtes Reden*“ richteten. Als weiteres Erklärungsmodell führt man den Gedanken ein, dass Frauen in Korinth „*vielleicht sogar lehren wollen (...), die nicht dazu berufen und beauftragt sind. Nicht alle haben die entsprechende Gnadengabe, auch nicht alle Männer*“.[242]

Wie es scheint, dokumentieren die Verfasser an dieser Stelle eine breite Öffnung für den Dienst der Frau, indem sie ihn – wie auch den des Mannes – vom Auftrage Gottes und damit vom Empfang einer entsprechenden Gnadengabe abhängig machen. Indem die Autoren das hier angesprochene „*Lehren*“ mit der „*letztverantwortlichen Bestimmung des Willens Gottes*“ definieren, „*dessen, was man darf und was nicht*“, sehen sie Frauen zu solchem Lehren nicht berufen.[243] Diese Position wird dadurch noch erhärtet, dass die paulinische Begründung für das Lehrverbot („*ich ge-*

statte auch nicht, dass sie über den Mann Herr sei",) als Ausschluss für Frauen von Leitungsaufgaben interpretiert wird. Konsequenterweise leiten die Verfasser aus dieser Erkenntnis den Schluss: „*Leitungsaufgaben, die eine Letztverantwortung gegenüber dem Mann beinhalten, sind nach biblischer Ordnung Aufgabe des Mannes.*"[244] Unter dieser Erkenntnis kommt das Papier schließlich zu Folgerungen für die Gemeinschaftsarbeit, wobei der Dienst der Frau in „*Gemeinschaftsstunden, Bibelstunden und Bibelgesprächskreisen*" ermutigend gewünscht wird. Auch „*persönliche Berichte und Glaubenszeugnisse von Frauen*" sollten aufgenommen werden. Darüber hinaus ist ihr Engagement auch in Gebetsversammlungen und Hauskreisen gefragt, trägt all dies doch dazu bei, „*dass Menschen im Glauben, in der Liebe und in der Hoffnung erbaut, ermahnt oder getröstet werden*". Das Positionspapier schließt mit der konkreten Weisung:

„*Den Dienst von Frauen in Leitungsaufgaben in der Gemeinde, die mit einer Letztverantwortung verbunden sind, sehen wir im Wort Gottes als nicht vorgegeben an. Deshalb wollen wir in unserem Verband Berufungen von Frauen in den Landesbrüderrat, in das Amt eines Bezirksbruders oder eines Gemeinschaftsleiters nicht aussprechen. Jedoch halten wir Ratschläge, Erfahrungen und Einsichten, die von befähigten Frauen für die Entscheidungen in den Leitungsämtern beitragen werden, für nötig. Deshalb berufen wir geeignete Frauen zur Mitarbeit in Arbeitskreisen und Ausschüssen und begrüßen es, wenn sie sich berufen lassen. Dies gilt auch für Bezirksarbeitskreise, die örtlichen Gemeinschaftsräte und für den Dienst von Stundenmüttern.*"

4. Das Positionspapier des Chrischona Gemeinschaftswerkes

Das bereits am 8. März 1840 in Bettingen bei Basel gegründete Werk hat heute seine Arbeitsfelder in der Schweiz, in Deutschland, in Frankreich und im südlichen Afrika. Neben einigen Ferienheimen, Seniorenwohnanlagen, einem Freizeitdorf für Kinder und Jugendliche, einem Kinderheim, einem Kindergarten und neuerdings auch einer Logistikfirma liegt eine wesentliche Domäne in der christlichen Literaturarbeit in Form eines Verlages und mehrerer Buchhandlungen. Als zentrales missionarisches Anliegen aber sieht die Werkleitung die Arbeit innerhalb der 209 Gemeinden, von denen allein in Deutschland siebzig ihren Dienst tun. Wie generell im innerkirchlichen Pietismus wird auch im Chrischona-Gemeinschaftswerk das Engagement der Laien für Verkündigung und Seelsorge besonders betont. Das kann aber nicht heißen, dass man generell auf hauptamtliche Kräfte verzichten könnte. Vielmehr arbeiten derzeit in Deutschland 69 Prediger und zwei Gemeindediakoninnen, um den vielfältigen Herausforderungen einer modernen Gemeindearbeit gerecht zu werden. Ihren Kernauftrag beschreibt das Gemeinschaftswerk in einem einzigen Satz, den es in drei knapp gehaltenen Schlaglichtern konkretisiert:

„*Der Kernauftrag der Pilgermission besteht darin, Menschen zu befähigen, Gott verfügbar zu sein und ihm in unterschiedlichen Feldern und Formen zu dienen.*

1. Menschen werden zum Glauben an Jesus Christus gerufen und zum Gehorsam seinem Wort gegenüber angeleitet.

2. In der Gemeinschaft mit anderen Christen sollen sie im Glauben gefördert werden.

3. Schließlich ist es das Ziel, junge Christen zum Dienst für Jesus Christus zuzurüsten."

Bereits 1993 hat die Verbandsleitung des Chrischona-Gemeinschaftswerkes ein Positionspapier mit dem Titel „*Der Dienst der Frau in der Gemeinde*" erstellt. Diese 19 Seiten umfassende Vorlage ist inhaltlich ausgesprochen sinnvoll strukturiert, indem es zunächst den Themenkreis „*Gegenwärtige Tendenzen in der Entwicklung der Stellung der Frau*"[245] anspricht, worin Trends und Fakten in Gesellschaft und Kirche markiert werden. Dabei wird dargelegt, dass Frauen heute „*höhere und höchste Leitungsfunktionen*" im gesellschaftlichen und im kirchlichen Leben offen stünden.[246] Diese Überzeugungen haben längst auch in evangelikalen Gemeinden Eingang gefunden. So säßen heute Frauen in den Brüderräten, seien Pastorinnen und arbeiteten selbst im Hauptvorstand der Deutschen Evangelischen Allianz mit.

Während es in den Missionsgebieten aufgrund der örtlichen

Gegebenheiten wie auch der begrenzten Personaldecke seit Jahrzehnten selbstverständlich sei, dass auch Missionarinnen alle gemeindeleitenden Ämter innehaben, setze sich diese Überzeugung zunehmend auch in den Gemeinden der Heimat durch. Dabei bewegen die Verfasser offen die Frage, ob es sich bei diesen Entwicklungen nicht lediglich um vom Zeitgeist bedingte Anpassungen an emanzipatorische oder auch feministische Trends der Gesellschaft handeln könnte. Diese Fragestellung führt die Verfasser direkt in die biblisch-theologische Auseinandersetzung. Dabei ist es ihnen wichtig, dass die aufkommenden Fragen des Gemeindedienstes nicht in isolierter Engführung angesprochen werden, sondern in die Gesamtbezüge der biblischen Aussagen über die Frau einzuordnen sind. Darum werden zunächst grundsätzliche Fragen zum Verhältnis der Geschlechter untereinander erörtert, aber auch gesellschaftliche und gemeindliche Funktionen von Frauen bewegt, wie sie in der Heiligen Schrift bezeugt werden.[247] Bezüglich des Verhältnisses der Geschlechter zueinander wird zunächst im deutlichen Kontrast zur antiken Welt und des Judentums die völlige Gleichwertigkeit von Mann und Frau unterstrichen. Denn beide seien als Ebenbild Gottes geschaffen worden. Auch die zeitliche Nachordnung der Existenz Evas und ihr Geschaffenwerden aus der Seite Adams birgt für die Verfasser keinerlei Diffamierungsanreiz, sondern beschreibt nur umso intensiver *„die Gleichwesentlichkeit von Mann und Frau als Menschen Gottes.“*[248]

Diese Tatsache sehen die Verfasser in der Erlösungsordnung Christi bestätigt, wenn sie mit dem Pauluswort argumentieren: *„Hier ist nicht Jude noch Grieche, hier ist nicht Knecht noch Freier, hier ist nicht Mann noch Frau, denn ihr seid allzumal einer in Christus Jesus.“* (Gal 3,28)[249]

Der Erkenntnis der völligen Gleichwertigkeit der Frau setzen die Verfasser die *„Verschiedenheit der Geschlechter“* hinsichtlich ihrer ganzpersonalen Wesensart hinzu. Sie formulieren: *„Andererseits ist die Unterschiedenheit von Mann und Frau eine Grundgegebenheit des biblischen Menschenbildes.“*[250] Mit diesen Aussagen widersteht das Papier einerseits den Vorstellungen griechisch-idealistischer

Geschlechtslosigkeit, wie man sie für den Anfang der Menschheitsgeschichte vermutet hat. Andererseits aber werden auch jene Auffassungen verneint, die ein zweigeschlechtliches Androgyn annehmen, etwa im Sinne des platonischen Mythos. *„Jeder Mensch ist von Anfang an und ganz entweder Mann oder Frau.“*[251] Gerade aber in ihrer totalen, bis in jede einzelne Zelle nachweisbaren Unterschiedlichkeit *„sind Mann und Frau zugleich füreinander, zu einer sich ergänzenden Gemeinschaft geschaffen“.*[252]

Die Frau sei in einer unumkehrbaren Weise von Gott auf den Mann hin angelegt, während er auf sie angewiesen sei. Die Verfasser machen darauf aufmerksam, dass bereits im Schöpfungsbericht der Mann für seine Frau zu besonderer, sie schützenden Verantwortung gerufen werde, wenn Gott der Frau sage, dass der Mann ihr Herr sein solle. (Gen 3,16) Auch in der neuen Schöpfung in Christus werden diese Unterschiede des Wesens und die der Beziehung zueinander nicht aufgehoben, *„sondern nur ihr religiös und sozial diskriminierender und daher die Menschen trennender Gebrauch“.*[253] Geradezu dialektisch umschreibt der Apostel das auf Ergänzung abzielende Aufeinander-Bezogensein des Mannes zu seiner Frau und umgekehrt, wenn er einerseits deutlich die Unterordnungsformel gebrauche (z.B. 1. Kor 14,34), andererseits aber auch Passagen zitiere, in denen die Unterordnung in einem völlig neuen Licht verstanden werden müsse: *„Doch ist weder die Frau etwas ohne den Mann noch der Mann etwas ohne die Frau ... denn wie die Frau von dem Mann, so kommt auch der Mann von der Frau, alles aber von Gott.“*(1. Kor 11,11-12) Bei aller Gleichwertigkeit und zugleich Wesensverschiedenheit sei es dennoch nicht von ungefähr, wenn in der Bibel der Mann als der physisch Stärkere wiederholt ermahnt werde, die in ihm permanent vorhandene Versuchung zum Machtmissbrauch durch die Liebe zu seiner Frau zu besiegen. (Eph 5,25)

Erst nach dieser grundsätzlichen Einordnung bewegen die Verfasser die Frage nach den Ämtern und Funktionen, die Frauen in der Bibel wahrnahmen. Dabei äußern sie ihre Einschätzung, indem sie die Frau in ihrer wesentlichen Rolle *„als Ehefrau und Mutter“* verstehen, wobei *„in der Konzentration auf diese Funktionen* *nach biblischem Verständnis nichts Diskriminierendes liegt, sondern darin die der Frau eigene Würde und Wertschätzung entfaltet wird"*.[254]

Aber auch das geistliche Amt der Prophetinnen, wie es durch markante Persönlichkeiten im AT und im NT wahrgenommen wurde, wird in dem Papier offen zur Sprache gebracht, wenn auch unter der einschränkenden Bemerkung, dass das Substantiv nur noch für die das AT repräsentierende Hanna gebraucht werde, während es ansonsten *„nur in der verbalen Form"* vorzufinden sei.[255]

Der Prophetin Deborah werde ein öffentliches Leitungsamt zuerkannt, wobei es ihr allerdings gelungen sei, ihr weibliches Wesen als *„Mutter in Israel"* (Ri 5,7) zu wahren. Auch von Phöbe sprechen die Verfasser durchaus anerkennend als einer Frau, die als Prostatis möglicherweise in einem Diakonenamt engagiert gewesen sei. Bezüglich der Junia (Röm 16,7) allerdings entscheiden sich die Verfasser gegen die kirchengeschichtlich überlieferte weibliche Fassung und erklären den Namen als *„Kurzform des lat. Junianus"* – also männlich.[256] Auch die Möglichkeit des *„Wortdienstes"* für Frauen wird festgehalten, wenn auch das *„Lehren"* von Priscilla als nicht öffentlich verstanden wird, sondern *„im Rahmen des persönlichen Zeugnisses im eigenen Hause"*.[257] Auch Euodia und Syntyche, die am Evangelium *„mitgekämpft"* haben und als *„Mitarbeiter"* bezeichnet werden, wollen die Verfasser lediglich einen begrenzten Dienst der Evangeliumsverkündigung zugestehen. Um diese Einschätzung zu untermauern, nennen die Autoren die ausschließlich von Männern besetzte Priesterschaft im AT, das Apostelamt der Jünger Jesu und auch das Fehlen von weiblichen Bischöfen und Presbytern im geschichtlichen Kontext der Bibel, die *„in besonderer Weise Träger der christlichen Lehrüberlieferung"* gewesen seien.[258]

Wenn bislang der Dienst der Frau lediglich an vorbildhaften Persönlichkeiten nachgezeichnet wurde, so wird in 1. Kor 14 und 1. Tim 2 nach Einschätzung der Verfasser direkt zur Frage nach dem Dienst der Frau in der Gemeinde Stellung bezogen. So kommentieren sie 1. Kor 14 dahingehend, dass diese Textstelle nicht im Sinne des *„völligen Stilleseins aufzufassen"* sei. Aber auch die häufig zu hörende Deutung des *„ungeordneten*

Dazwischenredens" bliebe problematisch. Schließlich werden zwei weitere Verstehenshilfen eingeführt, die jedoch nicht zugunsten der einen oder anderen entschieden werden. Dabei handelt es sich einerseits um die öffentliche gottesdienstliche Wortverkündigung, andererseits um das Lehren während des Lehrgespräches. Wie auch immer: Für eine Frau sei ein solches Tun „*schändlich*", weil sie sich damit über ihre geschöpfliche Stellung erhebe.

Diese Position sehen die Verfasser durch 1. Tim 2 bestätigt, wo es darum ginge, dass der Frau generell das Lehren untersagt sei, nämlich in dem Sinn einer „*autoritativen, auf Prägung des Glaubens und Lebens der Gemeinde zielenden Unterweisung*".[259] Als begründendes Argument verweist das Papier auf Gen 3, worin „*die Frau als die (zuerst) Verführte offenbar der Verführung leichter zugänglich ist als der Mann*" dargestellt wird.[260]

Bemerkenswert ist in dem Positionspapier, dass es zur zeitbedingten, kulturellen „Sitte und des Brauchtums" – insofern dies von der Bibel als solche ausdrücklich bezeichnet werden – eine durchaus akzeptable Einschätzung erfährt.[261] Verzichtet die Bibel allerdings darauf, zeitbedingte Sitten als solche zu markieren, so sei es nicht möglich, sie als Verstehenshilfen dort einzuordnen. Vielmehr müsse in einem solchen Vorgehen dann offen von Bibelkritik gesprochen werden.

In zehn abschließenden Thesen bündeln die Verfasser die Konsequenzen ihrer exegetisch-hermeneutischen Darlegungen für den Dienst der Frau in der Gemeindepraxis. Unter anderem heißt es:

„2. Die gläubige Frau ist – wie der gläubige Mann – gerufen, in Mitverantwortung für das Wohl der ganzen Gemeinde gemäß ihren Gaben (...) mit Wort und Tat zu dienen.

7. Die verheirateten und unverheirateten Frauen erkennen in der Gemeinde ihre Ebenbürtigkeit und ihren gemeinsamen Auftrag (...) im Dienst an Kindern, Jugendlichen, Eltern, Betagten, Kranken, Pflegebedürftigen sowie Außenstehenden.

8. Der praktisch-diakonische oder seelsorglich-beratende Dienst der Frauen im Gemeindealltag ist ebenso wie ihr mündliches Zeugnis in versammelter Gemeinde, dem Dienst und Zeugnis der Männer ebenbürtig. Sie können ihren Gaben entsprechend in verschiedenen Ar-

beitsgebieten eingesetzt werden, z.B. Seelsorge (Besuchsdienst), Verkündigung (Sonntagsschule, Kinderarbeit, Mitarbeiterschulung, Hauskreisarbeit, Bibelstunde, gelegentliche Predigtdienste, evangelistische Einsätze), Gottesdienstgestaltung, Medienarbeit, soziale Aufgaben (Nachbarschaftshilfe, Krankenbetreuung, Fürsorge für Arbeitslose, Asylanten, Ausländerkinder).

9. Frauen können in die vollzeitliche Mitverantwortung für gemeindliche Aufgaben berufen werden, zwar nicht als Predigerin,[262] *aber als Gemeindehelferin, Diakonin, Katechetin oder in die Gemeindekrankenpflege. Dazu wird ihnen die geeignete Ausbildung und nötige Unterstützung gewährt.*"

5. Das Positionspapier des Deutschen Gemeinschafts-Diakonieverbandes

Die Wurzeln des Deutschen Gemeinschafts-Diakonieverbandes (DGD) liegen in der ostdeutschen Erweckungsbewegung des 19. Jahrhunderts. Mit vier Diakonissen begann bereits 1899 im westpreußischen Borken eine diakonisch-missionarische Arbeit, die sich in den Folgejahren äußerst vielfältig entwickeln sollte. Heute, nach mehr als hundert Jahren, sind es immerhin noch rund 2200 Diakonissen, die ihre geistliche Heimat in sechs inländischen Mutterhäusern und in vier weiteren im Ausland gefunden haben. Diese Diakonissenschaft unterhält zehn eigene Krankenhäuser und Fachkliniken, aber auch Altenheime, Kindergärten und Sozialstationen. Selbst in modernen Ausbildungsstätten wie dem Marburger Bibelseminar, der Fachakademie für Sozialpädagogik und vielen anderen Einrichtungen bringen Diakonissen gemeinsam mit ihren männlichen Kollegen ihre Fachkompetenz und geistliche Kraft ein. Daneben verrichten sie gemeinsam mit etwa hundert Predigern in rund 500 Gemeinden den Dienst der Verkündigung und der Seelsorge.

Aber auch in der eigenen Marburger Mission sind Männer und Frauen engagiert, um in Thailand, Spanien, Russland, Japan, Taiwan, Uganda, Peru und Brasilien die Botschaft der Erlösung durch Jesus Christus den Menschen nahe zu bringen. Bei allen modernen Herausforderungen wissen sie sich dem Leitwort der Gründungsväter verpflichtet, das noch heute als Grundsatzprogramm der Arbeit verstanden wird: *„Aus der Erweckung für die Erweckung!"*

Auf diesem Hintergrund kann es nicht verwundern, wenn gerade im DGD, der im Wesentlichen seine Existenz der weiblichen Diakonie zu danken hat, die Klärung um ein biblisch-theologisch ausgewogenes Verständnis des Dienstes der Frau als fundamentales Anliegen begriffen wird. Dennoch führt das 1997 veröffentlichte Positionspapier *Der Dienst von Frauen in der Gemeinde* nicht etwa in eine detaillierte und breit angelegte Themendiskussion, wie man es vielleicht erwarten könnte, sondern begnügt sich damit, unter drei kurz gefassten Hauptpunkten den biblischen Befund nachzuzeichnen, die geschichtlichen Entwicklungen in dieser Frage transparent zu machen, um schließlich Konsequenzen für den aktuellen Dienst der Frauen in den Gemeinden darzulegen.

Dabei fällt auf, dass bereits in den einleitenden Sätzen das Bibelverständnis des DGD grundlegender Art und auch hinsichtlich der spezifischen Thematik artikuliert wird. So wird das Thesenpapier mit den Worten eingeleitet: *„Die Bibel – Alten und Neuen Testaments – ist geschichtlich und heilsgeschichtlich in ihrem Zusammenhang zu verstehen und auszulegen, d.h. von der zentralen Heilstat Gottes in Jesus Christus aus. Darum sind die alttestamentlichen Aussagen im Licht des Neuen Testaments zu sehen. Als Grundsatz gelten für die Gemeinschaftsbewegung die Linien der Bibel (sola scriptura). Alle biblischen Aussagen müssen im Zusammenhang der ganzen Heiligen Schrift und in ihrem geschichtlichen Kontext gesehen werden."*[263]

Die Betonung der Geschichtlichkeit des Wortes Gottes wird als ein Reden Gottes in konkrete politische und gesellschaftliche Rahmenbedingungen hinein verstanden, dessen gültige Essenz sich dem modernen Christen nur dann erschließe, wenn er jene relevanten geschichtlichen Hintergründe zum Textbefund mithöre. Nur so werde die Kernaussage eines Bibelwortes ihren geistlich gewollten Platz unter naturgemäß völlig anderen gesellschaftlichen Vorzeichen finden können.

Zum anderen wird die neue Schöpfung „*in Christus*" als die einzig Normative festgehalten, in deren Licht alttestamentliche Aussagen ihre Wertigkeit und Einordnung erfahren. Nur unter diesen beiden Prämissen könne es schließlich zu einer verantwortlichen Hermeneutik kommen, die den Fragestellungen einer modernen Christenheit gerecht werde.

Nach dieser Vorschaltung schließen die Verfasser in knapper, thesenhafter Form den biblischen Befund an. Dabei fällt auf, dass sie exegetische oder theologische Fragestellungen nicht diskutieren. Sie zeigen auch keinerlei Bereitschaft, alternative Verständnismodelle aufzugreifen oder schwierige Texte zu klären. Offenbar ist das Papier nicht daran interessiert, unterschiedliche Ansätze zu diskutieren, um auf diesem Wege Antworten in einen theologischen Klärungsprozess einzubringen. Vielmehr begnügen sich die Verfasser bewusst damit, ihre Einsichten zu postulieren, sie mit angemessenem Referenzmaterial zu untermauern, um schließlich daraus ihre Schlüsse zu ziehen.

Bei dieser Art der Beleuchtung biblischer Grundaussagen gehen die Autoren chronologisch vor, indem sie mit den Texten der Schöpfung beginnen. Dabei teilen sie die allgemeinen Überzeugungen, die zu diesen Texten weithin übereinstimmend geteilt werden, dass Gott Mann und Frau „*als verschiedengeschlechtliche Wesen geschaffen*" habe, die er allerdings als völlig gleichwertig verstehe.[264] Das Papier stellt im Folgenden schlüssig heraus, dass die geschöpfliche Nachordnung der Frau vom NT als Argument für eine Art der Vorordnung des Mannes verstanden werde (1. Kor 11,12). Darum hätten Männer und Frauen einerseits gleiche, aber andererseits auch unterschiedliche Aufgaben zu erfüllen.

Erst der Sündenfall habe zwischen den Geschlechtern „*ein gestörtes Verhältnis*" gebracht, worin die Verfasser den eigentlichen Grund für ein die Frauen entehrendes Patriarchat sehen, wenn sie formulieren: „*Wie das Alte Testament berichtet, haben Männer oft Frauen ihrer Würde beraubt und unterdrückt.*"[265] Der AT-Befund wird mit der Feststellung abgeschlossen, dass Gott „*Männer zu Priestern und in der Regel auch zu Führungsaufgaben seines Volkes*" berufe, während dies für Frauen wohl hauptsächlich für den

Prophetendienst zuträfe, wobei, wenn auch nicht offen ausgesprochen, zumindest die Textstelle für Deborahs Ausnahmeerscheinung angemerkt wird.

Die neutestamentlichen Belege würden in ihrer wohl maßgeblichsten Art in der Haltung Jesu zum Ausdruck gebracht, wie er sich gegen *„zeitgenössische jüdische Einstellungen"* und *„Rechtsauffassungen"* durchsetzte – auch wenn er zu Aposteln nur Männer berief. Darin werde jedoch deutlich, dass mit ihm auch hinsichtlich des Verhältnisses von Mann und Frau eine neue Zeitepoche angebrochen sei. So verstehe sich die ganze Gemeinde, bestehend aus Männern und Frauen, zum Heil gerufen (1. Petr 3,7). Frauen erhielten wie ihre männlichen Pendants Gnadengaben (1. Kor 11,5), täten Dienst in der Gemeinde wie Phöbe (Röm 16,1), arbeiteten aufopfernd für Gott (Röm 16,6), kämpften für das Evangelium (Phil 4,2), lehrten in persönlichen Gesprächen über den „Weg Gottes" (Apg 18,26) und würden ermutigt – wenn auch vorrangig unter jüngeren Frauen – „gut zu lehren" (Titus 23,3). Damit unterstreichen die Verfasser die generelle heilsgeschichtliche Gleichstellung von Mann und Frau.

Da aber offensichtlich in der frühen Kirche theologische Einsichten wie Gal 3,28 im patriarchal-gesellschaftlichen Kontext nicht konsequent umgesetzt werden konnten und es offenbar zu Missverständnissen gekommen sei, habe sich der Apostel gezwungen gesehen, in einzelnen Situationen ordnend einzugreifen. Darum sei die generelle Weite der Erlösung Christi bezüglich der Frauenfrage nicht befriedigend zum Ziel geführt worden. Das Papier kommt zu dem Schluss: *„In der christlichen Kirche wurde der neue Ansatz Jesu nicht durchgehalten."*[266]

Als zwangsläufige Folge habe das Schweigegebot des Paulus in der Kirche des Westens dazu geführt, dass generell kirchliche Ämter für Frauen verschlossen blieben. Erst im Mittelalter haben sie durch die Ausbreitung weiblicher Ordensgemeinschaften vor allem diakonische Aufgaben erhalten. Aber bereits die Reformation habe aufgrund der Hochschätzung der Ehe und gleichzeitiger Verwerfung des Mönchtums dazu geführt, dass Frauen wieder weniger kirchliche Dienste wahrnehmen durften.

Erst im Pietismus hätten sie erneut Zugang zu breiten diakonischen Aufgabenstellungen gefunden und an Verkündigung und Seelsorge im Raum der Gemeinde Jesu teilgenommen. Hintergrund für diese Entwicklungen sei ohne Zweifel auch in der gesellschaftlichen Aufwertung der Frau zu sehen, wie sie sich in der Zeit der Aufklärung, aber besonders in der Romantik und im Idealismus durchgesetzt hätte. Ihre vielfältigen Anstöße seien in den emanzipatorischen Frauenbewegungen des 19. Jahrhunderts aufgenommen worden, indem sich nun den Frauen eine ganze Reihe neuer Ausbildungswege eröffnet hätten. Für den Dienst in Gesellschaft und Kirche seien nun in Seminaren und an Universitäten Pädagoginnen, Juristinnen und Ärztinnen ausgebildet worden, aber eben auch Theologinnen, Missionarinnen, Gemeindehelferinnen, Katechetinnen und Religionslehrerinnen. Ab 1956 konnten Frauen in den evangelischen Landeskirchen für Aufgaben des Amtes ordiniert werden, womit ihnen letztlich alle Positionen eröffnet worden seien.

Auch in den DGD-Gemeinden sei man von Anfang an davon überzeugt gewesen, dass Gott selbstverständlich auch Frauen seine geistlichen Gaben anvertraut habe. In Konsequenz dessen seien Diakonissen als Leiterinnen von sozialen Einrichtungen eingesetzt worden und haben in Gemeinden ihren aufopfernden Seelsorge- und Verkündigungsdienst getan.

Aufgrund dieser Einschätzungen des biblischen Befundes wie auch des Handelns Gottes in der Geschichte kommen die Autoren unter anderem zu folgenden Auffassungen:

Der Zugang zu gleichem Ausbildungsstandard habe in der Gesellschaft und der Gemeinde dazu geführt, dass das Rollenverständnis von Männern und Frauen stärker partnerschaftliche Konturen erhielte.

Da Gottes Gaben für Gemeindedienste gleichwohl von Männern und Frauen empfangen werden könnten, könne es folgerichtig keinen grundsätzlichen Unterschied in der Übertragung von Aufgaben geben. Denn *„neutestamentliche Verbote wollten Missstände abwehren, nicht aber Frauen von gewissen Ämtern ausschließen“*.[267] Vielmehr stelle der gemeinsame Dienst von Männern und Frauen in den Gemeinden eine gottgewollte Bereicherung dar.

Wenn auch nach den Aussagen der Heiligen Schrift und der Zeugnisse der Kirchengeschichte Verkündigungs- und Leitungsaufgaben überwiegend von Männern wahrgenommen worden seien, so könne das doch nicht bedeuten, *„dass nicht auch Frauen von der Gemeinde zu diesen Aufgaben berufen und beauftragt werden können"*.[268] Das umso mehr, als heute weithin Leitung im Team wahrgenommen werde. Allerdings sei hierbei jegliches Quotendenken abzulehnen.

Weil die Gefahr eines platten Anpassungsprozesses gerade in der Frauenfrage nicht von der Hand zu weisen sei und der gefürchtete „andere Graben" so bedrohlich nahe liege, greift das Papier noch einen anderen Akzent auf, indem es den Dienst der Frau in Ehe und Familie würdigt, wenn es darin heißt:

„Die Bibel schätzt Ehe, Familie und Elternschaft hoch ein. Die in der Schöpfung gegebene Unterschiedlichkeit von Mann und Frau gebietet uns, die Aufgaben der verheirateten Frau in Ehe und Familie besonders zu achten. Frauen, die Familie und Kinder haben, sollten ihre Aufgaben in der Familie zu Gunsten anderer Aufgaben in der Gemeinde nicht vernachlässigen. Dies trifft natürlich in entsprechender Weise auch für Männer zu."[269]

Bei allen bedrängenden Fragen, die durch dieses Thema aufgeworfen werden, macht das Thesenpapier deutlich, dass die Auseinandersetzung mit diesen Inhalten keineswegs den Rang von Heilsfragen einnehmen dürfe. Wenn in Heilsfragen sicher keine unterschiedlichen Auffassungen respektiert werden könnten, so sei es doch selbstverständlich, dass in der Frauenfrage variierende Erkenntnisse in den Gemeinden geachtet würden, damit die geistliche Gemeinschaft nicht Schaden nehme.[270]

6. Das Positionspapier der Evangelischen Gesellschaft für Deutschland

Am 25. August 1848 wurde in Elberfeld einer der ältesten Gemeinschaftsverbände gegründet. Das eindrückliche Ziel wurde in einem klaren Motto umrissen: „*Wir wollen Deutschland evangelisieren!*" Durch Schriftenmission und vielfältige Verkündigung entstanden bald überall in Deutschland durch die „*Elberfelder Boten*“ kleine Gruppen, die sich um die Bibel scharten. Es dauerte nicht lange, bis sich diese Kreise zu Missionsvereinen und Gemeinschaften organisierten. Heute arbeitet der Verband überwiegend in Nordwestdeutschland und beschäftigt mittlerweile rund siebzig Evangelisten, Stadtmissionare, Missionsprediger und Jugendarbeiter. 1960 wurde ein eigenes Bibelseminar gegründet, um Prediger und Evangelisten für den Verkündigungsdienst in der Heimat und in Übersee auszubilden. Zudem wurde im Jahr 1962 auch eine Zeltmission ins Leben gerufen, um durch besonders werbende Verkündigung Menschen für den Glauben an Jesus Christus zu interessieren. Als sich der Verein 1974 mit der Neukirchener Mission zusammenschloss, wuchs ihm ein außenmissionarisches Arbeitsfeld zu, in dem heute rund dreißig Mitarbeiter in sechs Ländern der Erde für Christus engagiert sind.[271]

Die monatlich erscheinenden Zeitschriften dienen dem Ziel der Glaubensstärkung und der Klärung aktueller Lebensfragen. Um die große Zahl von ehrenamtlichen Mitarbeitern auf ihren Dienst in den Gemeinschaften vorzubereiten und theologisch zuzurüsten, wurde 1992 das „Ludwig-Feldner-Kolleg“ (seit 1997 umbenannt in „Rade-Seminar“) in Wuppertal gegründet. Aber auch an den gestressten und häufig überforderten modernen Menschen hat man gedacht, indem man mit dem Bibelheim „Hohegrete“ bei Au an der Sieg einen Hort der Stille und der inneren Einkehr schuf. Hier werden Freizeiten, Bibelwochen und Wochenend-Seminare für spezifische Zielgruppen angeboten.

Nun ist es interessant, dass ausgerechnet einer der größten deutschen Gemeinschaftsverbände kein Positionspapier zum Dienst der Frau in der Gemeinde verabschiedet hat. Daraus allerdings darf sicher nicht vorschnell gefolgert werden, dass diese Fragen in der Praxis keine Rolle spielen würden.

Vielmehr identifiziert sich die Leitung des Verbandes mit den Positionen der Magisterarbeit einer ihrer Missionarinnen.[272] Das Bemerkenswerte dieser Arbeit besteht weniger in den exegetischen Beurteilungen einschlägiger Texte als vielmehr in den dargestellten Überzeugungen verschiedener Missionspioniere.

Obwohl Luther durch die Betonung des Priestertums aller Gläubigen faktisch den Grundstein zur Mitarbeit von Frauen in den Kirchen gelegt hatte, dauerte es doch noch drei Jahrhunderte, bis die einengenden gesellschaftlichen Konventionen, die den Frauen keinen Freiraum zur beruflichen Bildung zugestanden – vom klösterlichen Leben einmal abgesehen –, überwunden werden konnten. Die ledige Frau hatte weder in der Gesellschaft noch in der Kirche einen Platz, sondern war noch im 18. und 19. Jahrhundert weitgehend entmündigt. Selbst in den ältesten deutschen Missionsgesellschaften zählte die Frau nur als Ehefrau eines Missionars etwas. Eine ledige Frau schickte man höchstens als Hilfe für eine Missionsfamilie hinaus. Eine zaghafte Neubesinnung des Frauendienstes kam leider nicht als Impuls von den Kirchen, sondern vielmehr vom gehobenen protestantischen Bürgertum und vom Adel, die ihren Töchtern eine Ausbildung zukommen ließen. Wie sehr die berufliche Ausbildung von Frauen gesellschaftlich noch immer verpönt war, beweist die Tatsache, dass die durch den im Jahre 1842 gegründeten *Frauenverein für christliche Bildung des weiblichen Geschlechts im Morgenland* ausgebildeten Lehrerinnen bei deutschen Missionen abgewiesen wurden. Innerhalb der ersten fünfzig Jahre war es ihnen ausnahmslos nur möglich, mit englischen Missionen auszureisen. Erst 1851 konnte Theodor Fliedner die ersten Kaiserswerther Diakonissen für diakonisch-missionarische Dienste ins Heilige Land entsenden, was für das damalige Denken als ungeheuerer Vorstoß empfunden wurde. Ein für die kirchliche Frauenarbeit entscheidender Durchbruch gelang erst 1886 Adeline Gräfin Schimmelmann, die, von einer Predigt Otto Funckes geistlich bewegt, eine missionarisch-diakonische Arbeit unter Fischern begann. So lobenswert auch ihr mutiges Engagement war, die organisatorischen Rahmenbedingungen für einen kirchlich fest integrierten Frauendienst fehlten noch immer.

Dies wurde zumindest für Frauen auf dem Missionsfeld anders, nachdem *Hudson Taylor* (1832-1905) im Jahr 1865 die China Inland Mission (CIM) gegründet hatte. Seine bahnbrechenden Prinzipien für eine moderne Missionsarbeit[273] beinhalteten auch die

These, dass Frauen als selbstständige Pioniermissionarinnen arbeiten sollten.[274] Diese Überzeugung hatte er von seinem großen Vorbild Dr. Karl Gützlaff übernommen[275] und in der Missionsarbeit in China erfolgreich durchgesetzt. Bereits 1894 waren unter den 1135 tätigen Missionaren 655 Frauen. Wie sehr Taylor offenbar den Dienst von Frauen in der Missionsarbeit schätzte, kommt besonders in einem Bericht über die Ausreise der ersten Gruppe zum Ausdruck.[276] Frauen sollten ebenso wie die Männer im Dienst verantwortlich vor ihrem Gott stehen. So ist es nur folgerichtig, dass Taylor Frauen beauftragte, neue Stationen zu gründen, Gemeinden zu bauen, Schulen zu errichten und einheimische Mitarbeiter auszubilden. Allgemeines Aufsehen erregte Taylor allerdings mit dem Beschluss, dass in Kwangsin Bassin, einem Gebiet, in dem rund 15 Millionen Menschen wohnten, ausschließlich Missionarinnen arbeiten sollten.[277] Bei aller Kritik durch Menschen – Gott bestätigte seine Botinnen, sodass allein in diesem Gebiet innerhalb weniger Jahre 3500 Menschen getauft werden konnten.

Aber auch von verheirateten Frauen erwartete Taylor aktiven Missionsdienst. So schrieb er 1868 einem Missionsanwärter: „*Wenn du nicht beabsichtigst, dass deine Frau auch eine wirkliche Missionarin sein soll, nicht nur eine Ehefrau, Hausfrau und Freundin, dann tritt nicht bei uns ein.*“[278] Neben ganz entscheidenden pragmatischen Gründen waren es bei Taylor vor allen Dingen aber theologische Überzeugungen, die ihn veranlassten, Frauen in den uneingeschränkten aktiven Missionsdienst zu berufen.

Christa Conrad fasst diese Argumente prägnant zusammen:[279]

1. Die pneumatologische Komponente: Die Heiligung als Wirkung des Heiligen Geistes sähe Taylor durch Gottes Gnade gleicherweise an Männern und Frauen verwirklicht.

2. Die soteriologische Komponente: Weil alle Menschen ohne Versöhnung durch Jesus Christus vor Gott verloren seien, darum sei es falsch, ihnen die Möglichkeit der Errettung dadurch zu verweigern, indem Frauen nicht predigen dürften.

3. Die eschatologische Komponente: Da die Zeit der Errettung der Sünder mit der Wiederkunft Christi abgeschlossen sein wer-

de, gelte es, alle verfügbaren Kräfte einzusetzen, um die ganze Welt mit dem Evangelium zu durchdringen (Mt 24,14).

4. Die ekklesiologische Komponente: Da das praktische Gemeindeleben unter ausschließlich männlicher Führungsdominanz vereinseitigen und verarmen würde, seien Frauen gefragt, ihr geistliches Gabenpotenzial offensiv einzubringen. Fragen der Kirchenordnung hielt Taylor für absolut sekundär.

Aufgrund dieser Überzeugungen hatte Taylor das geschafft, worauf evangelische Frauen seit Jahrhunderten gewartet hatten: Er hatte eine Organisation ins Leben gerufen, in der er die Rahmenbedingungen so gestaltete, dass Frauen ihren Missionsauftrag eigenständig leben konnten.

Fredrik Franson (1852-1908), in Mittelschweden geboren und späterer Mitarbeiter von D.L. Moody, wirkte als Evangelist in Europa, besonders auch in Deutschland, das ihm Gott als *„Last auf die Seele gebunden hatte"*.[280] Wo immer er auftrat, kamen Menschen zum Glauben, wurden Gemeinden geistlich belebt oder auch Missionswerke gegründet. Allein im deutschen Sprachraum führen drei Missionsgesellschaften ihre Existenz auf das Wirken Fransons zurück.[281] Seine früh eingenommene Haltung zum *„Verkündigungsdienst der Frau"* kannte im Wesentlichen zwei Begründungen: Zunächst bewegte ihn das eschatologische Motiv. Angesichts der nahen Wiederkunft Jesu könne es nicht anders sein, als dass alle verfügbaren Kräfte eingesetzt werden müssten, um der Welt die Botschaft des Friedens zu bringen. Zum anderen waren es prägende persönliche Erfahrungen mit Frauen, die sich von Gott in den Verkündigungsdienst berufen wussten.

So erlebte Franson 1884 Nelly Hall in Malmö, der Gott eine große geistliche Bewegung schenkte. Sie wiederum war beeinflusst von Elizabeth Baxter (Heiligungsbewegung), Catherine Booth (Heilsarmee) sowie deren Töchtern Katie und Evangeline. Wenn ihr Dienst, wie er später bekannte, *„auch gewisse Spannungen in ihm hervorrief"*,[282] so sah er doch, dass Gott selbst ihren Dienst reich gesegnet hatte. Je länger er sich mit der Frage der Verkündigung durch Frauen beschäftigte, umso klarer wurde es ihm, dass dies nicht ein Problem der biblischen Lehre sei, sondern vielmehr im Mangel an brüderlicher Liebe begründet läge.[283] Der Gemeinde in Malmö gab Franson schließlich den Rat: *„Brüder, die Ernte ist groß, und der Arbeiter sind wenige. Wenn die Frauen während der Ernte mithelfen wollen auf dem Feld, dann denke ich, sollten wir sie so viele Garben binden lassen, wie sie können.“*[284] Immer häufiger ermutigte Franson in der Folgezeit Frauen, als Evangelistinnen tätig zu werden. Zu Ellen Modin schickte er eine Missionskandidatin, damit sie bei ihr während ihrer Evangelisationen lernen könnte. 1892 unterstützte Franson zwei Frauen bei der Gründung einer Frauenmission in Schweden, während er 1887 Malla Moe in den Missionsdienst nach Swasiland aussandte, wo sie 56 Jahre evangelisierte und unzählige Gemeinden gründete. Obwohl sie nie die Bischofsweihe empfing, füllte sie doch das Amt einer Bischöfin aus, indem sie Pastoren einsetzte, die Dienstaufsicht über sie wahrnahm und ihre Arbeit geistlich begleitete.[285]

Aber es war nicht nur die brennende Liebe zu den Verlorenen angesichts der nahen Wiederkunft Jesu, die Franson veranlasste, auch Frauen zur Evangelisation und Mission zu beauftragen. Er machte für diese Überzeugung auch eine Reihe theologischer Gründe geltend, die er aus seiner Sicht überraschend eigenwillig interpretierte. In seiner Schrift *Weissagende Töchter*[286] legte er seine Begründungen dar:

1. Wenn aufgrund von Gen 2,18 die Frau schon in irdischer Hinsicht die Gehilfin ihres Mannes sein solle, wie viel mehr solle sie dann in geistlicher Hinsicht ihm zur Seite stehen?

2. Wenn eine Frau, wie in Gen 3,6 dargelegt, einen so großen negativen Einfluss auf ihren Mann ausüben könne, warum sollte dann nicht eine Christin einen äußerst positiven Einfluss auf ihren Mann haben können?

3. Zum andern bindet Franson die *„Freudenbotinnen“* aus Psalm 68,12 mit den verkündigenden Frauen des Ostersieges zusammen. Gleichermaßen sieht er die Verheißung der Ausgießung des Geistes auf *„Söhne und Töchter“* (Joel 3,1) für den Dienst der Weissagung (1. Kor 14,3) als Voraussetzung und folgert: Zu

diesem Dienst seien Frauen gerufen, seien sie doch mit dem Geist Gottes begabt.

4. 1. Kor 14,34 interpretiert Franson dahingehend, dass er meint, das Schweigegebot beträfe nur verheiratete Frauen, wiederum nicht solche, die ungläubige Männer haben. Schweigen bedeute: nicht auf unpassende Weise lernen.

5. Aus Lk 19,13 („*Handelt, bis ich wiederkomme!*") schließt Franson, dass alle begabten Christen, also auch Frauen, ihre Gaben optimal einzusetzen haben, wenn es ihnen nicht zur Sünde werden solle.

6. Schließlich meint Franson, dass aufgrund von Erfahrungswerten unter den 120 Jüngern, auf die am Pfingsttag der Geist Gottes kam, vermutlich achtzig Frauen waren, durch deren Weissagung viele Menschen zum Glauben kamen.

Wenn diese Thesen bezüglich ihrer theologischen Qualität sicherlich hinterfragbar scheinen und deshalb auch nicht überall akzeptiert werden konnten,[287] so öffneten sich doch etliche Pfarrer aus der Evangelischen Kirche seinen Argumenten. Darunter war auch Pastor Blazejewski in Borken, der sein Pfarrhaus für junge Frauen öffnete, ihnen eine praktisch-theologische Ausbildung zukommen ließ und sie als Evangelistinnen aussandte. Aus dieser kleinen Zelle von vier Frauen entwickelten sich schließlich der Deutsche Gemeinschafts-Diakonieverband, wie auch die Marburger Mission. Diese Tatsache allerdings darf nicht darüber hinwegtäuschen, dass eine allgemeine Reserviertheit bezüglich des Verkündigungsdienstes der Frau gerade in Deutschland noch tief verwurzelt blieb. Darüber konnte sich Franson rückblickend nur befremdet äußern, indem er verwundert fragte, „*wie man so eine falsche Idee haben kann, dass nicht alle Kinder Gottes alle ihre Kräfte einsetzen sollten, um die verlorene Welt zu retten*".[288]

Als *Charles T. Studd* (1860-1931) mit sechs Studienfreunden 1885 nach China aufbrach, hatte er zwei Entschlüsse gefasst: Er wollte nur für die Ehre Gottes in der Evangelisation der ganzen Welt leben und atmen.[289] Zum andern wollte er dieses Ziel als eheloser

Mensch verfolgen oder aber „*mit einem richtigen Mädchen von der Heilsarmee*".[290] Es scheint, als habe Gott zu diesen beiden Entschlüssen gestanden, denn Studd wurde nicht nur der Gründer der Mission „*Weltweiter Evangelisationskreuzzug*" (WEC), sondern lernte auf seinem ersten Missionseinsatz in Nordchina seine Frau Priscilla kennen, eine Heilsarmeesoldatin. Sie war durch die Mitbegründerin der Heilsarmee, Catherine Booth, zum Glauben gekommen. In dieser Mission wurden von Anfang an Männer und Frauen in gleicher Weise in der Verkündigung eingesetzt und in den Missionsdienst entsandt. In ihrer Schrift *Weiblicher Dienst – oder das Recht der Frau, das Evangelium zu predigen*[291] deutete Catherine Booth die einschlägigen neutestamentlichen Texte dahingehend, dass sie 1. Kor 14,34f in dem Sinne versteht, dass Frauen nicht im Gottesdienst dazwischenreden oder unangebrachte Bemerkungen machen sollten. 1. Tim 2,12f interpretierte sie als ein Verbot, sich unrechtmäßige Autorität anzueignen, [292] was in der Verkündigung des Evangeliums jedoch nicht geschehe.

Studd, so hatte er es beschlossen, wollte nur eine Frau an seiner Seite haben, die eine echte Kampfgenossin war. In Priscilla hatte ihm Gott diese Frau ohne Zweifel geschenkt. Seine Äußerungen lassen darauf schließen, dass er von ihrem Dienst immer wieder neu bewegt und ergriffen wurde und auch vom Niveau ihrer Verkündigung geradezu angetan war.[293] Als Studd schließlich nach einer zehnjährigen Missionszeit aus gesundheitlichen Gründen China verlassen musste, durchreiste er in den folgenden fünf Jahren England und die USA, bevor er für weitere sechs Jahre als Nichttheologe in einer südindischen Kirche seinen Dienst als Pastor aufnahm. Aber wiederum musste Studd wegen Asthma das Land verlassen und fand erst im Alter von 48 Jahren zu seiner eigentlichen Berufung. Er wusste sich von Gott nach Afrika gesandt, gründete die Missionsgesellschaft „*Heart of Africa Mission*" und reiste zunächst in den Sudan, um schließlich mit acht weiteren Missionaren seinen Lebensauftrag in Belgisch Kongo aufzunehmen.

Priscilla blieb mit ihren vier Töchtern in England, baute hier die heimische Missionszentrale auf, gründete Bibel- und Gebetsgruppen in den Gemeinden, verfasste ein regelmäßig erscheinendes Missionsblatt und hielt Missionsvorträge, die sie bis nach Australien, Kanada und Südafrika führten. Durch ihre Vorträge bewegt, meldeten sich einmal dreißig, ein anderes Mal 29 Bewerber, um als Missionare in der Missionsgesellschaft aufgenommen zu werden. Die Verantwortung der Auswahl lastete anfangs allein auf Priscilla. Erst später bekam sie Entlastung durch ihren Schwiegersohn Gilbert Barcley. Auch die drei anderen Töchter wurden Mitarbeiterinnen ihrer Eltern und brachten ihre Begabungen zur Evangelisation der Welt in den unterschiedlichsten Bereichen ein. Dies entsprach ganz dem Wunsch des Vaters, der über seine vier Töchter einmal gesagt hatte: „*Unsere Töchter werden glühende christliche Kämpfer werden, und Gott wird alle Ehre sein.*“[294]

In dieser Bemerkung wird deutlich, dass die Stellung der Frau für Studd nie ein Problem war. Sein beherrschendes Motiv, das all seine Arbeit durchdrang, war, die Zeit bis zur Wiederkunft Jesu reichlich auszuschöpfen, damit die „*Hölle leer und der Himmel voll wird*“.[295] Dabei war er überzeugt, dass Gott alle gerufen habe, mitzukämpfen, damit dieses Ziel erreicht werden könnte. So schreibt er einmal: „*Wir wollen, dass Jesus wiederkommt ... Wir zerbrechen uns nicht den Kopf darüber, durch wen dieses herrliche Ziel erreicht wird*“.[296] Als es 1925 zu einer großen geistlichen Erweckung in Belgisch Kongo kam, beglaubigte Gott selbst diese Einstellung und den furchtlosen Dienst hingegebener lediger Missionarinnen, die „*blühende Stationen mit Gemeinden von fünfhundert bis manchmal eintausendfünfhundert Menschen leiteten*“.[297]

7. Das Positionspapier des Liebenzeller Gemeinschaftsverbandes

Der Liebenzeller Gemeinschaftsverband ist von seiner Gründung und Prägung her eng mit der Liebenzeller Mission verbunden. Nachdem Heinrich Coerper 1902 mit einem Zweig der China-Inland-Mission von Hamburg nach Bad Liebenzell gezogen war, erhielten Schüler des Seminars und Mitarbeiter aus den umliegenden Ortschaften die Einladung, Bibel- und Gemeinschaftsstunden zu halten und das Evangelium den Kindern nahe zu bringen. Gott segnete diese Arbeit so sehr, dass zwei Gemeinschaftsverbände gegründet werden konnten, bereits 1910 der Süddeutsche und 1933 der Liebenzeller Gemeinschaftsverband. Zu ihm gehören heute 430 Gemeinschaften in Baden-Württemberg, Bayern, Hessen und Rheinland-Pfalz. Der Verband sieht seine Aufgaben in vierfacher Hinsicht:

1. Gläubige Menschen sollen unter dem Wort Gottes gesammelt werden.

2. Der evangelistische Auftrag, die Menschen zu ihrem Erretter Jesus Christus einzuladen, prägte von Anfang an den Verband und wird nicht zuletzt auch durch das Verteilblatt „Augenblick mal" wahrgenommen.

3. Jugend- und Kinderarbeit: Im Liebenzeller Gemeinschaftsverband werden junge Menschen in 430 Kinder- und Jungscharstunden, in 89 EC-Gruppen und in 130 nicht organisierten Jugendkreisen mit dem Evangelium vertraut gemacht.

4. Zurüstung von mehreren hundert ehrenamtlichen Mitarbeitern, die neben den hauptamtlich arbeitenden Predigern, Schwestern und Gemeindehelferinnen eine wesentliche Säule der Gemeinschaftsarbeit darstellen.

Zu diesen Aktivitäten bietet der Verband eine bunte Vielfalt von Freizeitmaßnahmen für alle Altersschichten an, um seinem Grundauftrag der Evangeliumsverkündigung auch in Urlaubs- und Ferienzeiten wahrzunehmen.

Dr. Heinzpeter Hempelmann, Direktor des Theologischen Seminars der Liebenzeller Mission, hat ein Buch mit dem Titel *Gottes Ordnungen zum Leben – Die Stellung der Frau in der Gemeinde* herausgebracht, das sicher nicht nur hinsichtlich des Umfangs von 100 Seiten als die gründlichste Arbeit innerhalb des deutschen innerkirchlichen Pietismus genannt werden darf.[298] Selbstkritisch weist Hempelmann einleitend darauf hin, dass auch Christen in ihrem Denken Kinder ihrer Zeit seien, denn schließlich komme es nicht von ungefähr, wenn ausgerechnet in einer Zeit der gesellschaftlichen Frauenemanzipation und des säkularen Feminismus auch in den Kirchen und Gemeinschaftsbewegungen die Frauenfrage leidenschaftlich diskutiert werde. Dabei trage jeder Bibelleser, ob er das wolle oder nicht, ob ihm das bewusst sei oder nicht, sein eigenes Vorverständnis in die Bibeltexte ein und sei immer gefährdet, seine Positionen lediglich von der Bibel bestätigen zu lassen. Es sei nicht zu verkennen, dass die aus der Not des Weltkrieges resultierende Selbstständigkeit der Frauen spätestens am Ende der 60er-Jahre das allgemeine Bewusstsein entscheidend verändert habe.[299] Allerdings, so weist der Verfasser deutlich hin, gäbe es nicht nur Gemeinden, die in diesem Sinne „im Trend“ liegen, sondern es müsse leider auch gesagt werden, dass es in den christlichen Gemeinden bis auf den heutigen Tag eine Frauenunterdrückung gäbe, die nicht nur in der Verneinung oder Begrenzung ihrer gemeindlichen Funktionen ihren Grund habe, sondern sich vielmehr in einer generellen Herabwürdigung ihres Frauseins festmache, was man oft genug auch noch bibel-theologisch zu untermauern suche. Auf diesem Hintergrund werde verständlich, wenn *„sich verschiedene Zweige der Frauenbewegungen des 20. Jahrhunderts vor allem gegen die – wie sie meinen! – ‚christliche‘ Familie wenden; warum bis heute die Zerschlagung und Unterhöhlung der christlichen Familie als notwendig gilt, um die Befreiung der Frau von aller Repression und Unterdrückung zu erreichen“.*[300] Hempelmann legt dagegen seine Überzeugung dar, dass die Bibel keineswegs „frauenfeindlich“ sei, sondern ganz im Gegenteil betont frauenfreundliche Positionen vertrete. Diese Linien allerdings werde man kaum entdecken können, wenn man von der Ideologie einer allgemeinen Gleichheit der Geschlechter ausgehe und geschlechtsspezifische Unterschiede bereits als diffamierend und frauenfeindlich werte.[301] Wer heute auch nur von einer gottgewollten Polarität der Geschlechter rede, habe mit Widerstand zu rechnen. Wenn man auf der einen Seite in der traditionellen Philosophie den Mann schlechthin als das Wesen des Menschseins verstanden habe, so versteige man sich heute weithin dahingehend, dass man im Weiblichen das essentiell Menschliche, ja, Göttliche zu erkennen glaube.[302]

Weil man von der beliebigen Variabilität des menschlichen Verhaltens ausgehe, werde jede geschlechtsspezifische Charakterisierung des Männlichen oder des Weiblichen beargwöhnt. Vielmehr hätten die Sozialwissenschaften den Begriff der „Rollen" geprägt, in die man – wie auf der Theaterbühne – hineinschlüpfen, aber eben auch aussteigen könne. So interpretiert sei die Geschlechtsrolle lediglich auferlegt und darum auch abstreifbar. Jeder Mensch könne sich seine eigene Rolle in Selbstbestimmung aussuchen und entsprechend leben. Die Position der Bibel sei mit diesen Überzeugungen nicht zu vereinbaren. In ihrer Anthropologie gäbe es keine prinzipielle und grenzenlose Variabilität, die die geschlechtliche Spezifizierung des Menschen als Mann oder Frau aufheben würde. Vielmehr sei das grundsätzliche Wesen von Mann und Frau in der Schöpfung festgelegt, wenn auch sicherlich kulturbedingt mitgeprägt. Menschsein gäbe es eben nur als Mann oder als Frau, womit grundlegende Charakteristika verbunden seien.

Hempelmann sieht eine nicht hinnehmbare Verkürzung, wenn es heute in der so genannten Frauenfrage lediglich darum gehe, *„was eine Frau in der Gemeinde darf und was sie nicht darf"*.[303] Vielmehr sei das Ganze des Zusammenlebens von Männern und Frauen in der Gemeinde Jesu in den Blick zu bekommen, was letztlich ein Fragen nach dem Schöpfungswillen Gottes voraussetze. Denn, so Hempelmann: *„In den Weisungen des lebendigen Gottes spiegeln sich die Strukturen seiner Schöpfung wider. Der Schöpfergott weiß am besten, wie wir Menschen-Geschöpfe uns seiner Schöpfung angemessen verhalten und was wir tun müssen, um in ihr zu einem erfüllten und möglichst konfliktarmen Leben zu kommen."*[304] Letztlich stehe hinter einem solchen Bibelverständnis die Überzeugung, dass die Befolgung der Weisungen Gottes die Entfaltung für Mann und Frau erst hinlänglich ermöglicht. Ein korrigiertes Denken werde darum traditionelle Werte den Aussagen der Bibel nachordnen. Die Schriften Alten und Neuen Testamentes seien darum höher zu werten als jede bewährte Praxis. Schließlich legt der Autor nahe, dass allein das biblische Prinzip, das den anderen höher achtet als sich selbst, Wegbereiter für eine neue Wahrnehmung sein könne. Dabei gelte, dass eine Erkenntnis nur dann zur geistlich tragenden Wahrheit werde, wenn sie die Rahmengestalt der Liebe kenne (Eph 4,13).

Im Folgenden umreißt der Verfasser sein Bibelverständnis, indem er seine grundsätzlichen Thesen vorgibt und sie beschreibt:

1. Wir nehmen die Bibel ernst als Gotteswort und Menschenwort.

2. Die Heilige Schrift legt sich selbst aus.

3. Wir unterstellen bis zum Beweis des Gegenteils die Einheitlichkeit und Widerspruchslosigkeit der einzelnen Texte zur Sache.

4. Wir legen die Heilige Schrift von ihrer Mitte zu ihren Rändern und von den hellen zu den dunklen Stellen hin aus.

„*Wir werden im Blick auf die zentralen Aussagen nicht streiten können, uns im Blick auf mehr am Rande liegende Fragen streiten, aber eben nicht zerstreiten dürfen, vielmehr im Ganzen den Spielraum anerkennen müssen, den die Bibel – bei allem Bemühen um die Rekonstruktion der Paulus vor Augen stehenden einheitlichen Regelung – als theologisch normativen Sachverhalt zu erkennen gibt.*“[305]

In der Beleuchtung des exegetischen Befundes verengt der Verfasser seine Arbeit bewusst auf 1. Kor 14,33b-36 und 1. Tim 2,8-15. Indem er einräumt, dass es zahlreiche Textvarianten gäbe und die Zuordnung von den Versen 34 und 35 in 1. Kor 14 in den Handschriften durchaus differiere, unterstreicht er auf der anderen Seite, dass es jedoch keine einzige gäbe, in der diese Verse grundsätzlich fehlten, sodass er die hier gern angesetzte Interpolationstheorie nicht stützen könne. Da zudem diese Passage inhaltlich auch von anderen Paulustexten getragen werde, nimmt er generell von textkritischen Argumenten Abstand.

Da es nicht angenommen werden könne, dass sich der Apostel innerhalb weniger Kapitel (vgl. 1. Kor 11,5) inhaltlich massiv widerspricht, könne es ihm in der „*mulier taceat in ekklesia*“-Äußerung sicher nicht um ein generelles Redeverbot für Frauen in der öffentlichen Gemeindeversammlung gegangen sein. Vielmehr sehe er in dem kritisierten „*lalein*“ – reden – eine sich anbahnende Verhaltensweise der Frauen, durch die sie sich über den Mann erheben und somit die vom Gesetz gebotene Unterordnung unterlaufen würden. Diese Mahnung beziehe sich also nach dem Kontext auf die Beurteilung der prophetischen oder glossolalischen Rede durch Frauen, womit sie sich über den betreffenden Mann stellen und somit den Ordnungen Gottes widerstreben würden. „*Sie ordnen sich nicht unter, sondern über.*“[306]

Ähnliche Hintergründe sieht der Verfasser auch in 1. Tim 2,8-15. Schon in der exakten Übersetzung werde deutlich, worum es dem Apostel geht. Vers 12: „*Zu lehren gestatte ich ihr aber nicht, auch nicht, den Mann zu beherrschen – wörtlich: ihm gegenüber eigenmächtig zu handeln.*“ Paulus gehe es darum, dass auch in der Gemeinde geschlechtsspezifische Zuordnungen wahrgenommen würden. Zur Begründung argumentiere er in dreifacher Weise: Er verweise auf das sittliche Empfinden (V. 10), greife auf die Schöpfung zurück (V. 13) und beziehe sich schließlich auf den Sündenfall (V. 14b). Dabei werde deutlich, dass es bei dem untersagten Lehren der Frau um eine Form des Herrschens über den Mann gehe.[307] Das Lehren der Frau als autoritatives Binden verletze offenbar das gottgewollte Verhältnis der Unterordnung, in der Paulus die Frau dem Mann gegenüber von der Schöpfung her sehe. Wo immer also das Lehren als letztgültiger autoritativer Akt begriffen werde, beinhalte es eine Ebene des Herrschens, die der Apostel der Frau aufgrund ihrer Berufung zur Unterordnung nicht zugestehen könne.

Der Apostel sehe die Frau offenbar in der Gefahr, die schöpfungsgemäße Ordnung Gottes zu verlassen und über den Mann zu dominieren, ihn mit ihrem Verhalten zu prägen. Darum seine deutlichen Mahnworte. Wenn Paulus nun daran erinnere, dass der Mann von Gott selbst als das „Haupt“ (kephale) für die Frau eingesetzt sei, so unterstreiche er damit nicht eine Machtstruktur nach den Prinzipien der gefallenen Schöpfung, sondern umschreibe vielmehr ein Liebesverhältnis, wie er es in der Drei-Einheit Gottes vorgebildet sehe. „*Wir stehen vor der ungeheuren und weitreichenden Behauptung, dass das Verhältnis von Mann und Frau in seiner kephalen (Haupt-)Struktur die göttliche Dreieinigkeit selbst abbildet, ja sogar fortsetzt. Wie Christus zu Gott gehört, so gehört der Mann zu Christus, und so gehört die Frau zum Mann.*“[308]

Als Folgerungen dieser exegetischen Untersuchung kommt der Verfasser zu folgenden Konsequenzen:

Der christliche Glaube sei nicht frauenfeindlich. Die vorhandenen Texte machten deutlich, dass es nicht um eine Einschränkung des Dienstes der Frau gehen könne, sondern vielmehr um die Befreiung ihres Wirkens. Wie alle Christen seien auch Frauen mit Heiligem Geist erfüllt worden, ihnen seien Geistesgaben anvertraut worden, sie seien Mitarbeiterinnen des Reiches Gottes. Aufgrund des Diakonen-Amtes sei ihnen eine breite Mitwirkung am öffentlichen Verkündigungsdienst zugesichert, der sich in den vielfältigen Spektren des prophetischen Wortdienstes äußere.[309] Da das Lehrverbot für Frauen im NT nicht absolut gelte (Tit 2,3f; Kol 3,16; Hebr 5,12), es zudem auch nicht mehr genau beschrieben werden könne, was Lehren umfasse,[310] sucht der Verfasser dieses Lehren aus dem 1. Tim als *„autoritative Traditionsweitergabe in autorisierten Positionen“*[311] zu beschreiben. Aus dieser Festlegung werde verständlich, warum auch Jesus keine Frauen in den Jüngerkreis berufen habe, obwohl er viele Mitarbeiterinnen gehabt habe. Denn *„die Traditionsweitergabe vollzieht sich von Mose über die Propheten bis hin zu Jesus als Lehrer, der seine Jünger schon vorösterlich mit dem Lehren beauftragte“*.[312] Da ein solch gestaltetes Lehren im reformatorischen Sinne auch ein Leiten sei, sieht der Verfasser eine grundsätzliche Schranke für den Dienst der Frau dort, *„wo Frauen durch ihr Amt einen Mann beherrschen, dominieren, charakterisieren und damit dem Willen Gottes für das Verhältnis von Mann und Frau widersprechen würden“*.[313]

Allerdings sieht der Verfasser diese Erkenntnis auch in deutlicher Spannung zum Dienst der Phöbe, die immerhin von Paulus als *prostates* (Vorsteherin) empfohlen werde, was auch im Lateinischen nichts anderes als eine Patronin meine.

Auf diesen Hintergründen billigt Hempelmann den Frauen in den Gemeinden breite Verkündigungsdienste zu und versteht ihre Mitarbeit in Leitungsgremien als durchaus theologisch legitim, verweist aber auf folgende Einschränkungen:

„Eine Frau sollte darum nicht allein und nicht primär den regelmäßigen Dienst der die Gemeinde lehrmäßig vor allem bestimmenden Wortverkündigung tun. Es wäre aber ebenso unbiblisch, sie von diesem Dienst auszuschließen.“[314]

„Im Gehorsam gegenüber der in der Bibel mitgeteilten und von

Christus gelebten kephale-Struktur bitten wir die Frauen, auf die Leitungsfunktionen zu verzichten, die sie in Konflikt bringen könnten mit dem Gebot, sich unterzuordnen, und dem Verbot, über den Mann zu herrschen, ihn zu dominieren."[315]

8. Das Positionspapier des Evangelischen Gemeinschaftsverbandes Siegerland

In einer Zeit des geistlichen Aufbruchs entstanden in der Mitte des 19. Jahrhunderts überall im Siegerland in den Evangelischen Kirchengemeinden kleine, geistlich lebendige Zellen, die sich bereits 1853 zum *Verein für Reisepredigt* – heute *Evangelischer Gemeinschaftsverband* – organisierten. Seine 92 Gemeinschaften und Hauskreise werden derzeit von fünf Predigern versorgt, deren geistlicher Dienst von einer starken ehrenamtlichen Mitarbeiterschaft unterstützt wird. Als Zentrum des Verbandes gilt die nach dem Zweiten Weltkrieg wieder aufgebaute „Hammerhütte" in Siegen, in der rund 2000 Menschen Platz haben. Hier finden auch die zentralen Veranstaltungen des Verbandes statt wie Mitarbeiterrüsten, Jahresfeste, Missionsfeste und diverse Konferenzen.

Bereits 1988 verabschiedete der Vorstand des Gemeinschaftsverbandes sein Arbeitspapier *Die Frau in der Gemeinde Jesu*[316], um die intern aufgebrochenen Fragen des Dienstes der Frau in den Gemeinden theologisch aufzuarbeiten. Denn die Überzeugungen der emanzipatorischen Frauenbewegungen hätten längst auch in den Gemeinden ihren Niederschlag gefunden, sodass sich aufgrund dieser Einflüsse vielerorts *„die moderne und fortschrittliche Frau in Stellungen hineindrängte, die den biblischen Aussagen nicht mehr entspricht"*.[317] Aber auch die Haltung des Mannes habe an dieser Entwicklung eine eklatante Mitschuld, so stellt der Autor fest, *„der nicht mehr bereit ist, der ihm von Gott gegebenen Verantwortung und Führungsaufgabe in Familie, Gesellschaft und Gemeinde nachzukommen"*.[318] Die Lösung dieser Probleme ist für den Verfasser einfach und selbstverständlich zugleich. Bereits in der Einleitung wird expressis verbis darauf hingewiesen, dass *„durch Studieren des Wortes Gottes – mittels genauen Lesens und gehorsamen Hörens – wir zu* *einem schriftgemäßen Gemeindeleben finden wollen".*[319] Bei dieser Zielsetzung allerdings verzichtet die vorgelegte Arbeit bewusst auf die Darlegung der geschichtlichen Rahmenbedingungen und historischen Zusammenhänge, auf deren Hintergrund Weisungen der Bibel dem modernen Menschen letztlich erst zugänglich und verständlich werden. Stattdessen sucht der Verfasser die Autorität der Bibel dadurch betont einzubringen, indem er in ihr ein zeitloses Dokument Gottes sieht.[320]

Seine Hauptthese, die sich durch alle Fragestellungen hindurchzieht, ist hingegen plausibel und eindeutig zugleich: „*Gleichwertigkeit und Verschiedenartigkeit sind die beiden Hauptkriterien, die bei diesem Thema ‚Die Frau in der Gemeinde' zu beachten sind.*"[321] Mann und Frau seien vor Gott absolut gleichwertig, aber eben nicht gleichartig, sondern gerade darum erfrischend unterschiedlich, weil sie zur wechselseitigen Ergänzung gerufen seien. Beide, Mann und Frau, seien gleichermaßen erlösungsbedürftig und fänden beide ihr Heil allein in Christus. Doch ihre Verschiedenheit auf der körperlichen, seelischen und geistigen Persönlichkeitsebene habe zur Folge, dass Gott ihnen unterschiedliche Aufgaben zugedacht habe, was keineswegs verletzend interpretiert werden dürfe.[322] „*Die Gleichwertigkeit von Mann und Frau schließt keineswegs ihre Gleichartigkeit ein, aber umgekehrt wird auch keineswegs durch die Verschiedenartigkeit von Mann und Frau ihre Gleichwertigkeit in Frage gestellt.*"[323] Diese Position sieht der Verfasser in grundlegender Bedeutung vor allen Dingen in der Schöpfungsordnung Gottes bestätigt. So würden Mann und Frau gleichermaßen von Gott geschaffen, beide erhielten die Würde, Ebenbild Gottes zu sein, erst zusammen repräsentierten sie die Gattung Mensch. Schließlich seien beide beauftragt worden, fruchtbar zu sein und über die gesamte Schöpfung zu herrschen. Selbst der Auftrag, für den Partner Hilfe zu sein, träfe beide Geschlechter gleichermaßen. Denn der hier gebrauchte Begriff werde in der maskulinen Form gebraucht, was nichts anderes bedeute, als dass Mann und Frau einander zur Hilfe bestellt seien, womit ihre Ergänzungsbedürftigkeit, aber auch ihre Gleichwertigkeit unterstrichen werde. Jedoch wird wenig später festgestellt: „*Die Frau ist aus dem*

Mann genommen und für ihn als Ergänzung und Hilfe geschaffen. Die Umkehrung dieser Relation in der Weise, dass gesagt wird, der Mann sei aus der Frau und für die Frau geschaffen, ist nicht möglich.“[324]

Allerdings dokumentierten die Texte auch deutlich die Verschiedenheit der Geschlechter, denn gerade die Ergänzungsbedürftigkeit setze ja ihre Verschiedenheit voraus. So seien Mann und Frau unterschiedlich geschaffen, worin zugleich verschiedenartige Ebenen des Lebensauftrages mitschwingen würden: „*Der Mann ist aus Ackererde gebildet, deren Bearbeitung und Bebauung ihm von Gott anvertraut ist. Die Frau ist aus der Rippe des Mannes geschaffen, dessen Hilfe zu sein die ihr von Gott gesetzte Lebensaufgabe ist.*“[325] Während die Frau ihre grundsätzliche Lebensverwirklichung in der Mutterschaft fände, sieht der Verfasser den Mann dazu berufen, seine Welt geistig zu erfassen, gelte er doch als erster Gesprächspartner Gottes und werde zudem beauftragt, den Tieren Namen zu geben.[326] In dieser Tatsache sieht der Verfasser eine deutliche Überordnung des Mannes über die Frau.[327] Mehr noch: Weil Gott dem Manne das Verbot gegeben habe und Eva es erst durch Adam kennen gelernt habe, meint der Verfasser theologisch legitim zu folgern, „*dass nach der göttlichen Schöpfungsordnung der Mann der Empfänger und Verkündiger des Wortes Gottes ist*“.[328]

In dieser Grundüberzeugung sieht er auch das Geschehen des Sündenfalls, wenn er Werner Neuer mit den Worten zitiert: „*Adams Schuld beim Sündenfall bestand darin, dass er seine ihm von Gott aufgetragene geistliche Führungsaufgabe verleugnete und sich statt dem Gebot Gottes der Führung seiner Frau unterordnete. Die Sünde Adams besteht also nicht nur in der Übertretung des Gebotes Gottes, sondern auch in der Verkehrung seiner schöpfungsgemäßen Stellung gegenüber Eva.*“[329] Auf diesem Hintergrund kommt das Papier zu dem Schluss, dass der bis heute währende Geschlechterkampf bereits in der Ursünde Adams seinen Bezugspunkt habe: Adam habe sich der religiösen Initiative und der Führung seiner Frau untergeordnet und insofern der „*Verdrehung der göttlichen Schöpfungsordnung*“ Vorschub geleistet.[330]

Die gottgewollte Hierarchie: Gott – Mann – Frau – Tier sei im

Sündenfall auf den Kopf gestellt worden. Die Schlange habe Macht über die Frau gewonnen, die Frau über den Mann, wodurch Gottes Autorität aus den Angeln gehoben worden sei. Folgerichtig habe Gott zum Schutz der Menschen nach dem Sündenfall die Ordnungsstruktur wiederherstellen müssen, indem er bewusst dort ansetze, wo sie zerstört wurde, nämlich in der Unterordnung der Frau ihrem Mann gegenüber (Gen 3,16).

Das ganze AT sei von der Verschiedenartigkeit von Mann und Frau geprägt, bei festgehaltener Gleichwertigkeit. So würden nur die Männer aufgefordert, zu den großen Festen Israels zum Heiligtum zu reisen. Auch könnten nur sie Priester werden, sei es doch der Mann gewesen, der den geistlichen Führungsauftrag erhalten habe. Allerdings werde gerade auch in polygamen Verhältnissen die zunehmende Minderbewertung der Frau und ihre Unterdrückung als Folge der Sünde deutlich vor Augen gestellt. Auch die Scheidungspraxis, die die Frau zum austauschbaren Lustobjekt des Mannes degradiert habe, sei ein erschütternder Beleg, dass Gottes Prinzip der Gleichwertigkeit von Mann und Frau bei betonter Verschiedenartigkeit durch die Sünde der Menschen zerstört worden sei.

Erst Jesus Christus habe die Frau wieder zu ihrem schöpfungsgemäßen Standard aufgewertet. Während im jüdischen Rabbinat die Frau mit den Sklaven auf eine Stufe gestellt, sie in der Synagoge nicht mitgezählt und vor Gericht als Zeugin nicht zugelassen worden sei, habe Jesus gegen diese Entwertung der Frau aufbegehrt, indem er sie zu seinen Gesprächspartnern gemacht, sie gelehrt, sie als Glaubensschwestern in seinem Gefolge geführt, ihre Gastfreundschaft gern angenommen habe und nicht zuletzt dankbar darüber gewesen sei, dass sie ihm mit ihrer Habe dienten. Allerdings, so der Verfasser, habe bei aller Wertschätzung Jesus dennoch an der unterschiedlichen Beauftragung von Mann und Frau festgehalten, sodass er in den Zwölferkreis keine Frau berufen habe. Auch unter den siebzig Jüngern sei offenbar keine Frau gewesen, wie auch beim letzten Abendmahl nach den vorliegenden Berichten keine Frau zugegen gewesen sei. *„Das weist darauf hin, dass Jesus, der bei dieser letzten Mahlzeit mit seinen Jüngern das*

Herrenmahl einsetzte, die geistliche Führungsaufgabe in seiner Gemeinde offensichtlich nur Männern übertragen hat."[331]

Der Autor sieht die Linien der Gleichwertigkeit bei gottgewollter Verschiedenartigkeit auch in den neutestamentlichen Gemeinden konsequent aufgenommen. Im NT läsen wir viel von wechselseitiger Achtung und Ehrehrbietung, die selbstverständlich auch den Frauen gebühre (z.B. Gal 3,27-28; Röm 10,12; 1. Kor 12,13; Kol 3,11; Phil 2,3). Dennoch werde an der Verschiedenartigkeit der Geschlechter festgehalten und ihre unterschiedlichen Beauftragungen unterstrichen, was nirgends als Diskriminierung der Frau empfunden werde. Darum ist es nur verständlich, wenn der Autor „*Einschränkungen für den Dienst der Frau in der Gemeinde Jesu*"[332] an den unterschiedlichen Texten festmacht und sie für die moderne Gemeinde als gültig interpretiert. Wenn es dem Apostel auch selbstverständlich sei, dass Frauen im öffentlichen Gottesdienst beten und gemäß ihren Gaben reden (1. Kor 11, 2-16), so sei das Schweigegebot für sie im Rahmen einer guten Gemeindeordnung ausgesprochen. Es ist wohl nach der Erkenntnis des Verfassers nicht der eigentliche Sinn, wenn diese Passage lediglich ein ungeordnetes Dazwischenrufen unterbinden solle. Auch die Interpretation, dass es dem Apostel um das Beurteilen der Geistesgaben ginge, woran Frauen sich nicht beteiligen sollten, da es sich hierbei um ein „*autoritatives, lehrmäßiges Prüfen der Lehren in der Gemeinde*" handele, lässt der Verfasser nicht gelten.[333] Vielmehr macht er darauf aufmerksam, dass das griechische Wort für schweigen „*sigao*" dreimal in diesem Abschnitt vorkomme (Verse 28.30.34), wobei es immer „*ein absolutes Schweigen, einen Verzicht auf jede verbale Äußerung*" meine. So solle der Zungenredner in der genannten Situation völlig schweigen, der Prophet in der genannten Situation völlig schweigen und eben auch die Frauen in der Gemeindevollversammlung völlig schweigen. „*Die Bedeutung der Wörter und der Textzusammenhang lassen ein begrenztes Schweigegebot hier nicht zu.*"[334]

Der Verfasser entscheidet sich für die Interpretation, dass Frauen wohl im Gemeindeleben öffentlich beten und reden dürften (Kap. 11), dass aber das Schweigegebot für sie gelte, wenn die ganze Gemeinde zusammen ist. „*So bedeutet diese Anweisung keine Entehrung oder Minderbewertung der Frau, sondern vielmehr eine Bewahrung der Ehre und der Würde der Frau*“[335] – denn schließlich würde sie in diesem Verhalten die von Gott zugewiesene Stellung und ihren Platz einnehmen.

Auch das Lehren in 1. Tim 2,11-15 ist offenbar eine Tätigkeit, die der Verfasser nicht in die Kompetenz der Frau stellen kann, da dies hier angesprochene Lehren von anderen Glauben und Gehorsam erwarte und insofern eine Führungstätigkeit in der Gemeinde anspräche. Das aber könne der Apostel den Frauen nicht zugestehen, da so ihre Unterordnung unter den Mann fraglich würde. Der Verfasser schließt seine Diskussion mit der Bemerkung:

„*In den oben untersuchten Bibelstellen werden so Mann und Frau hingewiesen auf die ihnen von ihrem Schöpfer gegebene Lebensaufgabe. Die Männer werden neu aufmerksam gemacht auf die geistliche Führungsaufgabe, die ihnen übertragen ist. Sie sollen sich ganz neu ihrer Verantwortung in Familie und Gemeinde bewusst werden und auch dementsprechend handeln. Die Frauen werden ebenso ganz neu hingewiesen auf ihre zentrale Lebensaufgabe des Mutterseins mit allem, was dazugehört. Dieser Aufgabe sollen sich die Frauen zuwenden, denn darin liegt die Ehre und die Würde, die das Frausein ausmacht. Sehr deutlich geht aber aus den besprochenen Bibelstellen hervor, dass die Leitung der Gemeinde und die Verantwortung für die Gemeinde ausschließlich in den Händen von Männern liegt.*“[336]

9. Resümee

Wenn es auch im Rahmen dieser Arbeit nicht möglich ist, ein umfassendes Bild der Überzeugungen des gesamten Pietismus zu präsentieren, so sind doch die Äußerungen der ausgewählten Verbände vielsagend genug, um festzustellen, dass in der so genannten „Frauenfrage“ der innerkirchliche Pietismus nicht mit *einer* Stimme redet. Vielmehr scheinen die aus der gleichen Bibel resultierenden exegetischen Befunde wie auch die darin wurzelnden Konsequenzen bunt wie ein Papagei. Diese Farbenpracht würde sicher noch um ein Vielfaches ergänzt werden können, wenn sich alle Verbände dieses Themenkreises annehmen und ihre Ergebnisse darlegen würden. Allein in den aufgegriffenen sieben Verbänden kommt uns eine plurale Vielfalt der theologischen Erkenntnisse und Meinungen entgegen, die nur wenig Lehrhomogenität im Pietismus vermuten lassen. Offensichtlich haben die pietistischen Lehrautoritäten der Vergangenheit in der modernen Glaubenswelt an prägendem Einfluss verloren. Denn von einer restriktiven, geradezu erdrückenden Enge dirigistischer Gesetzlichkeit bis zu einer schier grenzenlosen Weite variiert das Frauenbild im Pietismus.

Zwischen beiden Polen aber erstreckt sich in detaillierten Einzelfragen eine geradezu unübersehbare Vielfalt an Erkenntnissen, Deutungen und eigengeprägten Verständnishorizonten. Offenbar scheinen zumindest in dieser Frage gruppenspezifische Vorverständnisse, gewachsene Traditionen und subjektive Gefühlslagen sehr viel erheblicher theologisches Denken beeinflusst zu haben, als man sich dies eingestehen möchte. Wo aber bereits theologische Einsichten derartige unterschiedliche Linienführungen erkennen lassen, kann die praktische Ausgestaltung in den Lebensbezügen der Gemeinden nicht minder vielfältig sein.

Nicht ohne augenzwinkernde Ironie bündelt der Präses des Evangelischen Gnadauer Gemeinschaftsverbandes seinen bunten Blumenstrauß aus vorgefundenen lebensnahen Überzeugungen, wenn er resümierend schreibt:

„a) Frauen dürfen in der Versammlung weder reden noch beten. Der Satz wird konsequent durchgehalten: Das Weib schweige in der Gemeinde (1. Kor 14).

b) Frauen dürfen zwar in der Gebetsgemeinschaft mitbeten, aber zu verkündigen ist ihnen untersagt.

c) Frauen dürfen öffentlich reden, das aber nur vor Frauen und Kindern, denn die Frau hat dem Mann untertan zu sein.

d) Frauen dürfen auch vor Männern predigen und lehren, aber weil das eigentlich nicht zulässig ist, wird das dann mit einem anderen Etikett versehen: Zeugnis geben, Erfahrungsbericht vortragen etc.

e) Frauen dürfen zwar im Sinne des Weitergebens von Tradition lehren, dürfen jedoch keine Lehrentscheidungen treffen.

f) Frauen dürfen zwar Missionarinnen, Jugendreferentinnen, Diakonissen und Diakoninnen sein, aber Pfarrerin dürfen sie nicht werden.

g) Frauen dürfen in der Jugendarbeit leiten, verkündigen und lehren. Aber wenn die älter gewordenen Jugendlichen aus der Jugendarbeit heraustreten, ist das, was sie in diesem Bereich getan und an Erfahrung gewonnen haben, im neuen Bezugsrahmen nicht mehr gefragt.

h) Frauen dürfen zwar Pfarrerin werden. Aber das Bischofsamt bleibt ihnen verschlossen.

i) Diakonissen dürfen predigen. Aber „zivile" Frauen dürfen es nicht.

j) Frauen dürfen getrost verkündigen und lehren, aber ein Leitungsamt steht nur Männern zu.

k) Frauen dürfen zwar zum Pfarrdienst ordiniert werden, ohne aber eine – ‚autoritative Lehr- und Leitungsfunktion in der Gemeinde' auszuüben, weil dadurch ‚eine Gefährdung der Unterordnung unter den Mann verbunden ist'.

l) Eigentlich dürfen Frauen weder verkündigen noch lehren und leiten. Aber im Notfall, z.B. in Kriegs- und Nachkriegszeit, dürfen sie als Vertretung fungieren.

m) Frauen dürfen uneingeschränkt alle Ämter ausüben. So haben einige unserer Verbände Predigerinnen.

Dieser Katalog von 13 Positionen lässt sich, so nehme ich an, noch um einige Varianten vermehren. Darin deutet sich die Bandbreite an, die wir in dieser Frage in der Gemeinschaftsbewegung, aber auch im gesamten evangelikalen Lager haben. Der Bibel verpflichtete Christen, die uns geistlich eng verbunden sind, nehmen unterschiedliche, ja oft gegensätzliche Positionen ein. Jeder unter uns, aber auch jeder unserer Verbände und Werke, hat innerhalb dieses Spektrums seinen Platz." [337]

Der deutsche Pietismus leidet unzweifelhaft, zumindest in der Einschätzung des biblischen Votums zur Frauenfrage, an einem schwer zu überwindenden Dissens. Alle nur denkbaren Positionen haben in den unterschiedlichsten Gemeinschaftsverbänden Heimat gefunden und werden weithin wie selbstverständlich als „*bibeltheologische Überzeugung*“ hochgehalten. Da so viel Forschungsarbeit und zuweilen auch als würdig empfundene Verbandstraditionen hinter den persönlichen Erkenntnissen stehen, ist dieser Themenbereich größtenteils emotionalisiert und für neue Verstehenselemente kaum zugänglich. Selbst grundsätzlich anerkannte Lehrautoritäten wie etwa der *Evangelische Gnadauer Gemeinschaftsverband* als Dachverband des innerkichlichen Pietismus haben es schwer, das Eis fest gefügter Erkenntnistheorien zum Schmelzen zu bringen, geschweige denn, notwendige Korrekturen einzubringen. Dennoch wird der Pietismus nicht daran vorbeikommen, sich solchen Korrekturen aufgeschlossen zu stellen, wird er doch von einer neuen Glaubensgeneration kritisch daran gemessen werden, ob die Lehraussagen seines Evangeliums in den Prämissen einer neuen Zeit noch lebbar sind.

VI. Schlussbesinnung und Ausblick

Wer sich heute zur Aufwertung der weiblichen Rolle in Kirche und Gesellschaft zu Wort meldet, ganz gleich auf welchem Gebiet, der darf sicher sein, dass ihm aus allen gesellschaftlichen Lagern offener Zuspruch entgegenkommen wird. Emanzipatorische Vorstellungen, die sich vehement gegen jeden Anschein einer Vormachtstellung des Mannes zur Wehr setzen und schon darin eine potenzielle Frauenfeindlichkeit wittern, wenn in der Bibel zuweilen Männer vor den Frauen genannt werden – solche Überzeugungen liegen in der Tat völlig im Trend unserer Zeit.[338] Das bedeutet aber auch in der Praxis, dass patriarchale Lebensüberzeugungen als gründlich überholt gelten und in einer aufgeschlossenen humanen Welt keinerlei Chance haben, auch nur einigermaßen ernst genommen zu werden. Dieses Denken wurzelt nicht nur in den geistigen Konzepten der Aufklärung mit ihrer Forderung nach konsequenter Gleichheit, sondern es hat sicher auch seine Gründe in den Erfahrungswerten aus der älteren und jüngeren Geschichte.

Auf dem Hintergrund eines solchen Zeitgeistes hören wir geradezu schon jene Stimmen, die äußerst scharf in großer Selbstsicherheit in den Ergebnissen dieser Arbeit nichts anderes sehen können als eine platte Anpassung an den gesellschaftlichen Trend, eine Art religiöse Absegnung des schon längst gelebten neuen Rollenverständnisses der Frau, einen Theologismus also, den man beschuldigt, das Wort der Bibel dem Geist der Zeit gefügig zu machen.

Aber wie kaum eine andere geistliche Bewegung hat gerade der reformatorische Pietismus die Frage nach den tragenden Fundamenten für Glauben und Leben der Christenheit unentwegt ins Gewissen geschoben und für sich selbst überzeugend beantwortet. Der Pietismus verstand sich immer als kirchliche Bibelbewegung, die gerade in Zeiten der unterschiedlichsten theologischen Geistesströmungen eine gewisse Wächterrolle wahrnahm. Ob es da um die protestantische Orthodoxie ging, die ihre theologischen Grundlagen bereits im späten 16. Jahrhundert erhielt,[339] um den von der Aufklärung geprägten Liberalismus[340] oder auch um die neurationalistische Theologie unserer Tage: Immer war es der Pietismus, der unbeirrt auf die Gültigkeit der Heiligen Schrift verwies und seinen Zeitgenossen das reformatorische *„sola scriptura"* – allein die Schrift – in Erinnerung rief. Denn nach pietistischer Erkenntnis ist die Lehre nur dann in Wahrheit christliche Lehre, wenn sie sich der Autorität der Bibel verpflichtet weiß. Christliche Ethik ist nur dann wirklich christliche Ethik, wenn sie zu Einstellungen und Handlungen führt, die den Geist der Heiligen Schrift erkennen lassen.

So nimmt der Pietismus für sich in Anspruch, dass er eine geistesgeschichtliche Bewegung ist, die in den Fragen der Lehre, des Glaubens, des Handelns und der persönlichen Frömmigkeit ihre Lebenskraft aus dem Offenbarungswort der Bibel schöpft. Voraussetzung dieser Vertrauenshaltung ist freilich ein Schriftverständnis, das von der Überzeugung getragen ist, dass die Bücher der Bibel von Gottes Geist inspiriert sind (vgl. 2. Tim 3,16) und darum Autorität für alle Menschen, zu allen Zeiten und in allen Kulturräumen beanspruchen.

Angesichts derart eindeutiger Positionen zur Frage nach den geistlichen Fundamenten, der weithin bejahenden Haltung der Väter des Pietismus zum Dienst der Frau in der Gemeinde, aber auch angesichts der beeindruckenden Lebenswerke pietistischer Frauen ist es nur schwer zu begreifen, warum der moderne Pietismus in seiner Haltung ausgerechnet zum Dienst der Frau, wie im vorigen Kapitel dargelegt, nicht mit einer Stimme sprechen kann, sondern in sich zerrissen zum Teil äußerst kontroverse Überzeugungen vertritt. Zugegeben: Diese uns hier bewegende Thematik ist sicher nicht von heilsnotwendiger Bedeutung, immerhin aber von erheblicher gesellschaftlicher Relevanz wie auch von praktischer ekklesiologischer Tragweite. Sicher mag es zu diesem auffälligen Konflikt wichtige Erklärungsvarianten geben, die manchmal ihren Grund lediglich in einer beängstigenden Geschichtsignoranz haben, zuweilen aber auch nur in markanten biografischen Merkmalen einzelner Theologen zu suchen sind. Die auffälligste Begründung aber für die auseinander strebenden Überzeugungen scheint in den unterschiedlichen Schriftverständnissen zu liegen, die als Auslöser für die divergierenden dogmatischen Erkenntnisse verantwortlich sind.

Dieses Dilemma basierte leider oft genug in einer wortlosen Verweigerungshaltung hinsichtlich der Herausforderungen theologischer Arbeit. Viel zu lange hat man die Lehre als Gegensatz zum geistlichen Leben verstanden, Theologie gegen das persönliche Bekenntnis des Glaubens gesetzt und es folglich über Jahrzehnte versäumt, gesunde, bibel-theologische Lehre zu artikulieren. Doch gerade im Pietismus hätte man es wissen müssen, dass Gottes Wort niemals müheloser Besitz ist. Jeder Generation ist es neu aufgetragen, das Wort der Schrift betend und zugleich wissenschaftlich forschend für die aktuelle Zeit zu interpretieren, ohne der Versuchung zu erliegen, die Wahrheit der Schrift kurzweiligen Trends der Zeit zu opfern. Im Kontrast zur theologischen Reflexion hat sich im Pietismus weithin ein Schriftverständnis durchgesetzt, das als „bibeltreu“ beschrieben wird, wobei man kontextlos in Schlichtheit das glaubte und zu leben suchte, was dem individuellen Hören auf die Schrift entsprang.

Dabei ignorierte man jedoch fundamentale Verstehensvoraussetzungen, ohne die kaum ein Text im Sinn des göttlichen Verfassers und die der menschlichen Schreiber verstanden werden kann. Denn das Wort der Heiligen Schrift hat immer einen konkreten geschichtlichen Bezug, spricht ursprünglich in eine spezifische Situation hinein, ist insofern eben auch immer geschichtliches Wort. Darum wird es auch nur dann seine eigentliche Stoßrichtung der ursprünglich gewollten Mitteilung preisgeben, wenn es gelingt, die geschichtlichen Rahmenbedingungen, also den *„Sitz im Leben“*, zu rekonstruieren. Soziologische, kulturelle, geistesgeschichtliche, juristische und nicht zuletzt religiöse Hintergründe der ursprünglichen Adressaten sind wahrzunehmen, um wirklich verstehen zu können, welche Ziele die Autoren im Auftrag Gottes mit einem konkreten Text verfolgten. Hier ist forschende Theologie gefragt, die sich um die konkreten Umstände der Zeit müht, die Charakteristika des von Gott gebrauchten irdischen

Verfassers bedenkt, um so das ursprüngliche Anliegen zu erhellen. Nur auf diesem Hintergrund wird die Botschaft der Bibel für den modernen Menschen transparent, verstehbar, annehmbar und schließlich lebbar.

Aber nicht nur jener sozio-kulturelle Kontext bildet eine wesentliche Voraussetzung zu einem gottgewollten Hören und Verstehen. Da sich kein authentischer Urtext im Besitz der Menschheit befindet, sondern lediglich Abschriften und Übersetzungen, ist das vergleichende Forschen mit den vorhandenen Überlieferungen eine eminent wichtige Aufgabe wissenschaftlicher Arbeit, die letztlich das Ziel verfolgt, einen dem Urtext möglichst nahe kommenden Wortlaut zu erstellen. In diesem Sinne – und wirklich nur in diesem – kann die moderne Textkritik ein sinnvolles Instrument sein, hat sie sich doch als Ziel gesetzt, die ursprünglichen Texte von fremden Einschüben, wie von Abschreibe- und Übersetzungsfehlern zu befreien, um schließlich die dem ursprünglichen Text wahrscheinlichste Variante zum Klingen zu bringen.

In solchem Mühen nach der rekonstruierten Ursprünglichkeit biblischer Texte ist sicher auch das Erkennen einer Vielfalt von Literaturformen ein durchaus hilfreiches Instrument. Uns scheint, dass die vom Pietismus geforderte Herzensfrömmigkeit des Einzelnen, die ohne Zweifel von erheblicher biblischer Relevanz ist, eine ausgesprochen dunkle Kehrseite kennt, nämlich die einer phasenhaft vernachlässigten theologischen Lehrkultur. Und das nicht etwa aus dem Motiv menschlicher Trägheit, sondern fatalerweise eher aus Ehrfurcht vor dem göttlichen Wort. So wurde das neue Leben betont, ohne gründlich genug das Wort des Lebens, das das neue Leben zeugt und nährt, zu erforschen. Die individualistische Fragestellung: „Was hat das Wort mir zu sagen?" erfuhr im Pietismus leider eine vorgeordnete Betonung gegenüber der Frage: „Was steht denn eigentlich da?"

Ein solch unbekümmertes Schriftverständnis aber, das sich nicht mehr um die ursprüngliche Intention des Textes müht, steht immer in Gefahr, Texte der Bibel den Verstehensvoraussetzungen des Lesers anzupassen und somit einer individualistischen Erkenntnisvielfalt Vorschub zu leisten. Wer auf die Auseinandersetzung mit der wissenschaftlichen Forschung verzichtet, gerät, auch wenn man sich der Führung des Heiligen Geistes anvertraut, jedoch tragischerweise oft genug in einen starren, dogmatisierenden Biblizismus, der nicht selten in eine tötende Werkgerechtigkeit, in eine gesetzliche Strenge und Enge leitet. Auf diesem Wege wird die Bibel zwangsläufig zu einem unbarmherzigen Despoten, der Gottes Liebe vernebelt, um die Menschen unter einen grenzenlosen Pflichtenkatalog zu zwingen. Christsein wird dann zu einem Produkt der subjektiven religiösen Erkenntnisse, zu einem grenzenlosen Meinungspluralismus degradiert, wobei sich die „Festigkeit des Glaubens" an der Bereitschaft erweist, andere Erkenntnisse forsch von sich zu weisen oder gar deren Vertreter mit Ketzerhüten zu versehen.

Damit wir uns recht verstehen: Das Wort der Bibel ist Gottes Heilige Schrift, sein ureigenes Wort.[341] Die Ehrfurcht Luthers vor dem Wort Gottes, die er in der Liedzeile *„Das Wort sie sollen lassen stahn ..."* fasste[342], ist und bleibt fundamentale Voraussetzung für alle ernst zu nehmende theologische Wahrheitssuche und war auch entscheidende Vorgabe für die vorliegende Forschungsarbeit. Heute jedoch erkennen profilierte Theologen des Pietismus immer mehr die gravierenden Schwachstellen und konstatieren, dass das nicht ohne Wächterstolz hochgehaltene *„sola scriptura"* eben nur insofern heilsrelevante Züge behalten wird, wenn es eingebunden bleibt in das zur Demut bewegende *„sola gratia"*. Andernfalls verführt es zur Rechthaberei, motiviert zu Glaubenskämpfen und zu hitzigem Religionsstreit. Dabei setzt es in der Praxis Kräfte frei, die den geistlichen Konsens in der Gemeinde Christi zerstören und somit dem Reich Gottes abträglich sind.

Bei aller Wertschätzung des theologischen Mühens muss andererseits allerdings auch nüchtern gesagt werden – und dies wird uns gerade in den unterschiedlichen Verständnissen einschlägiger Bibeltexte seitens unserer Glaubensgeschwister deutlich –, dass der tiefer liegende Konflikt mit dem grundsätzlich defizitären Standard von uns Menschen zu tun hat. Das Denken und Verstehen, das Aufnehmen und Verarbeiten biblischer Inhalte kennt eben noch den Schatten der diesseitigen Begrenztheit und der

Möglichkeit des Irrtums. Dies gilt auch in der neuen Lebenswirklichkeit unter der Herrschaft des göttlichen Geistes! Diese schlichte Erkenntnis sollte nie unterschlagen werden, wenn es um die Frage nach dem Grund der variierenden Lehrmeinungen geht. Die Enge des geistlichen Verstehens lastet wie ein Verhängnis auf der Menschheit, auch über Menschen, die sich in ihrer Frömmigkeitsprägung dem Pietismus zugetan wissen. Der vom Apostel Paulus zur Sprache gebrachte „Stückwerkcharakter" unserer Erkenntnismöglichkeit (1. Kor 13,9) lässt uns als Theologen demütig und barmherzig zugleich werden, wird es doch erst in der Vollendung des Reiches Gottes möglich sein, auf alle uns bewegenden Fragen eine wirklich letztgültige, definitive Antwort zu erhalten.

Aber nicht nur das variierende Schriftverständnis der Theologen und ihre deutliche Begrenztheit, göttliche Gedanken eindeutig verstehen zu können, verursachen die unterschiedlichsten Ergebnisse. Darüber hinaus sollten wir durchaus auch den Mut haben, offen einzugestehen, dass die Bibel nicht zu allen aktuellen, uns bewegenden Fragen eine ausreichende Antwort parat hält. Viele Fragen, die uns heute umtreiben, waren einfach nicht im Horizont der Menschen, die vor rund zweitausend Jahren lebten. Auch hinsichtlich der so genannten „Frauenfrage" scheint es so, dass die alles überstrahlenden, ganz klaren eindeutigen Töne eher rar sind und die vorhandenen Passagen durchaus für unterschiedliche Interpretationen offen sind. Aufgrund dieser Sachverhalte kann es in der Schlussbesinnung nicht darum gehen, bereits breit diskutierte Positionen noch einmal vertiefend aufzugreifen. Es kann nicht um die Wiederholung oder gar Verschärfung bereits beleuchteter Argumente gehen. Vielmehr soll abschließend der Blick in die Weite gewagt werden.

Der neutestamentliche theologische Horizont soll zum Klingen gebracht werden, die großen grundlegenden Linien sollen aufgegriffen werden, um festzustellen, ob sich der Dienst der Frau in die Grundwahrheiten des Evangeliums harmonisch einfügt oder doch eher als aufgepfropfter ideologischer Fremdkörper begriffen werden muss.[343] Sicher gäbe es hier eine ganze Reihe wichtiger

Lehren, die es wert wären, hinsichtlich der Frage nach dem Dienst der Frau detailliert beleuchtet zu werden. Dennoch soll sich diese Arbeit abschließend nur mit den einleuchtendsten Argumenten beschäftigen, die uns die Einsicht lehren wollen, dass der neue Heilsbund Gottes, den er durch Jesus Christus mit seinen Menschen geschlossen hat, offensichtlich kein Interesse an der Zuteilung geschlechtsspezifischer Sonderrollen hat.

Um allerdings zu dieser Einsicht zu gelangen, benötigen wir Zugang in die zentralsten biblischen Orientierungen über die Absichten Gottes mit seiner Menschheit, eben ein tiefes Verstehen von Gottes Heilsgedanken. Kurz gesagt: Wir benötigen eine Kenntnis des Wesens und der geistlichen Prinzipien dessen, was die Bibel mit dem „Reich Gottes" meint, das Jesus offenbar so wichtig war, dass er es zum alleinigen Thema während seiner vierzigtägigen Lehrtätigkeit zwischen seiner Auferstehung und Himmelfahrt machte (Apg 1,3).

1. Männer und Frauen sind zu „Königen und Priestern" berufen

Wenn Männer und Frauen im Reich Gottes als Könige und Priester bezeichnet werden, hat das für ihr Selbstverständnis und auch für ihre Wirksamkeit weit reichende Folgen.

Bereits die Menschen des alttestamentlichen Bundesvolkes hatten die Hoffnung, dass Gott sich seiner Menschheit noch einmal besonders zuwenden und inmitten dieser Welt seine Herrschaft aufrichten würde. So ließ Sacharja keinen Zweifel daran, dass es zukünftig ein Zeitalter geben werde, in dem *„der Herr König sein wird über alle Lande"* (Sach 14,9). Dabei wurde offenbar die schon einmal in der jüdischen Geschichte erlebte Theokratie erwartet, die sich nun allerdings souverän über den ganzen Erdkreis erstrecken werde (2. Kön 19,15), wobei die Begründung dieses kühnen Gedankens allein in der allmächtigen Schöpferkraft Gottes gesehen wurde. Auch der Prophet Jeremia ließ diese Perspektive des zukünftigen Heils aufleben. Er sprach von einem *„neuen Bund"* (Jer 31,31), den er allein auf Gottes Initiative zurückführte und der dem alten Bund des Gesetzes insofern bei weitem überlegen sein werde, als dass nun der Wille Gottes *„in Herz und Sinn"* der Menschen geschrieben sein werde (Jer 31,33; Hes 11,19). Im Buch des Propheten Daniel schließlich erhält diese neue Heilszeit bereits klarere Konturen. Der Prophet redete offen von einer Person, dem „Menschensohn", dem als Mittler des Heils eine ewig währende Herrschaft von Gott übertragen werde (Dan 7,13ff).

Aufgrund dieser nur knapp umrissenen theologischen Glaubensinhalte wird es verständlich, dass in den Tagen Jesu diese alttestamentlichen Verheißungen des kommenden Reiches Gottes den frommen Juden als allgemeines Hoffnungsgut wohl vertraut waren. Sicherlich wurden sie in ihrer religiösen Hoffnung noch zusätzlich dadurch motiviert, dass sie miterlebten, wie ihre Glaubensgeschwister aus den Essener-Gemeinden sich beeindruckend glaubwürdig auf das Reich Gottes vorbereiteten, das sie mit der Ankunft ihres Messias erwarteten.[344] Diese jüdisch-orthodoxe Erneuerungsbewegung rechnete mit der unmittelbar bevorstehenden Zeitenwende, dem Anbruch des Reiches Gottes in Raum und Zeit. In der Vorbereitung auf diese heilsgeschichtliche Stunde erforschten die Essener hingebungsvoll die Tora und richteten ihr Leben in stiller Abgeschiedenheit nach den Prinzipien der Armut, der Liebe und des Gemeinschaftssinnes aus.

Auf diesem Hintergrund trat Johannes der Täufer genau mit dieser zentralen Botschaft der unmittelbar bevorstehenden *„Königsherrschaft der Himmel"*, der *basileia ton ouranon,* in die Öffentlichkeit und rief zur radikalen Umkehr des Lebens auf. Mit dieser Aufforderung, die jeden Menschen einlud, mit dem plötzlich hereinbrechenden Reich Gottes zu rechnen und sich auf die Begegnung mit Gott vorzubereiten, verstand er sich als Wegbereiter des Sohnes Gottes, als personale Erfüllung des prophetischen Wortes: *„Es ist eine Stimme eines Predigers in der Wüste: Bereitet dem Herrn den Weg und macht eben seine Steige!"* (Mt 3,3; Jes 40,3)

Bezeichnenderweise nahm auch Jesus Christus diese Botschaft vom Nahen des Reiches Gottes auf und wusste sie in seiner Sendung erfüllt (Mt 4,17; Lk 4,21). Dabei wurde in seinen Reden deutlich, dass sich dieses Reich nicht mit äußerer Macht manifestiert, wie es in den Reichen dieser Welt üblich ist. Es setzt sich auch nicht mit sichtbarem Glanz durch, wie es die Menschen aufgrund der Allmacht Gottes sicher erwartet hatten. Auch kennt es nicht die Strukturen und Begrenzungen irdischer Reiche, sondern wurzelt als ein geistliches Reich – ganz in der Erfüllung alttestamentlicher Verheißungen – in den Herzen jener Menschen, die sich im persönlichen Glauben an die soteriologische Relevanz des Kreuzes Christi öffnen. Dieser Glaube sieht in der Kreuzigung und Auferstehung Christi die Rechtfertigung des Sünders und versteht seine Himmelfahrt und Einnahme des Platzes zur Rechten Gottes als Inthronisierung über alle Mächte und Gewalten im Himmel und auf der Erde. Wo immer Menschen sich dem Anspruch Gottes auf ihr Leben öffnen, diesem „*neuen Bund in seinem Blut*" (Mt 3,2) Vertrauen schenken, da ist das Reich Gottes angebrochen (Lk 17,21), da setzt sich die Herrschaft Christi durch, da hat der Mensch wieder in die Gemeinschaft seines Schöpfers zurückgefunden.

Dieses Reich Gottes aber existiert zunächst in der Spannung des „schon jetzt" und „noch nicht". Es ist eben angebrochenes und nicht bereits vollendetes Reich. „Angebrochen" heißt aber auch, dass es mit der Existenz der weltweiten nachweislichen Gemeinde nicht einfach gleichgesetzt werden kann. Denn die Herrschaft Gottes befindet sich noch in einem wachstümlichen Prozess, sie hat noch nicht zu ihrem verheißenen Ziel gefunden. Sie ist geradezu wie ein Senfkorn, das in den Boden fällt, um sich zu einem großen Baum zu entwickeln (Mt 13,31-32). Denn zu dem heute schon sichtbaren Reich Gottes in der Gemeinde Christi, die trotz konkreter Konturen noch immer ein Stück Geheimnis bleibt, kommt die zu erwartende eschatologische Vollendung, in der der *Diabolos* endgültig verworfen sein wird, während das Volk der Juden im späten Erkennen seines Messias der Heilsgemeinde zugeordnet werden wird.

Das Reich Gottes setzt völlig neue Vorzeichen. Jeder Versuch, es als Fortentwicklung oder gar Idealisierung althergebrachter Frömmigkeit zu interpretieren, geht an seiner Intention weit vorbei und verkennt gründlich Gottes Heilsinitiative. Vielmehr ist das Reich

Gottes nach Wesen und Struktur ein völlig neuer Gedanke Gottes, um dem durch Christus erlösten Sünder Schutz- und Lebensraum zu geben. In diesem Sinne ist Reich Gottes geschichtsträchtiger Paradigmenwechsel, ist Raum der Erlösungsordnung inmitten einer gottwidrigen Welt. Einst bewährte religiöse Überzeugungen passen nicht mehr. Ehemals wichtige Werteskalen werden in ihrer Unzulänglichkeit durchschaut und ausgemustert. Eine völlig neue Magna Charta des Zusammenlebens hat die Prinzipien eines hohlen Religions-Humanismus abgelöst. Denn dieses Reich ist die Sphäre des Wirkens seines Geistes, in dem nicht mehr das eine über das andere Geschöpf herrscht, sondern sie sich gemeinsam Gott als ihrem Herrn und Erlöser unterordnen, während sie im Geist der Gerechtigkeit (Mt 6,22; Röm 14,17) und der Liebe (Mt 5,43-44) einander dienen. In diesem Reich gelten nicht persönliches Ansehen, beeindruckende Kraft oder heroische Leistungen, niemand wird bevorzugt oder benachteiligt (Röm 2,11; 2. Chr 19,7), keiner wird aufgrund seiner Individualität hofiert oder diskriminiert. Feudale oder demokratische, föderale oder monarchische Gesellschaftsstrukturen gehören einer überwundenen Welt an und haben in der neuen Gesellschaftsordnung Christi keinen Platz. Aber auch patriarchale oder matriarchale Herrschaftsstrukturen, wie sie in den Kulturen der Völker selbstverständlich zu Hause waren, finden im Reich Gottes keinen Nährboden. Vielmehr geht es in die Geschichte als das Reich derer ein, das die Bibel *„ein Volk von Königen und Priestern“* nennt (Apg 1,6).

2. Männer und Frauen empfangen Gottes Geist

Wenn auch Menschen in der Geschichte immer wieder die Erfahrung der besonderen Gottesgegenwart machten und in Berührung mit seinem Geist kamen, so war doch die Herrschaft des Geistes Gottes in der neutestamentlichen Gemeinde eine qualitativ wesentlich andere.

So hatten im AT Menschen in einer besonderen beruflichen und gesellschaftlichen Position Erfahrungen mit dem Geist Gottes gemacht. Könige Israels, seine Priester und Propheten waren solche

Menschen, denen Gott in den Herausforderungen ihres Amtes seinen Geist sandte (vgl. Ri 3,10; Jes 59,21; 1. Sam 10,6). Aber auch Handwerker und Künstler, die bestellt wurden, um den Tempel zu erbauen, wurden vom schöpferischen Geist Gottes geleitet, um ihre Arbeit dem göttlichen Standard gemäß angemessen durchführen zu können (Ex 31,3; 35,31).

Andererseits wird uns mitgeteilt, dass auch ganze Gruppen für einen besonderen Auftrag Gottes Geist empfingen. So heißt es von den siebzig Ältesten, die Mose zu Richtern über das Volk setzte: *„Der Herr redete mit Mose und nahm des Geistes, der auf ihm war, und legte ihn auf die siebzig Ältesten."* (Num 11,25) Im AT kam der Heilige Geist Gottes besonders auserwählten Menschen zugute, um sie in ihrem besonderen Dienst zu stärken, wobei es sich allerdings im Wesentlichen immer um Männer handelte, sieht man einmal von den wenigen Prophetinnen und der Richterin Deborah ab. Um diesen Vorgang zu beschreiben, gebraucht die Bibel Formulierungen, die nicht ganz ohne theologische Relevanz sind. So spricht sie davon, dass der Geist *„auf ihn kam"* (Ri 3,10), *„über ihn geriet"* (1. Sam 10,10) oder auch *„auf ihm ruht"* (Jes 11,2). Für das Reich Gottes allerdings, das Gott selbst in der Zukunft schaffen wollte, verhieß der Prophet Hesekiel, dass Gott seinen Geist *„in euch geben will"* (Hes 36,27), während Joel gleich zweimal die Worte vom *„Ausgießen des Geistes"* (Joel 3,1-2) gebrauchte und diesen Segen betonend für *„Töchter"* und *„Mägde"* konkretisierte (Joel 3,1-2). Im Kontext neutestamentlicher Erkenntnis ist es sicher exegetisch nicht verwerflich, wenn diese Formulierung als auf den Persönlichkeitskern eines Menschen zielend verstanden wird. Denn auch Paulus nahm unter Inspiration des Geistes diese Formulierungen wieder auf und sprach davon, dass die göttliche Liebe *„durch den Heiligen Geist ausgegossen ist in unsere Herzen"* (Röm 5,5). Ebenso unterstrich der Täufer diese Intention der Innewohnung des Heiligen Geistes für die Menschen des Reiches Gottes, wenn er auf Christus blickend zusagte: *„Der wird euch mit dem Heiligen Geist und mit Feuer taufen."* (Mt 3,11)

Die Geburtsstunde der Gemeinde Gottes und damit das

Inkrafttreten der prophetischen Weissagungen hinsichtlich des anbrechenden Reiches Gottes geschah am ersten Pfingstfest in Jerusalem (Apg 2). Petrus griff in seiner Pfingstpredigt ausdrücklich auf Joel 3 zurück und erklärte diese Verheißung als augenblicklich erfüllt. Damit sprach er nicht nur das hochrangige heilsgeschichtliche Ereignis des Beginns der neutestamentlichen Reichsgottesgeschichte an, sondern artikulierte betont die Besonderheit, dass Gottes Geist auf *„alles Fleisch"* ausgegossen wurde, auf *„Töchter und Mägde"*, die er zugleich zum weissagenden Verkündigungsdienst berufen wusste (Apg 2,17-21).

Frauen waren aber nicht nur Ziel des göttlichen Heilshandelns und ihrer Indienststellung, vielmehr standen sie auch in der geistlichen Trägerschaft dieses denkwürdigen Tages, der die Zeitenwende einläutete. Denn es wird in Vers 14 des ersten Kapitels der Apostelgeschichte ausdrücklich auf diesen bedeutsamen Sachverhalt aufmerksam gemacht, wenn es da heißt: *„Diese alle waren stets beieinander einmütig im Gebet samt den Frauen und Maria, der Mutter Jesu, und seinen Brüdern."* Als wollte der Apostel das uneingeschränkte Wirken des Geistes Gottes für alle Menschen in allen folgenden Generationen noch einmal unterstreichen, versicherte er den Anwesenden, dass die Verheißung des Heiligen Geistes *„für euch und eure Kinder gilt"* (Apg 2,39), also Vertretern beiderlei Geschlechtes. Demnach ist die Bilanz des Pfingstereignisses hinsichtlich unserer Fragestellung offensichtlich und klar: Die pfingstliche Ausgießung des Geistes als Heilsgabe der Endzeit war von Frauen ersehnt, von Frauen erbetet und von Frauen erfahren worden.

Wenn Gott an Pfingsten in Jerusalem seinen Geist für die Juden mitteilte, so bewirkte er wenige Jahre später geradezu die Dublette jener Ereignisse für die heidnische Welt im Hause eines frommen römischen Hauptmannes namens Cornelius. Dieses „Pfingsten der Heiden" begann damit, dass Cornelius eine Engelserscheinung hatte und auf deren Befehl hin Petrus aus Joppe in sein Haus holen ließ. Als dieser ankam, hatte Cornelius bereits seine gesamte Verwandtschaft und seine Freunde eingeladen (Apg 10,24), woraus sicher zu Recht gefolgert werden darf, dass auch eine ganze

Reihe von Frauen der Botschaft des Petrus zuhörten.[345] Den geistlichen Höhepunkt dieser Begegnung aber fasst der Schreiber zusammen, wenn es da heißt: „*Während Petrus noch diese Worte redete, fiel der Heilige Geist auf alle, die dem Wort zuhörten.*“ Es kann keinen ernsthaften Zweifel geben: So wie zuvor Frauen und Männer aus dem jüdischen Volk die Ausgießung des Heiligen Geistes in Jerusalem erfahren hatten, so waren es nun Frauen und Männer aus dem Heidentum, die in Cäsarea das gleiche Gnadengeschenk empfingen. Damit unterstrich Gott noch einmal die Ernsthaftigkeit seiner Verheißung, die er durch Joel mitteilen ließ: Er hat seinen Geist ausgegossen „*auf alles Fleisch*“, auf Juden und Heiden, auf Männer und Frauen.

3. Männer und Frauen empfangen Gottes Geistesgaben

Christian Schwarz überschreibt das erste Kapitel seines Gabentestes mit den schlichten und doch markanten Worten: „*Jeder ist begabt.*“[346] Damit meint er natürlich jeden Christen, also jene Menschen, die das Versöhnungswerk Jesu für sich persönlich im Glauben angenommen haben und durch seinen Heiligen Geist die Gewissheit der ewigen Errettung kennen. Es gibt nach Schwarz also keinen Christen, der nicht neben seinen natürlichen Fähigkeiten, die ebenso Gott zur Verfügung gestellt wurden, damit er sie reinige, heilige und für den Bau des Reiches Gottes gebrauche (Röm 6,19), zusätzlich besondere Begabungen von Gott empfangen hätte.

Diese Erkenntnis gehört zu den Grundstandards biblisch-theologischer Lehre. So empfingen die Apostel ihre Gaben mit der Ausgießung des Heiligen Geistes nach dem von Gott gebotenen Beten und Warten (Apg 1,4,14; 2,1-4). Aus den gerade noch ängstlichen Jüngern, die sich aus Furcht vor den Juden versteckten und einschlossen, wurden plötzlich Menschen, die mit großem Sendungsbewusstsein in der Öffentlichkeit auftraten und in bezwingender Kraft von Jesus, dem Gekreuzigten und Auferstandenen, Zeugnis gaben. Später machten andere Gläubige die gleiche Erfahrung, indem ihnen durch die Ältesten der Gemeinde betend und segnend Hände aufgelegt wurden (1. Tim 4,14). Wenn auch der Geist Gottes jedem seine Gaben anvertraut, „wie er will" (1. Kor 12,11), so ist dennoch jeder Christ angehalten, um die größten (1. Kor 14,1,5) oder im Augenblick für die Gemeinde wichtigsten Gaben zu beten (1. Kor 14,13).

Was in der Apostelgeschichte zur Erfahrung der Gläubigen wurde, hatte Jesus Christus zuvor in Gleichnisreden neben anderen wichtigen Erkenntnissen vermitteln wollen: dass Gott die Gaben unterschiedlich zuordnet, aber doch niemand gabenlos bleibt (Mt 25,14ff). In seiner Endzeitrede ist das Gleichnis von den „Anvertrauten Zentnern" eingefügt, in dem der Herr seinen Dienern verschieden viele Zentner Silber anvertraute, dem einen fünf, dem andere zwei und dem dritten einen. So unterschiedlich an Quantität ihr empfangenes Startvermögen auch war – alle empfingen unverdientermaßen Gaben von ihrem Herrn, durch die sie in die Pflicht gestellt wurden, alles zu tun, um mit ihnen zu arbeiten und zu wuchern. Gerade dieses Gleichnis macht einleuchtend deutlich, dass jeder Diener, wirklich jeder, von seinem Herrn Gaben erhält, wenn auch unterschiedlich viele. Keiner geht leer aus.

Gerade in der korinthischen Gemeinde, in der ganz offensichtlich die Geistesgaben nicht nur Beglückung ausgelöst hatten, sondern auch manche Fragen aufwarfen, entwickelt der Apostel besonders intensiv die Lehre über die *charismata* (Gnadengaben; 1.Kor 12). Es fällt auf, dass der Apostel sehr grundsätzlich über die Geistesgaben lehrt und gerade hinsichtlich ihrer Zuordnung äußerst generelle und allgemein gültige Formulierungen wählt. Da spricht er zunächst von *„niemand"* (1. Kor 12,3). Dann lehrt er, dass es ein Gott sei, *„der da wirkt alles in allen"* (1. Kor 12,6). Schließlich gebraucht er die Wendung *„in einem jeden"* (1. Kor 12, 7.11), und abschließend spricht er beständig, beinahe in regelmäßigem Wechsel von *„dem einen"* und *„dem andern"* (1. Kor 12,8.9.10).

Allein schon aufgrund des Sprachkörpers dieses zentralen Textes über die Geistesgaben ist es unschwer zu ersehen, dass der Apostel wirklich alle Gläubigen, jeden Alters, beiderlei Geschlechtes anspricht. Hier wird keinerlei Verengung in der Zielsetzung sichtbar, es wird auch keine gemeindliche Gruppierung besonders angesprochen oder aber betont vernachlässigt. Diese Sätze von den Gnadengaben gelten ganz allgemein für jeden Menschen, der durch Gottes Gnade in den Heilsraum der Gemeinde Christi hineingefunden hat, seien es nun Frauen oder Männer, Kinder oder Jugendliche, auf der Höhe ihres Lebens stehende Menschen oder Greise.

Allerdings ist gerade in dieser Frage die Unsicherheit in unseren Tagen in der Christenheit besonders groß. Viele Gläubige wissen nicht um ihre persönlichen Gaben, auch wenn sie grundsätzlich die biblische Einsicht teilen, dass jeder Christ von Gott begabt sei. Nach einer Umfrage, die unter 1200 engagierten Mitarbeitern in Deutschland, Österreich und der Schweiz durchgeführt wurde, wussten 80% nicht ihre geistlichen Gaben zu benennen. Nur etwa 20% gaben an, dass sie um ihre Gaben wüssten und sie auch gebrauchten. So kommt Christian Schwarz zu dem Schluss: „*Jeder Christ hat zumindest eine geistliche Gabe. Wenn Sie Ihre Gaben nicht kennen, dann liegt es nicht daran, dass Gott Ihnen keine gegeben hat. Es liegt vielmehr daran, dass Sie sie noch nicht entdeckt haben.*“[347] Diese Worte kennzeichnen exakt einen Sachverhalt, der für viele Christen permanente Lähmungserscheinungen verursacht. Sie haben offenbar noch nicht davon gehört, dass Gaben schlafen können. Schlafende Gaben aber sollten geweckt, um schließlich zur Ehre Gottes eingesetzt zu werden (2. Tim 1,6). Stattdessen fühlen sich solche Christen unbegabt, zuweilen von Gott übergangen und vernachlässigt und ziehen sich schmollend in ihre Nischen zurück, aus denen sie dann aus enttäuschten Empfindungen umso massiver anderen gegenüber in bissiger Kritik begegnen. Wenn dann noch den Frauen in der Gemeinde gesagt wird, dass sie ihre gottgeschenkten Gaben nicht zum Einsatz bringen dürften, weil sie eben Frauen seien, werden sie entweder resignativ untätig oder aber aus Bitterkeit permanent aggressiv.

Wenn es auch in der korinthischen Gemeinde durchaus genug Gemeindekonflikte gab, diese Probleme gab es dort wohl nicht. Frauen waren in der Gemeinde durchaus als mündige Christinnen akzeptiert. Sie kannten offensichtlich ihre anvertrauten Geistesgaben und brachten sie *„zum Nutzen aller“* (1. Kor 12,7) ein. Sie wussten sich als lebendige Glieder am Leibe der Gemeinde, deren Haupt Christus ist (1. Kor 12,12ff). So beteten Frauen in den öffentlichen Gottesdiensten und dienten mit ihren Gaben, indem sie weissagten oder prophetisch redeten (1. Kor 11,5). Das Ehepaar Priszilla und Aquila leitete offensichtlich eine Hausgemeinde in Korinth. Die vorhandenen Texte lassen den Schluss zu, dass beide mit einer Lehrbegabung beschenkt waren wie auch mit einer besonderen Feinfühligkeit in der seelsorglichen Begegnung (Apg 18,26).

Aber auch der adäquate Text des Römerbriefes (Röm 12,3-8), in dem der Apostel über die Gnadengaben lehrt, lässt keinerlei ausgrenzende Schlüsse zu. Vielmehr ist auch dieser Text von einer lehrhaften Sachlichkeit durchdrungen, die nicht erkennen lässt, dass gewisse Gaben dem einen oder anderen Geschlecht vorenthalten würden. Ganz im Gegenteil. Wie schon im Korintherbrief spricht Paulus auch hier die Allgemeinheit der wiedergeborenen Christen in der Gemeinde an und gebraucht immer wieder betont die Formulierung: *„Ist jemand ...“* Damit will der Apostel festhalten, dass es ausschließlich Gottes ureigene Angelegenheit ist, in seiner Weisheit zu entscheiden, welche Menschen welchen Geschlechtes er in welchem Alter mit einer besonderen Gabe beschenken will.

Auch Eph 4,11-16 verweigert sich jeder geschlechtsspezifischen Einengung. Der Apostel spricht über die Vielfalt der Gaben, die Gott seinen Menschen anvertraut hat, damit sie in geistlicher Kompetenz im Reich Gottes dienen können. Im Kontrast zu den anderen Texten werden hier allerdings nicht so sehr die Gaben an sich beleuchtet, sondern sie werden indirekt in den Gabenträgern angesprochen. So nennt Paulus Gemeindeämter, die aufgrund spezifischer Begabung Gott selbst ins Leben gerufen hat.[348]

Aber auch hier verwendet er sehr bewusst einen ganz allgemeinen Begriff, nämlich „einige“, um deutlich zu machen: Gott lässt seine Gemeinde nicht verwaist zurück, sondern hat sich Menschen ausgesucht, begabt und zum Dienst bestellt, die Verantwortung für die Gläubigen bezüglich ihres geistlichen Wohlergehens vor

Gott tragen. Dabei ist es für den Apostel offenbar völlig nebensächlich, aus welchem Stand und Geschlecht diese Menschen sind.

Wer die neutestamentlichen Texte aufgeschlossen und unvoreingenommen studiert und auf die Frage nach den Geistesgaben eine theologisch verlässliche Antwort sucht, der kommt nicht umhin festzustellen, dass die Bibel klar und unstrittig zugleich Stellung bezieht: Sie benennt differenziert und deutlich die Arten von Geistesgaben, sie artikuliert sie als Folge der Ausgießung des Heiligen Geistes, sie ordnet sie ausschließlich in den Raum der Gemeinde und unterstreicht, dass ausnahmslos jeder Christ zumindest Träger einer Gabe ist – ungeachtet seines Alters, seiner Hautfarbe, seines Intellekts, seiner charakterlichen Vorzüge oder Nachteile oder aber seines Geschlechtes. Sie lehrt die konkreten Wege zum persönlichen Empfang und verbindet mit diesen Fakten für jeden Gabenträger die generelle Verpflichtung, mit ihnen zur Ehre Gottes und zum Segen für die Menschen zu dienen.

4. Männer und Frauen empfangen Gottes Dienstauftrag

Die Konsequenz des Empfangs des Heiligen Geistes für alle Gläubigen und die damit verbundene Zuordnung konkreter Geistesgaben ist die dienende Pflicht. Charismata sind den Christen nicht gegeben, damit sich Männer über Frauen oder Frauen über Männer erheben sollten. Sie taugen auch nicht, um sich selbst darzustellen und sich auf Kosten anderer zu produzieren. Geistesgaben werden auch von Jesus Christus nicht mit dem Ziel anvertraut, über andere Gemeindemitglieder Macht auszuüben oder mit ihnen in Konkurrenz zu treten. Sie haben nur einen einzigen legitimen Sinn: Sie sind allesamt Dienstgaben und insofern Instrumente, um geistlich kompetent, aufopferungsvoll und hingegeben der Gemeinde Jesu dienen zu können, verlorene Menschen in das vollbrachte Heil Christi zu rufen (1. Kor 12,7) – und dies allein in der Motivation, den auferstandenen und gegenwärtigen Herrn der Gemeinde zu ehren.

Wenn das NT die Gemeinde Jesu als endzeitliches Gottesvolk versteht, dann meint es damit, dass das Heilshandeln Gottes, wie schon im AT am jüdischen Volk, nun auf die Gläubigen des Neuen Bundes übergegangen ist. So ist es nicht verwunderlich, wenn Erwählungsprädikate wie „*heiliges Volk*“ oder „*königliche Priesterschaft*“, die ursprünglich Israel galten (Ex 19,6; Jes 61,5f), nun Anwendung für die neutestamentliche Heilsgemeinde finden. Petrus schreibt den Gemeinden in Kleinasien: „*Ihr aber seid das auserwählte Geschlecht, die königliche Priesterschaft, das heilige Volk des Eigentums, dass ihr verkündigen sollt die Wohltaten dessen, der euch berufen hat von der Finsternis zu seinem wunderbaren Licht.*“ (1. Petr 2,9) Auch der Jünger Johannes nimmt diese Sicht in seiner Apokalypse auf und beschreibt die erlöste Gemeinde mit den Prädikaten „*Könige und Priester*“(Offb 1,6; 5,10; vgl. 20,6). Durch diese Würdenamen unterstreicht er, wie Gott selbst jedes einzelne Mitglied in der Gemeinde versteht, und will sagen, dass in jedem Christen etwas von der göttlichen Autorität und Macht, etwas von Gottes Herrlichkeit aufleuchtet. Denn jeder durch den Heiligen Geist wiedergeborene Mensch, ob Frau oder Mann, Kind oder Greis, ist von Gott selbst gerufen, durch seinen Geist autorisiert und gesandt, in königlicher Würde sein Leben zu gestalten und in priesterlicher Liebe seinem Nächsten – in und außerhalb der Gemeinde – zu dienen.

Weil diese göttliche Erwartung wirklich jeden Christen meint, darum spricht man gerade im Pietismus, der dieses grundlegende Geheimnis wiederentdeckt und wiedererweckt hat, vom „*allgemeinen Priestertum aller Gläubigen*“.[349] Denn im Pietismus hatte man genau erkannt, dass die straffen, amtsautoritären, hierarchisch klerikalen Leitungsstrukturen der Kirche das geistlich individuelle Leben in den Gemeinden ersticken. Wenn solche Hierarchien auch angesichts des Hereinbrechens zerstörerischer Irrlehren in der Frühzeit der Christenheit, in denen sie sich entwickelt hatten, durchaus bewahrende Funktion gehabt haben mochten, so wurde doch zunehmend durch diesen amtsautoritären Klerikalismus der einzelne Gläubige weithin entmündigt und nicht zuletzt zu einem passiven Statisten, zu einem Religionskonsumenten degradiert.

Das Priestertum *aller* Gläubigen geht hingegen von der Überzeugung aus, dass Gott jedem einzelnen Glied der Gemeinde für das gemeinsame Leben in ihr, aber auch für die Menschen seiner gesellschaftlichen Umwelt eine persönliche Verantwortung anvertraut hat. Diese Verantwortung wird mit dem Begriff des „Priesters" umrissen. Das NT lehrt, dass der priesterliche Dienst inhaltlich erst durch die Gaben des Geistes Gottes ermöglicht wird, sie ihn zugleich aber auch faktisch begrenzen.

Wenn es auch in der Gemeinde Jesu keinen Priesterdienst im alttestamentlichen Verständnis der „Mittlerschaft" mehr geben kann, da durch Christus ein für alle Mal dieser Dienst zu seiner Erfüllung gebracht wurde, so ist doch jeder Christ berufen, der Geisteshaltung des „Hohenpriesters" (Hebr 4,14) Gestalt zu verleihen, um seinerseits seine ureigene priesterliche Verantwortung für den Nächsten vor Gott einzubringen.[350] Gerade in dieser Haltung aber liegt die besondere Würde des Christen wie auch sein entscheidender Lebensauftrag, nämlich Gott *„geistliche Opfer"* zu bringen (1. Petr 2,5). Allein eine solche geistlich-bruderschaftliche Struktur der Gemeinde, die dem Priestertum aller Gläubigen Rechnung trägt, in der jeder Christ dem anderen mit seinen Gaben in der Liebe Christi zu dienen sucht, entspricht der *„communio sanctorum"*, die die Kirche in ihrem Bekenntnis bis auf den heutigen Tag bezeugt.

Es ist bezeichnend, dass alle einschlägigen Texte des NT, die sich mit Auftrag und Verantwortung der Christen beschäftigen, sich weder ausschließlich an Männer noch speziell Frauen wenden. Vielmehr sprechen die Texte sehr allgemein und generell die neutestamentliche Gemeinde an, sei es nun hinsichtlich des grundsätzlichen ekklesiologischen, des persönlich ethischen Bereiches oder aber bezüglich des missionarisch-diakonischen Auftrages. Die Herausforderung ergeht immer an die Gläubigen in ihrer Gesamtheit. Das ist in allen Evangelien und auch in allen Briefen des NT überzeugend dargelegt. Nie geht es den biblischen Verfassern um geschlechtsspezifische Einengungen oder gar Ausgrenzungen von Teilen der Gemeinde, wenn sie zum Dienst für Jesus Christus ermutigen. Alle stehen unter der Gnade ihres Herrn, alle sind von ihm zum priesterlichen Dienst gerufen – und alle sind aufgefordert, diesen Dienst entsprechend den ihnen verliehenen Gaben zu tun.

Alle geistlichen Aufgaben werden im NT also nicht hierarchischen Amtsstrukturen zugeordnet, sondern von charismatisch bewegten Menschen beiderlei Geschlechtes wahrgenommen. Insofern hat Elisabeth Motschmann durchaus Recht, wenn sie etwa angesichts des häufig missverstandenen paulinischen Schweigegebotes (1. Kor 14,34) feststellt: *„Allerdings sollten Mann und Frau immer dann schweigen, wenn sie nichts zu sagen haben. Ich kenne sehr inkompetentes Reden von Männern und Frauen – und von beiden kenne ich auch sehr kompetentes Reden."*[351] Wenn es richtig ist, dass allein die charismatische Begabung einen Christen zum Dienst in der Gemeinde befähigt und zugleich beauftragt, dann sollte es grundsätzlich möglich sein, dass konkrete Privilegien aufgrund dieser Überzeugung hinterfragt und gegebenenfalls aufgekündigt werden. Dies gilt auch dann, wenn dadurch traditionelle Funktionen neu geordnet werden müssten und infolgedessen ein Mitarbeiter vielleicht nicht mehr an das Rednerpult treten sollte, um die Gemeinde zu lehren. Denn dabei wäre ausschließlich die Frage zu bewegen, ob er die geistliche Begabung für diesen Dienst hat oder nicht. Aus Gründen der geschlechtlichen Zuordnung eines Menschen aber sollte ein solcher Schritt niemals auch nur erwogen werden.

Die Bejahung des Gabenpotenzials zur Ausübung eines geistlichen Dienstes wird dann vielleicht in der Praxis auch bedeuten können, dass ein Christ in der Gemeinde ermahnt werden muss, nicht länger den Dienst der Seelsorge zu tun. Dies wiederum wird nie seinen Grund in dessen Mann- oder Frausein haben dürfen, sondern vielmehr deshalb, weil er für diesen Dienst offensichtlich wenig Begabung mitbringt, wenn er durch seinen Rat Menschen nachweislich in immer neue Krisen und seelischen Druck stürzt, anstatt ihnen die zurechtbringende Güte und Liebe Gottes zu offenbaren.

Das kann im Gemeindealltag wiederum auch heißen, dass ein Mitglied aus einem Leitungsgremium einer Gemeinde seine Arbeit niederlegen sollte, wenn es sich herausgestellt hat, dass er oder sie nicht in der Lage ist, der Gemeinde vorauszugehen und geistliche Autorität wirkungsvoll einzubringen. Diese schmerzliche Erfahrung hat etwas mit dem Mangel einer Leitungsgabe zu tun, jedoch keineswegs mit dem Mann- oder Frausein eines Menschen.

Wenn es also überhaupt eine Differenzierung des geistlichen Dienstes zwischen Männern und Frauen geben kann, dann lediglich aufgrund ihrer unterschiedlichen, vom Geist Gottes geheiligten natürlichen Begabungen oder aber hinsichtlich der im Glauben empfangenen Charismen. Diese Differenzierung aber betrifft alle Christen, völlig unabhängig von ihrer geschlechtlichen Zuordnung. Das NT lehrt eindrücklich, dass Christen in den Gemeinden, Männer wie Frauen, ihrem gemeinsamen Herrn dienen, weil sie mit seinen Gaben beschenkt wurden. Darum kann Christel Hausding theologisch völlig rechtens fordern: „*Wir sollten uns wieder auf das Berufungsprinzip besinnen und uns dabei an den Gaben orientieren – und nicht am Geschlecht.*“[352] Die Durchsetzung dieses Prinzips würde endlich starre, patriarchale, häufig langweilige Ein-Mann-Strukturen in den Gemeinden aufbrechen und überwinden. Es käme eine erfrischend belebende Vielfalt in unsere Gemeindeveranstaltungen, die durch die verschiedenen Begabungen von Männern und Frauen getragen würde. Genau diese Erfahrung meint der Apostel Paulus, wenn er die erquickende Gottesdienstform in der korinthischen Gemeinde beschreibt (1. Kor 14,26ff).

Wenn nun einmal die einzelnen Charismen auf dem Hintergrund der Geschichte der Kirche näher untersucht werden sollen, wird man unschwer feststellen können, dass der Herr der Gemeinde zu allen Zeiten alle Gaben sowohl Männern als auch Frauen anvertraut hat – und dies bis in die Gegenwart hinein. Es sind ja bereits viele Frauen mit Namen genannt worden, die für das weltweite Reich Gottes Hervorragendes geleistet haben, weil sie von Gott begabt waren und sich nicht scheuten, häufig im Konflikt mit der Kultur ihrer Zeit, mit ihren Gaben zielorientiert und geistlich erwartungsvoll zu arbeiten. Man könnte an dieser Stelle noch endlos viele andere Namen hinzufügen, und doch bliebe die Liste immer unvollkommen. So gab es Frauen und Männer zu allen Jahrhunderten, die Barmherzigkeit übten, Dämonen austrieben, ehelos waren, die Gabe der Erkenntnis hatten, evangelisierten,

Gastfreundschaft übten, Gott im Gebet dienten, kranke Menschen heilten, anderen mit der Gabe des Helfens dienten, als Hirten örtliche Gemeinden leiteten, lehrten oder auch im Namen Jesu still litten. Wir kennen Frauen und Männer der Christenheit aus allen Jahrhunderten und Zivilisationen, die mit brennendem Geist missionierten, die Belange der Gemeinde Gottes geschickt organisierten, prophetisch wirkten, Geister zu unterscheiden wussten, in großer Weisheit lehrten, Wunder wirkten, in Zungen redeten und beteten oder sie auszulegen wussten. Alle Gaben wurden zu allen Zeiten in gleicher Weise von Frauen und Männern empfangen, die mit ihnen in allen Kulturkreisen und geschichtlichen Epochen Jesus Christus, ihrem auferstandenen Herrn, aufopferungsvoll dienten. Dies darf und kann heute nicht anders sein.

Wir leben inmitten einer Zeit, in der die Frauen der westlichen Gesellschaft zu einem neuen Selbstverständnis aufgebrochen sind. Sie kämpfen vielfach um Anerkennung und Gleichberechtigung und erfahren auf diesem Wege schmerzlich die Wirklichkeit gesellschaftlich tief eingeschliffener patriarchaler Strukturen. Besonders die christlichen Frauen leiden häufig an diesem Konflikt, der sich zwischen den modernen gesellschaftlichen Anforderungen einerseits und ihrem traditionellen Frauenbild andererseits auftut. Für viele Frauen liegt in der aufwertenden Gleichberechtigung und den vermeintlichen Lehren der Bibel ein scheinbar unüberbrückbarer Gegensatz. Die vorliegende Arbeit will als der Versuch einer Antwort auf die Frage gewertet werden, ob wir die Bibel denn wirklich richtig gelesen und verstanden haben, wenn wir meinen, dass sie die Herrschaft der Männer über die Frauen begründe. Oder ein wenig angriffig gefragt: Muss ein Mensch seinem Glauben wirklich untreu werden, wenn er zu der Überzeugung gelangt ist, dass die durch den Sündenfall ausgelösten Beziehungsstörungen zwischen den Geschlechtern, infolge deren Frauen über Jahrtausende als minderwertig entwürdigt wurden, in Christus als überwunden gelten dürfen? Muss wirklich biblischer Glaube abgelegt werden, wenn man zu der Erkenntnis gefunden hat, dass Gottes Erlösungsordnung durch Jesus Christus jenen uralten Fluch gründlich beseitigt hat und es nun für Frauen und Männer in gleicher Weise möglich geworden ist, in der Liebe Christi miteinander in seinem Reich zu wirken, indem man einander wertschätzend und achtend begegnet?

Wer vom Geist des Evangeliums erfasst wurde, der wird darin übereinstimmen, dass ein patriarchales Rollenverständnis, das Frauen bevormundet und sie für das Reich Gottes lähmt, nicht nur Unrecht ist, sondern auch der Gemeinde Gottes unsäglichen Schaden eingebracht hat. Wenn dies auch nie aus unedlen Motiven im Geist des Machtkampfes oder gar der gewollten Erniedrigung geschah, sondern oft genug aufgrund eines tragischen Missverständnisses der Heiligen Schrift, so ist es doch nun an der Zeit, entwürdigende Traditionen mutig zu hinterfragen und sich von ihnen abzuwenden, damit auch Frauen ihre Füße in „einen weiten Raum" stellen können und die durch Jesus Christus erworbene völlige Erlösung endlich dankbar erfahren können.

Michiaki und Hildegard Horie ist sicher mit ganzem Herzen zuzustimmen, die den Satz prägten:

„Darum hat das Wort des Apostels wieder ganz neue Gültigkeit erhalten, in dem Mann und Frau auf ihren Platz gewiesen werden, weder unter, noch über dem anderen, vielmehr miteinander unter dem einen Haupt: Christus."[353]

Bibliographie

Pietistische Väter und Mütter

Francke, August Hermann, 1969, *Werke in Auswahl*, Hsg. Erhard Peschke, Berlin.
Segensvolle Fußstapfen
Streitschriften
Kurzer und einfältiger Unterricht

Francke, August Hermann, 1994, *Segensvolle Fußstapfen*, 3. Auflage, Halle 1709.

Petersen, Johanna Eleonora, 1719, *Leben Frauen Johannä Eleonorä Petersen*, Gebohrene von und zu Merlau (Autobiographie), 2. Auflage, Halle.

Spener, Philipp Jakob, 1964, *Pia Desideria*, Programm des Pietismus, 1. Auflage, Aussaat Verlag, Wuppertal.

Spener, Philipp Jakob, 1996, *Die Werke Philipp Jakob Speners*, Studienausgabe, Bd. I, Die Grundschriften, T.1, Brunnen Verlag, Gießen/Basel.

Spener, Philipp Jakob, *Schriften,* 2002, Erich Beyreuther(Hsg), Bd. I-VIII, (Reprint), Hildesheim.
Das Geistliche Priesterthum aus göttlichem Wort kürzlich beschrieben, Frankfurt, 1700
Kleine geistliche Schriften

Zinzendorf, Graf Ludwig von, *Manuskript R14 a38,1a mit der Aufschrift: Reden vor die Frauenspersonen*, gehalten 1742 in Philadelphia.

Allgemeine Quellen

A lecory de la Marche, Anecdotes historiques, Légendes et apologues d'Etienne de Besacon, 1946, Paris.

Bacon, Daniel, 1984, *From Faith to Faith, The Influence of Hudson Taylor on the Faith Mission Movement,* OMF, Singapore.

Bainton, Roland, 1996, *Frauen der Reformation*, 3. Auflage, Gütersloher Verlagshaus.

Bautz, Friedrich Wilhelm, 1998, *Biographisch-Bibliographisches Kirchenlexikon*, Verlag Traugott Bautz, Herzberg.

Bayerisches Kirchengesangbuch, 1999, Evangelischer Presseverband für Bayern eV. München.

Beauvoir, Simone, 1983, *Das andere Geschlecht*, DT Bücherbund, Stuttgart.

Becker, U., 1914, *Zur Geschichte der Wiedertäufer in Oberhessen*, in: Archiv für Hessische Geschichte und Altertumskunde, N.F.X., Wiesbaden.

Bergfried, Ulrich, 1938, *Verantwortung als theologisches Problem im Täufertum des 16. Jahrhunderts*, Diss, Tübingen.

Beyreuther, Erich, 1956, *August Hermann Francke, Zeuge des lebendigen Gottes*, Verlag der Francke-Buchhandlung, Marburg.

Beyreuther, Erich, 1957, *Der junge Zinzendorf*, Verlag der Francke-Buchhandlung, Marburg.

Beyreuther, Erich, 1959, *Zinzendorf und die sich allhier beisammen fanden*, Verlag der Francke-Buchhandlung, Marburg.

Beyreuther, Erich, 1961, *Zinzendorf und die Christenheit*, Verlag der Francke-Buchhandlung, Marburg.

Booth, Catherine, 1991, *Female Ministry, or Women's Right to Preach the Gospel*, Morgan & Chase, London.

Brodbeck, Doris, 2000, *Hunger nach Gerechtigkeit,* Helene von Mulinen (1850-1924), Eine Wegbereiterin der Frauenemanzipation, Zürich.

Burkhardt/Swarat (Hsg), 1992, *Evangelisches Lexikon für Theologie und Gemeinde*, Brockhaus-Verlag, Wuppertal.

Coenen/Beyreuther/Bietenhard (Hsg), 1969, *Theologisches Begriffslexikon,* Brockhaus-Verlag, Wuppertal.

Conrad, Christa, 1998, *Der Dienst der ledigen Frau in deutschen Glaubensmissionen*, Verlag für Kultur und Wissenschaft, Bonn.

Deppermann, Klaus, 1961, *Der Hallesche Pietismus und der Preußische Staat*, Vandenhoeck & Ruprecht, Göttingen.

Dreyhaupt, Johann Christoph, 1780, *Actis publicis,* Halle.

Firestone, Shulamith, 1975, *Frauenbefreiung und sexuelle Revolution*, Fischer Verlag, Frankfurt.

Förster, Werner, 1968, *Neutestamentliche Zeitgeschichte*, Furche Verlag, Hamburg.

Freytag, Gustav, 1876, *Bilder aus der deutschen Vergangenheit*, Bd 4, Hirzel-Verlag, Stuttgart.

Götzinger, Germaine, 1983, *Für die Selbstverwirklichung der Frau: Louise Aston*, Fischer Verlag, Frankfurt.

Grünberg, Paul, 1906, *Philipp Jakob Spener*, Band I, Vandenhoeck und Ruprecht, Göttingen.

Guhrauer, Gottfried Wilhelm, 1966, *Freiherr von Leibnitz*, Reprint Olms, Bd.II, Hildesheim.

Hahn/Reichel (Hsg), 1977, *Zinzendorf und die Herrnhuter Brüder*, Hamburg.

Hanstein, W., 1899, *Die Frauen in der Geschichte des deutschen Geisteslebens*, Freund und Wittig Verlag, Leipzig.

Hempelmann, Heinzpeter, 1997, *Gottes Ordnungen zum Leben – Die Stellung der Frau in der Gemeinde*, Verlag der Liebenzeller Mission, Bad Liebenzell.

Jannasch, Wilhelm, 1915, *Erdmuthe Dorothea von Zinzendorf geborene Gräfin Reuß zu Plauen:* Ihr Leben als Beitrag zur Geschichte des Pietismus und der Brüdergemeinde dargestellt, Verein für Brüdergeschichte, Herrnhut.

Jung, Martin H., 1998, *Frauen des Pietismus*, Gütersloher Verlagshaus, Gütersloh.

Kittel, Gerhard (Hsg), 1973, *Theologisches Wörterbuch zum Neuen Testament*, Bd. I-XIII, Kohlhammer Verlag, Stuttgart.

Kramer, Gustav, 1961, *Beiträge zur Geschichte August Hermann Franckes*, Halle.

Kurs, W., 1891, *Herzogin von Braunschweig-Calenberg*, geborene Prinzessin von Brandenburg, Halle.

Leade, Jane, 1695, *The Eight Words*, London.

Löbbe-Laabs, Luise, 1994, *Fromm und Frau,* Edition Anker im Christlichen Verlagshaus, Stuttgart.

Luther, Martin, *Gesammelte Werke*, Hsg. Kurt Aland, 2002 Directmedia, Berlin.
Einleitung zur Deutschen Messe, 1526, Weimar.
Weimarer Lutherausgabe, Band VI, (Tischreden), Fassung Förstemann-Bindseil.

Luther, Martin, *Luthers Werke,* Kritische Gesamtausgabe, 1883, Böhlau Verlag, Weimar.
Vom ehelichen Leben.
Ein Sermon von dem ehelichen Stand.
Eine Predigt vom Ehestand.
Briefwechsel.

Mayer, Hans, 1982, *Martin Luther*, Leben und Glaube, Gütersloher Verlagshaus, Gütersloh.

Mengel, Ingeborg, 1954, *Elisabeth von Braunschweig-Lüneburg und Albert von Preußen*, Hist. Kommission für Niedersachsen 13/14, Diss., Vandenhoeck & Ruprecht, Göttingen.

Mitscherlich, Alexander, 1963, *Auf dem Weg zur vaterlosen Gesellschaft*, Ideen zur Soziopsychologie, München.

Molnár, Amedeo, 1980, *Die Waldenser*, Vandenhoeck & Ruprecht, Göttingen.

Mulack, Christa, 1983, *Die Weiblichkeit Gottes*, Matriarchale Voraussetzungen des Gottesbildes, Stuttgart.

Mund, Fritz, 1955, *Theophil Krawielitzki* – Ein Zeuge aus der neueren Erweckungs- und Diakoniegeschichte, 2. Auflage, Verlag der Francke-Buchhandlung, Marburg.

Neuer, Werner, 1982, *Mann und Frau in christlicher Sicht*, Diss., Brunnen Verlag, Gießen.

Pagel, Arno, 1994, *Nur der Glaubensweg ist sicher*, Verlag der Francke-Buchhandlung, Marburg.

Raupp, Werner, 1990, *Mission in Quellentexten*, Verlag der Ev-Luth Mission, Erlangen.

Renkewitz, Heinz, 1969, *Hochmann von Hochenau*, Quellenstudium zur Geschichte des Pietismus, Luther-Verlag, Bielefeld.

Rice, John, 1941, *Bobbed Hair, Bossy Wives and Women Preachers*, Sword of the Lord, Murfreesboro, Tenn.

Ritschl, Albrecht, 1966, *Geschichte des Pietismus in der ref. Kirche*, Bd. II., Vandenhoeck & Ruprecht, Göttingen.

Schering, Ernst, 1982, *Johann Wilhelm und Johanna Eleonora Petersen*, in: Martin Greschat (Hsg), Gestalten der Kirchengeschichte, Bd 7, Orthodoxie und Pietismus, Kohlhammer Verlag, Stuttgart.

Schirrmacher, Bernd, 1978, *Baumeister ist der Herr* – Erfahrungen göttlicher Kleinarbeit in einem Missionswerk, Hänssler-Verlag, Neuhausen-Stuttgart.

Schornbaum, Karl, 1950, *Quellen zur Geschichte der Täufer*, Band IV, Bayern II, München.

Schütz, Paul, 1984, *Evangelium – Sprache und Wirklichkeit der Bibel in der Gegenwart*, Bd.I der gesammelten Werke, Hsg. Hans Bürki, Moers.

Schwarz, Christian A., 1988, *Der Gabentest*, Agentur für Gemeindeaufbau und Publizistik, Kriftel.

Seckendorf, Veit Ludwig, 1706, *Christenstaat,* Leipzig.

Steinmetz, Johann Adam (Hsg), 1741, *Kleine geistliche Schriften*, Magdeburg/Leipzig.

Sticker, Anna, 1961, *Friederike Fliedner und die Anfänge der Frauendiakonie*, Ein Quellenbuch, Neukirchen Vluyn.

Sticker, Anna, 1986, *Und doch möchte ich nur meinem Sinn folgen ... Friederike Fliedner. Stifterin der Kaiserswerther Diakonissenanstalt*, Offenbach.

Swidler, Leonard, 1991, *Der umstrittene Jesus*, Stuttgart.

Tanner, Fritz, 1952, *Die Ehe im Pietismus*, TVZ-Verlag, Zürich.

Taylor, Howard und Geraldine, 1984, *Das geistliche Geheimnis Hudson Taylors*, Bad Liebenzell.

Torjesen, Edvard, 1984, *A Study of Fredrik Franson*, The Developement and Impact of His Ecclesiology, Missiology and Worldwide Evangelism, Diss., Los Angeles.

Torjesen Malcolm, Kari, 1990, *Christinnen jenseits von Feminismus und Traditionalismus,* Neukirchen Vluyn.

Tschackert, Paul, 1900, *Corvinus Leben und Schriften*, Quellen und Darstellungen zur Geschichte Niedersachsens III, Hannover/Leipzig.

Tucker, Ruth, 2002, *How Faith Mission Pioneers Understood Women's Roles*, Inter Varsity Press, Downers Grove.

Tucker/Liefield, 1987, *Daughters of the Church,* Grand Rapids, Academic Books, Zondervan.

Uttendörfer, Otto, 1919, *Zinzendorf und die Frauen*, Verlag der Missionsbuchhandlung, Herrnhut.

Van Braght, Tilman, 1660, *Her Bloedig Tooneel*, Deutsche Wiedergabe: Der blutige Schauplatz oder Märtyrerspiegel der Taufgesinnten oder wehrlosen Christen, 1962, Mennonitisches Verlagshaus (Hsg), Scottdale, Pennsylvanien.

Vincent, Eileen, 1988, *C.T. Studd and Priscilla* – United to Fight for Jesus, Bromley.

Wallmann, Johannes, 1990, *Der Pietismus*, Vandenhoeck & Ruprecht, Göttingen.

Wallmann, Johannes, 1992, *Erfurt und der Pietismus des 17. Jahrhunderts,* in: Ulman Weiß (Hsg) Erfurt 1742-1992, Stadtgeschichte, Universitätsgeschichte, Weimar.

Ward, William Reginald, 1992, *The Protestant Evangelical Awakening,* Cambridge University Press, Cambridge.

Weber, Max, 1972, *Gesammelte Aufsätze zur Religionsphilosophie*, Mohrverlag, Tübingen.

Wieser, Max, 1924, *Der sentimentale Mensch*, Leopold Klotz Verlag, Stuttgart.

Witt, Ulrike, 1995, *Bekehrung, Bildung und Biographie, Frauen im Umkreis des Halle'schen Pietismus*, Verlag der Francke'schen Stiftungen, in Max Niemeyer Verlag, Tübingen.

Zimmerling, Peter, 1996, *Starke fromme Frauen*, Brunnen-Verlag, Gießen.

Antike und frühchristliche Literatur

Origines, *Vier Bücher von den Prinzipien*, 1992, Wissenschaftliche Buchgesellschaft, Darmstadt.

Tertullian, *De anima,* Hsg. Usener, Herrmann, 1966, Epicurea Verlag, Freiburg.

Zeitschriften und Journale

Allgemeine Missionsschrift, 11/1889, *Kritischer Artikel von Ludwig Richter zu Taylors Missionspraxis in China,* Wuppertal.

Anruf, Jugendzeitschrift des EC, 4/91, Putz, Hartwig, *Frauen in der alten Welt*, S. 9, Kassel.

Bibliotheca Bibliographia Aureliana LXXIX, Bibliotheca Dissidentium, Tome I, ed. André Séguenny, Jean Rott, 1980, Baden-Baden.

Deutsche Vierteljahresschrift für Literatur- und Geistesgeschichte Günther, Hans, *Die Psychologie des deutschen Pietismus,* Nr. 4, 1992, Stuttgart.

Festschrift *Gott, dir sei Ehre* zum 75. Jubiläum des Hensoltshöher Gemeinschaftsverbandes, 1996, Hahmann, Johannes, *Zur Ehre Gottes Gemeinschaften gründen,* S. 3, Gunzenhausen.

Gemeindewachstum, Arbeitsgemeinschaft für Gemeindeaufbau eV, Heft 57, 1994, Giengen.

Gemeinsam unterwegs, Gnadauer Gemeinschaftsblatt, 1/1997, Dillenburg.

Grimm, Hans Godwin, *Die Gemeinden Christi und ihr Weg durch neun Jahrhunderte*, 1958, Mannheim (im Internet veröffentlichter Aufsatz).

Histoire Monidale de la Femme, Hsg. Piere Grimal, Nouvelle Librairie de France, Stallmann, Marianne und Heinz, *L'Allemande au temps de la réformé,* 4/1992, Paris.

Journal of the Evangelical Theological Society, 36/3, Sept. 1993, Lynchburg.

Missionsbote, 9/1989, *Fredrik Fransons Position zu Nachversammlungen*, Allianz-Mission-Barmen, Wuppertal.

Stadtbibliothek Zürich, *Entschuldigung Katharina Schützerin* / für M. Mathhes Zellen / yren Ehegemahel, 1524, Strassbourg.

Theologische Profile, hsg. von Bürki/Leimgruber, darin: von Kirschbaum, Charlotte, 1998, *Dialektik von Eigenständigkeit und Unterordnung*, Fribourg.

Wittenberger Sonntagsvorlesungen, Jancke, Gabriele, *Prophetin-Pfarrfrau-Publizistin*, in: Frauen mischen sich ein, 1995, Wittenberg.

Zeitschrift für die Geschichte des Oberrheins, Bernays, J., *Zur Biographie Johannes Winters von Andernach,* 5/1987, Stuttgart.

Unveröffentlichte Manuskripte

AGV-Texte 2, *Der Dienst von Frauen in unseren Gemeinschaften*, Altpietistischer Gemeinschaftsverband, Stuttgart.

Chrischona-Positionspapier zum *Dienst der Frau in der Gemeinde*, 1993, Basel.

DGD Positionspapier, *Der Dienst von Frauen in der Gemeinde,* 1997, Marburg.

Morgner, Christoph, 1993, *Stellung und Dienst der Frau in der Gemeinschaftsbewegung*, Gnadauer Gemeinschaftsverband, Dillenburg.

Müller, Haymo, 1988, *Die Frau in der Gemeinde Jesu*, Evangelischer Gemeinschaftsverband Siegerland und Nachbargebiete, Siegen.

Rundbriefe, Privatarchiv des Diakonissen-Mutterhauses Hensoltshöhe, Gunzenhausen.

Szymanski, Manfred, *1994, Bibelarbeit zu Röm 16,11ff,* Velbert.

Von Eicken, 1970, *Väter des Pietismus,* Seminarpapier, Marburg.

Fußnoten

[1] Pierce, R.W., *Evangelicals and Gender Roles in the 1990s*, in: Journal of the Evangelical Theological Society 36/3, Sept. 93, S. 5.
[2] Rice, John, *Bobbed Hair, Bossy Wives and Women Preachers*, Sword oft the Lord, Murfreesboro, Tenn. 1941, S. 59.
[3] Origines, *Vier Bücher von den Prinzipien,* Wissenschaftliche Buchgesellschaft, Darmstadt, 1992.
[4] Tertullian, *De anima III*, Usener, Hermann (Hsg), Epicurea Verlag, Freiburg, 1966.
[5] Beauvoir, Simone, *Das andere Geschlecht*, DT Bücherbund, Stuttgart, 1983.
[6] Firestone, Shulamith, *Frauenbefreiung und sexuelle Revolution,* Fischer Verlag, Frankfurt, 1975.
[7] Luther, Martin, *Kritische Gesamtausgabe*, *Vom ehelichen Leben*, Bd. 10, Weimar, 1907, S. 267 – 304.
[8] Stallmann, Marianne und Heinz, *L'Allemande au temps de la réforme'*, in: Grimal, Pierre (Hsg.) *Histoire Mondiale de la Femme*, Bd. 2, Nouvelle Librairie de France, 1966, S. 343.
[9] Das Eheverständnis des Mittelalters war von der Auseinandersetzung der hellenistisch-platonischen Leibfeindlichkeit geprägt, die einerseits zu einer asketisch-zölibatären, andererseits aber auch zu einer libertinistischen Ehekonzeption führte. Wegen des Zwecks der Kinderzeugung, des Lebens in Treue und der Verhinderung von Unzucht galt sie als ein durchaus akzeptiertes Lebensmodell. Auf der anderen Seite stand allerdings das Ideal der vermeintlich „reinen Form der Christusnachfolge", wie man sie in der monastischen Ehelosigkeit sah. Dadurch wurde der Ehestand in die Minderwertigkeit abgeschoben und zur „Notgemeinschaft" degradiert. Dieser Schatten wurde noch durch die augustinische Erbsündenlehre verstärkt, in der die Begierde als die eigentliche Form der Erbsünde interpretiert wurde, die es auch im Geschlechtsakt auszuschalten galt. So litt das Mittelalter unter einer äußerst zwiespältigen Eheauffassung, die man im Hochmittelalter erstmalig im Konzil zu Verona (1184) durch die Sakramentalisierung des Ehestandes aufzuwerten suchte. (Burkhardt/Swarat, *Evangelisches Lexikon für Theologie und Gemeinde*, Bd. I, Brockhaus Verlag, Wuppertal, 1992, S. 473f).
[10] Dieses Motiv lässt sich bis in die germanische Mythologie verfolgen, z.B. durch die Vorstellung der Walküren, die, wie Brunhild im Nibelungenlied, übermenschliche Kräfte besitzen, die sie mit dem Verlust ihrer Jungfräulichkeit verlieren.
[11] So beschrieben von Stephan aus Bourbon (1190-1261), einem Dominikanermönch, um 1250. In: *A lecory de la Marche, Anecdotes historiques,*

Légendes et apologues d'Etienne de Besacon, Paris, 1946, Arivum Fratrum Praedicatorum 16, S. 107.

[12] Abt Geoffroy äußert sich über die Waldenser: „Das Unerlaubte dieses Weges bestand darin, dass Waldes die gewählte Armut mit dem Dienst eines Wanderpredigers verbunden hatte. Waldes und seine Freunde zogen durch Städte und Dörfer und wagten es dort, unter dem Vorwand der Armut zu predigen, wobei sie sich schamlos von Brot nährten, das sie nicht mit eigenen Händen erarbeitet hatten. Darüber hinaus tadelten sie den Klerus, stellten ihn bloß und erlaubten Frauen, sich ebenfalls an der Predigertätigkeit zu beteiligen." (Molnár, Amedeo, *Die Waldenser*, Vandenhoek & Ruprecht, Göttingen, 1980, S. 37).

[13] Molnár, Amedeo, *Die Waldenser*, S. 396.

[14] Molnár, Amendeo, *Die Waldenser*, S. 158.

[15] Grimm, Hans Godwin, *Die Gemeinden Christi und ihr Weg durch neun Jahrhunderte*, Kap. 4, Mannheim, 1958 (unveröffentlichtes Manuskript).

[16] „Dreyerley Stände sind von Gott geordnet, in welchen man mit Gott und gutem Gewissen sein mag. Der erste ist der Hausstand; der andere das politische und weltliche Regiment; der dritte der Kirchen und Priesterstand nach den dreyen Personen der Dreyfaltigkeit. Erstlich mußt du im Hausregiment seyn entweder als Vater oder Mutter, Kind, Knecht oder Magd ..." Luthers Werke, Bd. VI (Tischreden), S. 266.

[17] Luthers Werke, *Vom ehelichen Leben*, S. 276: „Denn es ist nitt eyn frey wilköre odder ratt, sondern eyn nöttig naturlich ding, das alles, was seyn mann ist, muß eyn weyb haben, und was eyn weib ist, muß eyn mann haben."

[18] ebd., *Vom ehelichen Leben*, S. 283.

[19] ebd., *Ein Sermon von dem ehelichen Stand*, S. 168.

[20] ebd., *Eine Predigt vom Ehestand*, S. 24.

[21] ebd., *Vom ehelichen Leben*, S. 295-296.

[22] Bainton, Roland H., *Frauen der Reformation*, 3. Auflage, Gütersloher Verlagshaus, 1996, S. 12: „‚*Querelle des dames*' feierten weiterhin fröhlichen Urstand. ‚Les Quinze Joyes de Mariage' (die fünfzehn Freuden der Ehe), satirische Schrift eines unbekannten Geistlichen vom Ende des 14. oder Anfang des 15. Jahrhunderts, behandelt die Plagen des Ehelebens mit ausgesuchter Niedertracht gegenüber Frauen. Ein ganzer Band beschreibt die Minderwertigkeit der Frauen in der Renaissance. Auf der anderen Seite gab es Boccaccio, Syphorien Campier, Erasmus, Vives und Rabelais. Aber was immer Männer über Frauen zu sagen hatten: Die Frauen selbst lauschten ihrem Wort, unterwarfen sich ihnen oft genug, erlaubten ihnen, über sie zu verfügen und schenkten ihnen doch nur wenig Glauben."

[23] „Da ist nun der römische Stuhl aus eignem Frevel dreingefallen und ein allgemein Gebot daraus gemacht, verboten dem Priesterstand, ehelich zu sein. Das hat ihn der Teufel geheißen, wie St. Paulus, 1.Tim 4 verkündigt." Luthers

Werke, *An den christlichen Adel deutscher Nation von des Christlichen Standes Besserung*. 1520, Band VI, Weimar, S. 442.

[24] Bainton, Roland, *Frauen der Reformation*, S. 20: „Damit hatte Luther eine Reihe guter Gründe für eine Heirat beisammen: Sein Vater wäre glücklich, der Papst wäre gründlich verärgert, die Engel im Himmel würden sich freuen und die Teufel jammern."

[25] *Luthers Briefwechsel in der Weimarer Ausgabe* 1525. Thoma, S. 177.

[26] Bainton, Roland H., *Frauen in der Reformation*, S. 23ff – „Wenn auch die Gefahr der Idealisierung unverkennbar ist, so ist es doch bemerkenswert, dass auch Mayer in seiner Lutherbiographie die hervorragenden hauswirtschaftlichen Fähigkeiten Katharinas würdigt, wenn er Luther mit den Worten zitiert: ‚Gott hat es gut mit mir gemeint. Er hat mir eine Frau gegeben, die so für den Haushalt sorgt, dass ich mich da um nichts kümmern muss.'" (Mayer, Hans, *Martin Luther*, Leben und Glaube, 1982, Gütersloher Verlagshaus, S. 139)

[27] Luthers Werke, *Tischreden Weimar*, S. 1237.

[28] Luthers Werke, *Tischreden Weimar*, S. 1631.

[29] Als der Erzbischof von Mainz ihm großzügig zwanzig Goldgulden schickte, hätte sie Luther wieder zurückgehen lassen, wenn seine Käthe sie nicht bereits dankend angenommen hätte. (Luthers Briefwechsel in der Weimarer Ausgabe, S. 999) Ein anderes Mal kündigte Luther einem seiner Freunde ein ansehnliches Geschenk an, musste schließlich aber in einer Nachschrift es rückgängig machen, da es die „Nachstellerin Käthe" versteckt habe.

[30] Luthers Werke, Brief Weimar, S. 3056.

[31] *Tischreden, Luthers Werke, Weimar*, S. 5008.

[32] *Tischreden, Luthers Werke, Weimar*, S. 1033 und S. 2754.

[33] *Tischreden, Luthers Werke, Weimar*, S. 5659.

Als Luther seine Frau damit necken wollte, indem er ihr nachwies, dass im AT Polygamie erlaubt sei, antwortete Käthe: „Bevor ich das erdulde, kehre ich lieber wieder zurück ins Kloster und gebe Euch und die Kinder auf." S. 1461.

[34] *Briefwechsel, Thoma, Luthers Werke, Weimar*, S. 220. Davon kann sicher zu Recht gesprochen werden, denn sie beherbergte immer wieder Adelige in ihrem Hause, mit denen sie die Abende gern am Kamin verbrachte. So war die Herzogin Ursula von Münsterberg Luthers Gast, aber auch die Kurfürstin Elisabeth von Brandenburg stieg hier ab und wurde in den Tagen ihrer Krankheit von Katharina gepflegt.

[35] *Briefwechsel, Thoma, Luthers Werke, Weimar*, S. 260.

[36] Bainton, Roland H., *Frauen der Reformation*, S. 35.

[37] Bainton, Roland H., *Frauen der Reformation*, S. 56ff; Bautz, Friedrich Wilhelm, *Biographisch-Bibliographisches Kirchenlexikon*, Bd. XIV, Verlag Traugott Bautz, Herzberg, 1998; Jancke, Gabriele, *Prophetin-Pfarrfrau-Publizistin. Die*

Straßburger Kirchenmutter Katharina Zell, in: Frauen mischen sich ein, Wittenberger Sonntagsvorlesungen, Wittenberg, 1995, S. 55-80.

38 Bainton, Roland H., *Frauen der Reformation*, S. 57.

39 Entschuldigung Katharina Schützinn/für M. Matthes Zellen/yren Ehegemahel Strassbourg 1524, Stadtbibliothek Zürich.

40 Aus: *Den leydenden Christglaubigen weybern der gemain zu Kentzingen meinen mitschwestern in Christo Jesu zu handen.* Katharina Schützin, in: Bibiliotheca Bibliographica Aureliana LXXIX, Bibliotheca Dissidentium, Tome I, ed. André Séguenny/Jean Rott, Baden-Baden, 1980, S. 97-125.

41 In einer Eintragung im Protokoll des Rates heißt es: „Katharina, Meister Matthias Zells Frau, ist zu den armen Sündern, die zum Tode verurteilt sind, gegangen, sie zu trösten." (Bulletin de la Société pour la Conservation des Monuments Historiques d'Alsace II Ser., XIX, Straßburg, 1899).

42 Bucer an Mykonius am 16. Juli 1548 zitiert bei Bainton, Anm. 39, S. 24.

43 Bernays, J., *Zur Biographie Johann Winters von Andernach*, in: Zeitschrift für die Geschichte des Oberrheins, 1901, NF XVI, S. 28-57.

44 Mengel, Ingeborg, *Elisabeth von Braunschweig-Lüneburg und Albert von Preußen.* Ein Fürstenbriefwechsel der Reformationszeit, Veröffentlichung der historischen Kommission für Niedersachsen 13/14, Diss., Göttingen, 1954.

45 Er selbst allerdings verhielt sich der neuen Lehre gegenüber eher distanziert, wenn er von sich sagte: „Es ist nicht meine Angelegenheit, zu grübeln und zu forschen, was Lüge oder Wahrheit ist. In dem Glauben, in dem ich getauft bin und den der Herr (der Kaiser) bekennt, dem ich als Vasall gehorche, will ich sterben." (Kurs w., *Herzogin von Braunschweig-Calenberg, geborene Prinzessin von Brandenburg*, Halle, 1891).

46 Bereits 1530 bzw. 1536 hatten die Städte Hannover, Göttingen und Nordheim sich ihre religiöse Freiheit erkauft und hatten das lutherische Bekenntnis angenommen.

47 Tschackert, Paul, *Corvinus' Leben und Schriften*, Quellen und Darstellungen zur Geschichte Niedersachsens III, Hannover/Leipzig 1900.

48 In diesem Fürstenspiegel heißt es unter „Was die rechtschaffenen, gottseligen, fürstlichen Werke sind": „Gott groß und herrlich achten und sich selbst für nichts schätzen. Im Buch der Könige oder Samuels steht im 2. Kapitel geschrieben: Die mich ehren, will ich auch ehren, und die mich verachten, will ich verachtet machen. Wenn du nun Gottes Wort ungehorsam würdest, so hast du Gott mehr als zu viel verachtet. Zum andern obliegt es dir, dass du Witwen und Waisen und arme Fremdlinge nicht beleidigen sollst, sondern sie vielmehr trösten, schützen, nähren und unterstützen, den Hungrigen das Brot brechen und dich von deinen Verwandten nicht entziehen. ... Zum Dritten sollst du Abgötterei und alle falschen Gottesdienste abtun und dagegen die Lehre des Evangeliums predigen und die rechtschaffenen Gottesdienste fördern lassen.

Denn weil du ein Diener Gottes bist in deinem fürstlichen Amt, so gebührt es dir, die Ehre Gottes, deines Oberherrn, mit allem Fleiß zu fördern ... Zum Vierten, die Diener des Wortes und Evangelisten, die ihren Dienst gut tun, sollst du zweifacher Ehre wert halten und sie in ihrem Amte schützen ... Zum Fünften, die verfallenen Schulen sollst du wieder aufrichten und die, die bereits aufgerichtet sind, treu unterstützen und die Lehrer, wenn sie fleißig sind, gut besolden lassen ..."

[49] Tschackert, Paul, *Antonius Corvinus' Leben und Schriften*, S. 178f.

[50] „Ich weiß nicht, ob ich ziehen muss ober bleiben kann. Er, mein Sohn, ist wieder in Spanien und es geht das Gerücht, er will Spanier ins Land bringen oder solche Leute, mit denen er etwas anfangen kann, an das kein ehrlicher Mensch dächte, geschweige denn es täte. Gott sei's geklagt, dass ich ein so übel geratenes Kind je geboren habe. Gott bekehr ihn. ... Wenn nicht, so erlöse mich der liebe Gott von seiner Tyrannei. ... Und ich sehe seine Verdammnis vor meinen Augen, was mir ein größerer Schmerz ist als all das andere ... Habe mein Wohl und Wehe auf Gott gesetzt; sein göttlicher Wille geschehe ... An meinem lieben Gott habe ich nie gezweifelt, auch nicht an meinem lieben Schwiegersohn, dem Herzog in Preußen ..."

[51] Der theologische und damit auch geistliche Einfluss Elisabeths auf ihre Untertanen, sich der Reformation zu öffnen, kann nicht hoch genug angesetzt werden. Sie verfasste eine Reihe von Sendschreiben, die zum Teil ohne ihr Wissen von Corvinus veröffentlicht wurden. So z.B. *Ein Sendbrief an alle Untertanen* (1544), *Unterricht* (1545), *Mütterlicher Unterricht für Anna-Maria, ein Ehestandsbuch* (1550) und *Trostbuch für Witwen* (1555). Als ihr Sohn Erich II. 1545 die Regierungsgeschäfte übernahm und sich dem Augsburger Interim von 1548 anschloss, das die katholischen Zustände wiederherstellte und der Reformation nur wenig Zugeständnisse machte, erhob sich Elisabeth mit Corvinus und organisierte den Widerstand. Auf der Synode in Münden am 19.6.1549 wurde auf ihr Betreiben eine Erklärung gegen das Interim von 140 Pfarrern unterschrieben, worauf Corvinus ins Gefängnis nach Kalenberg kam, während Elisabeth fliehen konnte. (Bautz, Friedrich Wilhelm, *Biographisch-Bibliographisches Kirchenlexikon,* Bd. I, Sp. 1495).

[52] Das ins Englische übernommene Wort „Anabaptist" ist eine lateinische Ableitung von dem griechischen *anabaptismos* – Wiedertaufe und heißt zu Deutsch „Wiedertäufer".

[53] Wenn auch eine klar umrissene Abgrenzung der einzelnen Gruppierungen voneinander sicherlich nicht unproblematisch ist, so wird man es doch wagen dürfen, in grober Linienführung zu folgender Differenzierung zu kommen: Schwärmer (Müntzer), Revolutionäre (van Leyden), Chiliasten (Hofmann), Individualisten (Schwenckfeld), Biblizisten (Blaurock), Antitrinitarier (Servet), Pazifisten (Simons) u.a.

[54] Bainton, Roland H., *Frauen der Reformation*, S. 167.

[55] „Sie lehnten die bruchlose Ineinssetzung von bürgerlicher und religiöser Person, die ununterscheidbare Nähe von Staat und Kirche ab. Dagegen lehrten sie, die Menschheit sei gespalten. Es gebe die Einmal-Geborenen und die Wieder-Geborenen. Nur wer im Geist wiedergeboren sei, dürfe getauft werden. Nur durch die wirklich Glaubenden werde die Kirche konstituiert." (vgl. Bainton, Roland H. *Frauen der Reformation,* S. 167).

[56] Becker, U., *Zur Geschichte der Wiedertäufer in Oberhessen.* In: Archiv für hessische Geschichte und Altertumskunde. N.F.X, Wiesbaden, 1914, S. 83. Bergfried, Ulrich, *Verantwortung als theologisches Problem im Täufertum des 16. Jahrhunderts,* Diss., Tübingen 1938, Wuppertal-Elberfeld, S. 89.

[57] van Braght, Tilleman: Her Bloedig Tooneel, Deutsche Wiedergabe: *Der blutige Schauplatz oder Märtyrerspiegel der Taufgesinnten oder wehrlosen Christen,* Zweiter Teil, Hsg. Mennonitisches Verlagshaus, Scottdale, Pennsylvanien, 1962, S. 405-408.

[58] Als der Rat der Stadt Augsburg alle Täuferfamilien aus ihrer Stadt vertrieben hatte, sandte er am 9.5.1528 eine Namensliste an den Rat der Stadt Regensburg, damit er etwaige Flüchtlinge aufgreifen und vor Gericht stellen könnte. Aus der Namensliste seien nur einige Frauen genannt: Gertraut Heiserin, Afra Schleichin, Anna Berchtoldmairin, Magdalene Seitzin, Anna Kochin, Elisabeth Wollschlagerin, Margareth Berchtoldin, Martha Beckin, Maxencia Wissingerin, Elisabeth Leitlin, Anna Malchingerin, Anna Butzin, Regina Weisshaubtin und noch viele andere. (Schornbaum, Karl, *Quellen zur Geschichte der Täufer*, Band V, Bayern II., 1950).

[59] Spener, Philipp Jakob, 1964, *Pia Desideria*, Programm des Pietismus, 1. Auflage, Aussaat Verlag, Wuppertal.

[60] „Darumb sind sie alle zumal priester, mögen alle Gottes Wort predigen, ohne dass weiber nicht in der gemeine reden sollen, sondern die männer predigen lassen, umb dess Gebots willen: Dass sie ihren männern sollen unterthan seyn, wie S. Paulus lehret 1. Corinth. 14. Solche ordnung lässt Gott bleiben, macht aber nicht einen unterschied der gewalt, wo aber nicht männer da wären, sondern eitel weiber als in Nonnenklöstern, da möchte man auch ein weib auffwerffen unter ihnen, dass da predigte." (Spener, Philipp Jakob, *Das Geistliche Priesterthum aus göttlichem Wort kürzlich beschrieben*, Frankfurt, 1700, S. 485).

[61] Grünberg, Paul, *Philipp Jakob Spener*, Band I, Vandenhoeck und Ruprecht, Göttingen, 1906, S. 377.

[62] Spener, Philipp Jakob, *Das Geistliche Priesterthum aus göttlichem Wort kürzlich beschrieben*, Frankfurt, 1700, S. 471.

[63] ebd. S. 472.

[64] ebd. S. 514.

[65] Witt, Ulrike, *Bekehrung, Bildung und Biographie*, Frauen im Umkreis des Halle'schen Pietismus, Verlag der Francke'schen Stiftungen Halle, Max Niemeyer Verlag, Tübingen, 1995, S. 88.

[66] Beyreuther, Erich, *August Hermann Francke*, Zeuge des lebendigen Gottes, Verlag der Francke-Buchhandlung, Marburg, 1956, S.105ff.

[67] ebd. S. 173.

[68] Obwohl sein Lebenslauf nicht datiert ist, herrscht heute in der Forschung weitgehend Einigkeit darüber, dass er ungefähr zeitgleich zu den Auseinandersetzungen Franckes mit der Erfurter Orthodoxie abgefasst wurde, also etwa um die Jahreswende 1690/91. Darin beschreibt er engagiert sein Bekehrungserlebnis des Jahres 1687 in Lüneburg. Wenn auch dieser Bericht zu seinen Lebzeiten nicht veröffentlicht wurde, sondern zunächst ihm selbst zur Vergewisserung dienen sollte, so ist doch die Tendenz unverkennbar, dass seine Erfahrungen zum Vorbild für andere dienen sollten. So gab er seinen Bekehrungsbericht Philipp Jakob Spener weiter, der ihn einem mit atheistischen Zweifeln Kämpfenden weitergeben sollte. Außerdem erzählte Francke seine Bekehrungsgeschichte immer wieder im Kreise seiner engsten Glaubensfreunde (siehe Wallmann, Johannes, *Der Pietismus*, Göttingen, 1990, S. 63f).

[69] Beyreuther, Erich, *August Hermann Francke*, S. 201.

[70] Kramer, Gustav, *Beiträge zur Geschichte August Hermann Franckes*, Leipzig, 1882, S. 273.

[71] ebd., S. 109f.

[72] Dreyhaupt, Johann Christoph, *Ausführliche diplomatisch-historische Beschreibung des Saal-Kreyses*. Aus Actis publicis und glaubwürdigen Nachrichten mit Fleiß zusammengetragen. Halle, 1780, S. 123.

[73] Allerdings machen Kirchenhistoriker darauf aufmerksam, dass sich Francke in seinen beiden Schriften aus den frühen neunziger Jahren (*Entdeckung der Bosheit* und *Verantwortung*) nicht grundsätzlich von dem extraordinären Geschehen distanziert habe, sondern sich lediglich dagegen wehrt, dass seine Briefe über jene Frauen ohne sein Wissen und seine Zustimmung veröffentlicht worden seien. (Francke, August Hermann, *Streitschriften*, in: Peschke, Erhard (Hrsg.), *Werke in Auswahl*, Berlin 1969, S. 213.).

[74] Christina Sophia Knorr war die Ehefrau des Syndikus der Universität Halle und war Mitglied der öffentlichen Singstunde der Halle'schen Pietisten.

[75] Francke, August Hermann, *Segensvolle Fußtapfen des noch lebenden und waltenden liebreichen und getreuen Gottes.* Zur Beschämung des Unglaubens und Stärckung des Glaubens entdeckt durch eine wahrhafte und umständliche Nachricht von dem Waysen-Hause und übrigen Anstalten zu Glaucha vor Halle. Sieben Fortsetzungen, 3. Auflage, Halle 1709, S. 7.

[76] Wallmann, Johannes, *Der Pietismus*, S. 71.

[77] Deppermann, Klaus, *Der Halle'sche Pietismus und der Preußische Staat*, Göttingen, 1961, S. 92.
[78] In seiner Vorrede des Traktats *Traité sur l'Éducation des Filles,* Paris, 1687, verfasst vom französischen Erzbischof Fénelon (1651-1715) – einem maßgeblichen Vertreter der quietistischen Mystik in Frankreich – bemerkt Francke: „Wenn denn eine Hurerey treibet und das Kind ermordet, oder sonst schwere Übelthaten begehet, so reisset man ihr den Kopf ab. Ist das genug? ... Das sind unerkannt Blut-Schulden, welche der Regier- und Lehr-Stand öfters auf sich laden, indem sie nicht dafür sorgen, dass die Leute recht Christlich möchten erzogen werden." (S. 1186).
[79] Veit Ludwig von Seckendorf, ein väterlicher Freund Franckes, schreibt zur Motivation der Mädchenerziehung: „ein mehrers bey ihrer aufferziehung zu thun, damit das rechtschaffene Christenthumn in sie gepflanzet und also durch sie die Christliche zucht in häusern desto besser erhalten werden, ja den männern selbst durch der weiber Gottesfurcht von manchen lastern abhaltung geschehn möchte." (Seckendorf, V.L., *Christenstaat,* Leipzig, 1706, S. 535).
[80] Spener, Ph. J., *Speneri Regeln gottseliger und Christlicher Jungfrauen*, in: Steinmetz, Johann Adam (Hsg), *Kleine geistliche Schriften*, Magdeburg/Leipzig, 1741, S. 1270-1294.
[81] Francke, A.H., *Kurzer und einfältiger Unterricht*, wie die Kinder zur wahren Gottseligkeit und Klugheit anzuführen sind, Berlin 1969, Werk in Auswahl/ Hsg. Erhard Peschke.
[82] Francke an die Baronin von Burckerodt, Glaucha/Halle, 01.01.1698, AFSt/ HD 113; S.12.
[83] So schreibt Francke in seiner Schrift über sein „universelles Reformhaben". Zitiert bei Witt, Ulrike, *Bekehrung, Bildung und Biographie*, S. 127.
[84] Der Anstoß, ein Stift für ledige Frauen zu eröffnen, kam vom Adel Schlesiens. Hans Christoph von Schweinitz hatte bereits ein solches Projekt 1698 angeregt. (AFSt/W Rep.1.X/IV/; 1-2).
[85] Samuel von Chwalkowski war preußischer Finanzminister und einer der wichtigsten Förderer Franckes am Berliner Hof.
[86] Die armen Frauen erhielten wöchentlich Kostgeld, damit sie sich selbst versorgen konnten. Jährlich erhielten sie einmal Schuhe und neue Hemden. Ebenso wurden sie mit Holz und mit Kerzen versorgt. (Stiftungsurkunde, 18.08.1699. AFSt/W Rep.1, IX/IV/27; 1.).
[87] Weibliche Stiftung nebst. Ordnung (1704).
[88] Kramer, Gustav, *Beiträge zur Geschichte August Hermann Franckes*, Bd. II., S. 129,134.
[89] Beyreuther, Erich, *Der junge Zinzendorf*, Verlag der Francke-Buchhandlung, Marburg, 1957, S. 221.

[90] Die „Böhmisch-Mährischen Brüder“ sind geistliche Nachkommen des Vorreformators Johannes Hus (1369-1415), der während des Konstanzer Konzils am 06.07.1415 als Ketzer verbrannt wurde. Ihre Erwartungen an die Kirche haben sie in den sog. *Vier Prager Artikeln* von 1420 formuliert, in denen sie 1. Freie Predigt 2. Würdige Lebensführung der Priester 3. Geltung des göttlichen Gesetzes und 4. Den Laienkelch forderten. Auf der Suche nach freier Religionsausübung lud Zinzendorf sie auf sein Landgut Bertelsdorf/Oberlausitz ein, wo sie die Siedlung Herrnhut gründeten. Am 13.08.1727 erlebten sie während eines Abendmahlsgottesdienstes eine geistliche Erweckung, durch die eine neue Verbundenheit bewirkt und ihr missionarisches Anliegen gestärkt wurden.

[91] Zinzendorf konnte in der Rückschau seines Lebens einmal sagen: „So stark nun in meiner zarten Kindheit der Skeptizismus mit meinen Gedanken rang, so weit blieb er mir vom Herzen, welches voll Liebe zu Jesus war.“ (Zitiert bei: Beyreuther, Erich, *Zinzendorf und die sich allhier beisammen finden*, Verlag der Francke-Buchhandlung, Marburg, 1959, S. 56).

[92] Beyreuther, Erich, *Zinzendorf und die Christenheit*, Verlag der Francke-Buchhandlung, Marburg, 1961, S. 131-134.

[93] „In den Morgenstunden des 21. August 1732 brachen die ersten beiden Heidenboten der Brüdergemeinde, Leonhard Dober und David Nitschmann auf. Zinzendorf begleitete sie ein Stück Wegs. Ihr Ziel war die Insel St. Thomas im Karibischen Meer. 900 Kilometer legten sie zu Fuß zurück, bis sie in Kopenhagen ankamen ... Ein holländisches Schiff war schließlich bereit, sie als zahlende Passagiere an Bord zu nehmen.“ (Beyreuther, Erich, *Zinzendorf und die Christenheit,* S. 11-12).

[94] Beyreuther, Erich, *Zinzendorf und die Christenheit,* S. 15.

[95] Es entsprach wohl Zinzendorfs Seelenlage, wenn in seinem Glaubensleben nicht nur Erkenntnis, Verstand und Willenskraft eine dominierende Rolle spielten, sondern auch Emotionalität, Tränen und bisweilen gar Sentimentalität. In Herrnhut gab man sich gern inneren Erschütterungen und Erregungen hin und ließ ungehemmt den Tränen freien Lauf. Dieser sentimentale Mystizismus schlug sich auch in emotionalen Veranstaltungen nieder, wie auch in manchen seiner Lieder. Wenn man in Herrnhut vom „Seitenhöhlchen des Blutbräutigams“ hingebungsvoll sang, dann wird deutlich, wie nahe der Weg zum gefühligen religiösen Kitsch war. Dennoch darf nicht verkannt werden, dass Zinzendorf auch großartige Choräle verfasste, die noch heute von einem tiefen geistlichen Gehalt zeugen. (vgl. Beyreuther, Erich, *Zinzendorf und die Christenheit*, S. 71ff).

[96] Beyreuther, Erich, *Zinzendorf und die Christenheit,* S. 247.

[97] ebd. S. 268. Siehe auch: Ward, W.R., *The Protestant Evangelical Awakening,* ‚The time of sifting‘, Cambridge University Press, Cambridge,1992, S. 155.

[98] Die Herrnhuter Brüdergemeinden gehören heute zum freikirchlichen Pietismus und arbeiten in dreißig Ländern der Erde. Sie haben 762.000 Mitglieder, davon allein in Afrika 480.000. Aber auch in Deutschland, ihrem Mutterland, haben sie geistlich lebendige Gemeinden, betreiben eine intensive Jugendarbeit und sind sozial-diakonisch tätig. Die *Täglichen Losungen*, die die Brüdergemeinden seit mehr als 250 Jahren ununterbrochen herausgeben, werden in allen Evangelischen Kirchen vertrieben.

[99] Manuskript R 14 A38,1a mit der Aufschrift: *Reden vor die Frauenspersonen*, gehalten 1742 in Philadelphia.

[100] ebd. S. 359ff.

[101] ebd. S. 361f.

[102] Zitiert bei Utterdörfer, Otto, *Zinzendorf und die Frauen*, Verlag der Missionsbuchhandlung, 1919, S. 9 u. 13.

[103] ebd. S. 14.

[104] ebd. S. 17.

[105] Die Frauengemeinschaften waren in so genannte „Chöre" eingeteilt. So gab es einen Chor der ledigen Frauen, der Witwen und der verheirateten Frauen.

[106] Zinzendorf berichtet am 1. Juni 1747 von einer Frau Freymannin, die in Norwegen arbeitete: „Sie predigte bei Christiania auf freiem Felde, hielt aber auch sonst kleine Versammlungen, wo sie Nachrichten aus der Gemeinde las, ordentliche Bettage hielt, über Sprüche redete; allerhand Fragen aufwarf, wozu die Pfarrer ihr selbst Gelegenheit dazu gaben. ... und sie versicherte, dass Sie nichts als vom Heiland und seinem Blute geredet habe." (R2 A33 a2, 581f).

[107] Die Mai-Synode in Herrnhag 1747 wurde von 132 Brüdern und 111 Schwestern besucht.

[108] Uttendörfer, *Zinzendorf und die Frauen ...*, S. 34. Siehe auch: Erdmuthe von Zinzendorf in Kapitel X.

[109] An die l. Schwestern 28.V.1748.

[110] Uttendörfer, *Zinzendorf und die Frauen*, S. 35.

[111] In einem Gedicht äußert Zinzendorf diese seine Überzeugung sehr plastisch, wenn er schreibt: „Du weibliches Geschlechte vor Alters in dem Rechte als Heldinnen im Streit, als weise Richterinnen, als heil'ge Schauerinnen und Lehrer'n in Gerechtigkeit." (BGB Nr. 1710 von 1741).

[112] Uttendörfer, *Zinzendorf und die Frauen*, S. 43.

[113] ebd. S. 44.

[114] ebd. S. 47.

[115] Theologisch interessant ist Zinzendorfs Verständnis der Korintherpassage. Wenn jemand diese Mahnung vom Schweigen des Weibes in der Gemeinde schon generell gelten lassen will, so argumentiert Zinzendorf, dass man verheiratete und unverheiratete Frauen differenziert sehen muss: „Es steht in der Bibel nur, dass die Weiber nicht lehren sollen, deshalb können es die

Jungfrauen wohl tun. Den Weibern ist's Lehren darum verboten, damit die Männer nicht eifersüchtig werden, wenn sie dumm sind." (Uttendörfer, *Zinzendorf und die Frauen*, S. 49).

[116] Diese Tatsache wurde von der Orthodoxie überaus kritisch wahrgenommen. Für sie stand fest, dass Spener und Francke sich „hinter die Frauenzimmer gemacht hätten" und sie „von einem ganzen Haufen Weiber gefangen geführt" wurden. (Zitiert nach Hanstein, Die *Frauen in der Geschichte des deutschen Geisteslebens,* 1899, Freund und Wittig Verlag, Leipzig, S. 41)

[117] Auch der Superintendent Johann Henrich Faustkingh macht weibliche Enthusiasten für die Entstehung des „unseligen Pietismus" verantwortlich. Er schreibt: „Wodurch ist der unselige Pietismus in unseren Kirchen entstanden, als durch die Bezeugung, Raptus und Enthusiasmos der Weiblinnen, der von Asseburgin und Merlauin? Wodurch hat er seinen Fortgang gewonnen, als durch die begeisterten Jungfrauen von Erfurt, Quedlinburg und Halberstadt? Und wodurch wird er noch anietzo unterhalten, denn eben durch allerhand verdächtige Bücher der Weiber, als der Catharina Genevensis, der Guioniae." (Gynaeceum Haeretico Fanaticum, S. 117) Und doch war es schon Spener, der bereits in seiner *Pia Desideria* von 1674 für eine gefühlsbetontere Einstellung zur Religion eingetreten war und zugleich eine kalte orthodoxe Frömmigkeit ablehnte, die sich weithin im Rezitieren kirchlich verordneter Richtigkeiten erschöpfte.

[118] Max Weber berichtet in seinen *Gesammelten Aufsätzen zur Religionsphilosophie*, Tübingen, 1972, S. 133: „Das Gefühl konnte dabei eine solche Steigerung erfahren, dass die Religiosität direkt hysterischen Charakter annahm."

[119] vgl. Wieser, Max, *Der sentimentale Mensch*, Leopold Klotz Verlag, Stuttgart, 1924, S. 118.

[120] Fritz Tanner gibt in seiner Arbeit *Die Ehe im Pietismus*, Zürich-Verlag, 1952, S. 136, solchen Ehen den bezeichnenden Namen „Streiter-Ehe"!

[121] Es ist schon bemerkenswert, dass im Frühpietismus die religiöse Inspiration in der Form der aktuellen Offenbarung einen ausgesprochen hohen Stellenwert innehatte. Vgl. Hans Günther, R.G., *Die Psychologie des deutschen Pietismus* in „Deutsche Vierteljahresschrift für Literatur- und Geistesgeschichte, Nr. 4, 1992, S. 164-170.

[122] Von seiner Frau Eleonore Petersen, die hinsichtlich ihres Einflusses wohl als die bedeutendste Persönlichkeit des Frühpietismus gilt, soll in einem gesonderten Kapitel gesprochen werden.

[123] Petersen, Johanna Eleonora, *Leben Frauen Johannä Eleonorä Petersen, Gebohrene von und zu Merlau* (Autobiographie), 1719, 2. Auflage, Halle, S. 71.

[124] Guhrauer, G.E., *Gottfried Wilhelm Freiherr von Leibnitz*, Reprint Olms, Hildesheim, 1966, Band II, S. 44.

[125] vgl. Ritschl, Albrecht, *Geschichte des Pietismus in der Reformierten Kirche,* Bd. II, 1966, Göttingen, S. 239. Rosamunde Juliane von Asseburg schrieb eine ganze Reihe geistlicher Lieder, von denen „Bittet, so wird euch gegeben, was nur euer Herz begehrt" am bekanntesten ist. Erstmalig wurde es 1704 in das *Geistliche Gesangbuch* von Johann Anastasius Freylinghausen, Halle, aufgenommen.

[126] Vgl. Witt, Ulrike, *Bekehrung, Bildung und Biographie*, S. 34.

[127] Spener an Francke, Berlin, 8.11.1692, in: Kramer, Gustav (Hsg), *Beiträge zur Geschichte August Hermann Franckes*, S. 267.

[128] So beschreibt der den pietistischen Kreisen Halberstadts nahe stehende Arzt und Medizinprofessor an der neuen Universität Halle, Friedrich Hoffmann, die ekstatisch-enthusiastischen Phänomene. Er wurde zunehmend zum Gutachter seitens der Brandenburgischen Regierung herangezogen. (vgl. Geyer-Kordesch/Stahl, *Pietismus, Medizin und Aufklärung in Preußen im 18. Jahrhundert*, Habil. med. Münster, 1987, S. 141).

[129] Wallmann, Johannes, *Erfurt und der Pietismus im 17. Jahrhundert*, in: Ulman/ Weiß (Hrsg.) Erfurt 1742-1992, Stadtgeschichte, Universitätsgeschichte, Weimar, 1992, S. 420.

[130] Selbst Ernst Fritze, der das Material des Lübecker Stadtarchivs einsehen konnte, war es nicht möglich, exakte Lebensdaten zu liefern. (*Adelheid Sybilla und der Maler Johann Heinrich Schwartz in Lübeck.* Eine Studie zur Personengeschichte im Zusammenhang mit den Erscheinungen evangelischer Frömmigkeit zur Zeit August Hermann Franckes und Philipp Jakob Speners, in: ZVLübG 71, 1991, S. 81-123).

[131] Wotschke, Theodor, *August Hermann Franckes Debora*, in: NKZ 40, Hannover 1929, S. 265-283.

[132] Zitiert bei Ritschl, Albrecht, *Geschichte des Pietismus in der ref. Kirche,* S. 189.

[133] Schering, Ernst, *Johann Wilhelm und Johanna Eleonora Petersen*, in: Greschat, Martin (Hsg) *Gestalten der Kirchengeschichte*, Bd 7, Orthodoxie und Pietismus, Kohlhammer Verlag, Stuttgart, 1982, S. 225f.

[134] Petersen, Johanna Eleonora, *Leben Frauen Johannä Eleonorä,* S. 13f.

[135] ebd. S. 8.

[136] ebd. S. 8.

[137] ebd. S. 9.

[138] ebd. S. 12f.

[139] Jung, Martin H., *Frauen im Pietismus*, Gütersloher Verlagshaus, 1998, S. 112.

[140] Petersen, Johanna Eleonora, *Leben Frauen Johannä Eleonorä Petersen*, S. 26.

[141] Petersen, Johanna Eleonora, *Leben Frauen Johannä Eleonorä Petersen,* S. 26-28.

[142] ebd. S. 19-20.
[143] ebd. S. 24.
[144] ebd. S. 36.
[145] ebd. S. 40.
[146] Freytag, Gustav, *Bilder aus der deutschen Vergangenheit*, Bd IV, Hirzel Verlag, Stuttgart,1876, S. 28.
[147] Als unmittelbar darauf innerhalb eines Monates drei Pfarrer Lüneburgs plötzlich starben, einer auf einem Auge erblindete und ein weiterer gelähmt wurde, deuteten viele Pietisten diese Geschehnisse als Gericht des Himmels.
[148] Petersen, Johanna Eleonora, *Leben Frauen Johannä Eleonorä Petersen,* S. 49-51.
[149] Leade, Jane, *The Eight Worlds*, 1695, London.
[150] Petersen, Johanna Eleonora, *Leben Frauen Johannä Eleonorä Petersen,* S. 57.
[151] Theologiegeschichtlich ist der Chiliasmus bereits bei den frühen apostolischen Vätern Papias, Barnabas, Irenäus und Tertullian angesiedelt. Er wurde allerdings durch den Einfluss der spiritualistischen Theologie des Origenes stark zurückgedrängt. Erst bei Joachim Fiore (1135-1202) findet er wieder als „Zeitalter des Geistes" neue Aktzeptanz. Bei den Hussiten, wie auch bei den Wiedertäufern (Müntzer und Hoffmann) verbindet sich der Chiliasmus mit sozialrevolutionären Zielen. Wie auch später im Puritanismus Cromwells (1599-1658) und seinem „Parlament der Heiligen" sehen sie sich als endzeitliche Vollstrecker der göttlichen Gerichte. In dieser Überzeugung stürzte sich Müntzer in den Thüringer Bauernkrieg und wurde schließlich hingerichtet (1525). Ebenso kämpfte Hoffmann in seinem sozial-theologischen schwärmerischen Eifer gegen den deutschen Klerikalismus und sagte für 1533 das Jüngste Gericht und den Anbruch des Tausendjahrreiches voraus. Seine Anhänger (Jan van Leiden, Jan Matthijs) waren noch weit extremer als er. Sie suchten mit dem Schwert das „Täuferreich in Münster" als eine Art Theokratie auf Erden herbeizuführen, scheiterten aber ebenso wie Müntzer und wurden hingerichtet.
[152] Petersen, Johanna Eleonora, *Leben Frauen Johannä Eleonorä Petersen,* S. 51.
[153] Allerdings muss festgestellt werden, dass Ansätze dieser Lehren auch zuvor schon geäußert wurden, wenn auch häufig in negierender Form.
[154] Petersen, Johanna Eleonara, *Leben Frauen Johannä Eleonorä Petersen,* S. 53-55.
[155] ebd. S. 70.
[156] Diese Schriften sind heute nicht mehr im Handel, sondern ausschließlich in Archiven zugänglich.
[157] Jung, Martin H., *Frauen des Pietismus,* S. 127.
[158] Petersen, Johanna Eleonora, *Anleitung zu gründlichem Verständniß der Heiligen Offenbarung Jesu Christi,* Bd. I, Müller Verlag, Frankfurt /Leipzig, 1696, S. 4.
[159] Ritschl, Albrecht, *Geschichte des Pietismus in der ref. Kirche,* S. 225-294.

[160] ebd. S. 248.
[161] Hahn/Reichel, (Hsg), *Zinzendorf und die Herrnhuter Brüder*, Quellen zur Geschichte der Brüder-Unität, Hamburg, 1977, S. 292.
[162] Jung, Martin H., *Frauen des Pietismus*, S. 51.
[163] ebd. S. 46.
[164] Renkewitz, Heinz, *Hochmann von Hochenau, Quellenstudium zur Geschichte des Pietismus*. Luther-Verlag, Witten, 1969, S. 388.
[165] Jannasch, Wilhelm, *Erdmuthe Dorothea von Zinzendorf geborene Gräfin Reuß zu Plauen*: Ihr Leben als Beitrag zur Geschichte des Pietismus und der Brüdergemeinde dargestellt, Verein für Brüdergeschichte, Herrnhut, 1915, S. 70.
[166] ebd. S. 71.
[167] ebd. S. 76.
[168] Jung, Martin H., *Frauen des Pietismus*, S. 48.
[169] Jannasch, Wilhelm, *Erdmuthe Dorothea von Zinzendorf*, S. 300.
[170] Jung, Martin H., *Frauen des Pietismus*, S. 44.
[171] Beyreuther, Erich, *Zinzendorf und die Christenheit*, S. 106.
[172] Zimmerling, Peter, *Starke fromme Frauen*, Brunnen-Verlag, Gießen, 1996, S. 11.
[173] Jung, Martin H., *Frauen des Pietismus*, S. 51.
[174] Am 24. Februar 1757 hielt Zinzendorf eine Rede über das Lehren der Frauen, in der er u.a. sagte: „Wir haben die Tage in den alttestamentlichen Texten eine unangenehme, aber lehrsamere Materie gehabt, als man von der Ecke her vermuten sollte, nämlich einen unumstößlichen Beweis von der Schwestern rechtmäßigem Lehramt in der Gemeine, in der Mirjam Empörung gegen Mose und ihre Rede: Hat nicht der Herr auch durch uns geredet?... Sie hat die Wahrheit gesagt ... Was also Paulus gesagt hat, das hat er nach den Umständen gesagt und das betreffe nicht das quod sondern das quodomodo ... Es ist unmöglich, dass in einer Gemeine des Heilands die Schwestern mit Brüdern allein bedient werden können ... Ein Bruder hat sich vor nichts so zu hüten als vor dem Reden und eine Schwester vor nichts mehr als vor dem Schweigen...Ich will also nur beweisen, dass schon damals des Heilands Weise mit uns, sich auch mit den Schwestern einzulassen, aus ihnen große und begnadigte Prophetinnen zu machen.“ (Uttendörfer, Otto, *Zinzendorf und die Frauen*, S. 60-63).
[175] Die besondere Rolle der Frau in der Gemeinde begründet Zinzendorf mit der Erkenntnis des Mutteramtes des Heiligen Geistes. Dabei erkennt er, dass Gott, der Vater, kein maskulines Prinzip ist. Folglich kann er unbekümmert von der Mütterlichkeit Gottes reden. Paul Schütz spricht von Zinzendorf als dem „einsamen Erinnerer an die mütterliche Person in Gott in der nachreformatorischen Zeit.“ (vgl. Schütz, Paul, *Evangelium. Sprache und*

Wirklichkeit der Bibel in der Gegenwart, Bd.I der Gesammelten Werke, hsg. von Hans F. Bürki, Moers, 1984, S. 375).

[176] „Das Jahr 1741 markiert den Höhepunkt von Erdmuthes Laufbahn und zugleich einen Wendepunkt. Der Graf trat am 26. September seine lange geplante Reise nach Amerika an, von der er erst 1743 zurückkehrte. In dieser Zeit war Erdmuthe als Vertreterin ihres Mannes die oberste Leiterin der Brüdergemeinen." (vgl. Jung, Martin H., *Frauen des Pietismus*, S. 54).

[177] Zimmerling, Peter, *Starke fromme Frauen*, S. 13.

[178] Hahn/Reichel (Hsg), *Zinzendorf und die Herrnhuter Brüder*, S. 32.

[179] Hahn/Reichel,(Hsg), *Zinzendorf und die Herrnhuter Brüder*, S. 32.

[180] In Klammern Erklärungen des Verfassers.

[181] Zimmerling, Peter, *Starke fromme Frauen*, S. 79.

[182] Sticker, Anna, *Friederike Fliedner und die Anfänge der Frauendiakonie*. Ein Quellenbuch, Neukirchen, 1961, S. 355.

[183] Dass Friederike auch eine mutige und charaktervolle Partnerin und Mitstreiterin ihres Mannes war, wird in einem Brief aus dem Jahre 1835 deutlich. Als der preußische König die Union der lutherischen und reformierten Kirchen befahl und dafür eine gemeinsame Gottesdienstordnung ausgearbeitet hatte, forderte sie ihren Mann ungeschminkt zum Widerstand gegen die staatliche Kirchenleitung auf, indem sie schrieb: „Darum habe ich auch Fliedner unaufgefordert versprechen können, dass ich ihm, wenn die Synode schlecht ausfällt – was ich fast glaube bei der allgemeinen Menschenfurcht, die dem Herrn Klerus anklebt –, die Ohren nicht voll zu weinen, sondern ruhig mitzuleiden, was der Herr sendet." (zitiert bei Sticker, Anna, *Und doch möchte ich nur meinem Sinn folgen ...*, Friederike Fliedner. Stifterin der Kaiserswerther Diakonissenanstalt, Offenbach, 1986, S. 44f).

[184] Zimmerling, Peter, *Starke fromme Frauen*, S. 83.

[185] z.B. im frühen Mönchtum und der Reformation.

[186] Missionsbote, 5, 1989, S. 9.

[187] Conrad, Christa, *Der Dienst der ledigen Frau in deutschen Glaubensmissionen*, Verlag für Kultur und Wissenschaft, Bonn, 1998, S. 57.

[188] Luther-Übersetzung 1984.

[189] Torjesen, Edvard P., *A Study of Fredrik Franson* – The Developement and Impact of His Ecclesiology, Missiology and Worldwide Evangelism, Diss., Los Angeles, 1984, S. 668.

[190] Pagel, Arno, *Nur der Glaubensweg ist sicher*, Verlag der Francke-Buchhandlung, Marburg, 1994, S. 9.

[191] ebd. S. 11.

[192] Privates Archiv des Diakonissenmutterhauses Hensoltshöhe, Gunzenhausen, Rundbrief 1.

[193] Privates Archiv des Diakonissenmutterhauses Hensoltshöhe, Gunzenhausen, Rundbrief 2.

[194] Dieses Prinzip des Glaubens prägte Männer und Frauen in der Zeit der geistlichen Erweckung gleicherweise, verlor aber in späteren Jahrzehnten immer mehr an Bedeutung.

[195] Pagel, Arno, *Nur der Glaubensweg ist sicher*, S. 34.

[196] ebd. S. 50.

[197] Privates Archiv des Diakonissenmutterhauses Hensoltshöhe, Gunzenhausen, Jahresbericht 1926.

[198] Pagel, Arno, *Nur der Glaubensweg ist sicher*, S. 35.

[199] ebd. S. 36.

[200] ebd. S. 55.

[201] ebd. S. 117.

[202] ebd. S. 56.

[203] ebd. S. 87.

[204] Mund, Fritz, *Theophil Krawielitzki* – Ein Zeuge aus der neueren Erweckungs- und Diakoniegeschichte, 2. Auflage, Verlag der Francke-Buchhandlung, Marburg, 1955, S. 138ff.

[205] Pagel, Arno, *Nur der Glaubensweg ist sicher*, S. 63.

[206] ebd. S. 64.

[207] ebd. S. 39.

[208] „Im Allgemeinen stoßen unsere Schwestern im Verkündigungsdienst auf großen Widerstand. Es ist ungewohnt, Diakonissen in der Wortverkündigung zu erleben." (vgl. Pagel, Arno, *Nur der Glaubensweg ist sicher,* S. 39) Die Gründung des Mutterhauses, wie auch die späteren Gemeinschaftsgründungen in Bayern, wurden häufig von massivem Widerstand örtlicher Pfarrer begleitet. Ein Beispiel unter vielen ist die Geschichte der Gemeinschaft Röthenbach, wo es zur öffentlichen Konfrontation mit dem örtlichen Pfarrer kam, wobei das hauptsächliche Motiv seiner Ablehnung die predigende Diakonisse war. (vgl. Festschrift *Gott, dir sei Ehre* zum 75-jährigen Jubiläum 1996 des Hensoltshöher Gemeinschaftsverbandes, S. 9).

[209] Pagel, Arno, *Nur der Glaubensweg ist sicher*, S. 49.

[210] ebd. S. 4.

[211] Privates Archiv des Diakonissenmutterhauses Hensoltshöhe, Gunzenhausen, Rundbrief 1918.

[212] Pagel, Arno, *Nur der Glaubensweg ist sicher*, S. 47.

[213] ebd. S. 114.

[214] Im Jahr 1888 fand die erste Pfingstkonferenz in Gnadau in der Nähe Magdeburgs statt.

[215] Fachverband für Suchtgefährdung.

[216] Christian Endeavour oder Entschieden für Christus.

[217] *Stellung und Dienst der Frau in der Gemeinschaftsbewegung – Ein Gesprächsbeitrag.* Dieses unveröffentlichte Papier wurde vom Präses des EGG, Christoph Morgner, der Mitgliederversammlung, die vom 15.-19. Februar 1993 in Pracht tagte, vorgelegt.
[218] ebd. S. 3.
[219] ebd. S. 5.
[220] ebd. S. 6.
[221] ebd. S. 6.
[222] ebd. S. 9.
[223] ebd. S. 9 und 10.
[224] Swidler, Leonard, *Der umstrittene Jesus*, Stuttgart, 1991, S. 78f.
[225] Morgner, Christoph, *Stellung und Dienst der Frau*, S. 11.
[226] Evangelische Sammlung in Württemberg, Rundbrief 12/92, zitiert bei Morgner, S. 12.
[227] Bibelarbeit zu Röm 16,11ff, M. Szymanski, zitiert bei Morgner, S. 13.
[228] Morgner, Christoph, *Stellung und Dienst der Frau*, S. 15.
[229] Malcolm, Kari Torjesen, *Christinnen jenseits von Feminismus und Traditionalismus*, Neukirchen Vluyn, 1990, S. 57.
[230] Putz, Hartwig, in *Anruf* 4/91, zitiert bei Morgner, S. 16.
[231] ebd. S. 17.
[232] Morgner, Christoph, *Stellung und Dienst der Frau*, S. 18.
[233] Morgner, S. 21.
[234] Morgner, S. 22.
[235] Morgner, S. 23.
[236] Alle Sachinformationen über die Gemeinschaftsverbände wurden der Publikation des Evangelischen Gnadauer Gemeinschaftsverbandes e.V., Dillenburg, *Gemeinsam Unterwegs*, 1993, entnommen, wie speziellen von den Verbänden veröffentlichten Frauenpapieren.
[237] AGV-Texte 2, *Der Dienst von Frauen in unseren Gemeinschaften*, S. 1.
[238] ebd. S. 1.
[239] ebd. S. 2.
[240] Er wird jedoch in diesem Kontext nicht angesprochen!
[241] AGV-Texte 2, *Der Dienst von Frauen ...*, S. 2.
[242] ebd. S. 2.
[243] ebd. S. 3.
[244] ebd. S. 3.
[245] *Der Dienst der Frau in der Gemeinde* – Fragen um die Stellung der Frau in den Chrischona-Gemeinden, Mai 1993, S. 3.
[246] ebd. S. 4.
[247] ebd. S. 5.
[248] ebd. S. 5.

[249] ebd. S. 6.
[250] ebd. S. 6.
[251] ebd. S. 6.
[252] ebd. S. 6.
[253] ebd. S. 7.
[254] ebd. S. 7.
[255] ebd. S. 7.
[256] ebd. S. 8.
[257] ebd. S. 8.
[258] ebd. S. 9.
[259] ebd. S. 11.
[260] ebd. S. 12.
[261] ebd. S. 13: „Aber Brauchtum ist, auch wenn es in der Bibel bezeugt ist, dadurch nicht schon automatisch auch zeitlos verbindliche Wahrheit Gottes. Vielmehr kann das zeitbedingt im damaligen Brauchtum Ausgedrückte in anderer Zeit, unter anderen geschichtlichen Bedingungen, andere Gestalt annehmen. So rechnet auch die streng konservative ‚Chicago-Erklärung zur Irrtumslosigkeit der Bibel' in der Bibel mit ‚kulturgebundenen' Aussagen, deren Anwendung ‚heute eine andere Handlungsweise erfordert' (Cochlovius/ Zimmerling, Evangelische Schriftauslegung, S. 321)."
[262] Wenn auch dieses Papier noch in Geltung ist, so zeichnet sich doch bereits eine notwendig werdende Novellierung ab, haben doch schon zwei Gemeindediakoninnen in der Schweiz ihr Predigtamt angetreten.
[263] DGD-Positionspapier *Der Dienst von Frauen in der Gemeinde, 1997*, S.1.
[264] ebd. S. 1, I, 1.
[265] ebd. S. 1, I,3.
[266] ebd. S. 2, II,1.
[267] ebd. S. 3, III,2.
[268] ebd. S. 4, III, 3,2.
[269] ebd. S. 4, III, 3,4.
[270] ebd. S. 4, III, 3,5.
[271] Seit 2002 ist die Neukirchener Mission wieder ein eigener Rechtsträger und unterhält zur EG eine Kooperationsvereinbarung.
[272] Conrad, Christa, *Der Dienst der ledigen Frau in deutschen Glaubensmissionen,* 1998.
[273] Oswald Sanders, einer der Nachfolger Hudson Taylors in der Leitung der Mission, schreibt: „Hudson Taylor war seiner Generation, was Missionsschau und -methode betrifft, weit voraus. Seine kühnen Ideen stießen nicht selten mit denen vorsichtiger und weniger weit blickender Zeitgenossen zusammen. Er schaute die Dinge auf weit gespanntem Hintergrund." (Taylor, Howard und Geraldine, *Das geistliche Geheimnis Hudson Taylors*, Bad Liebenzell, 1984, S. 8).

[274] Taylor, Howard und Geraldine, *Das geistliche Geheimnis Hudson Taylors,* S. 11f.

[275] Bacon, Daniel, *From Faith to Faith,* The Influence of Hudson Taylor on the Faith Mission Movement, Singapore: OMF,1984, S. 8ff.

[276] „Unsere Schwestern standen nicht zurück. Maria Bell begann mit dem Unterricht in Bibelkunde, was zu einer allabendlichen Versammlung mit Schriftauslegung und Gebet führte. Mrs. Nicol und andere halfen ihr dabei. Einige der Männer wurden bekehrt, und bald nahmen alle an den Versammlungen teil ... Miss Degraz, die Schweizerin, las mit den vier schwedischen Matrosen, Miss Faulding mit einem Deutschen, Miss Bausum kümmerte sich um den Koch und einen Südseeinsulaner. Miss Barns erteilte Leseunterricht für alle, die ihr Englisch verbessern wollten, und mehrere bekehrten sich daraufhin.“ (Taylor, Howard und Geraldine, *Das geistliche Geheimnis Hudson Taylors,* S. 168).

[277] Der deutsche Theologe Ludwig Richter nahm diesen Sachverhalt zum Anlass, deutliche Kritik zu üben, wenn er schrieb: „Ich nahm mir die Freiheit, darauf hinzuweisen, wie ungeziemend und abstoßend es für unsere deutschen Vorstellungen ist, allein stehende Missionsschwestern inmitten von vollkommen heidnischen Bezirken arbeiten zu lassen.“ (*Allgemeine Missionszeitschrift* in The Missionary Review of the World, Nov. 1889).

[278] Bacon, *From Faith to Faith,* S. 67.

[279] Conrad, Christa, *Der Dienst der ledigen Frau ...*, S. 53.

[280] *Missionsbote,* 5, 1989, S. 9.

[281] Allianz Mission, Schweizer Allianz Mission und die Marburger Mission.

[282] Torjesen, Edvard, *A Study of Fredrik Franson*, S. 301ff.

[283] „Es gibt keinen Grund, einen Kampf um das Rederecht der Frauen auszutragen. ... Es ist wirklich an der Zeit, dass Gläubige fähig sein müssen, die Überzeugungen anderer zu respektieren.“ ebd. S. 303.

[284] ebd. S. 304.

[285] Die Königliche Post von Swasiland ehrte sie 1992, indem sie sie auf der Ein-Emlangeni-Marke der Serie „Pioniermissionare“ abbildete und den „Malla Moe Gospel Wagon“ als Motiv für den Ersttagsbrief wählte.

[286] Zitiert in: Raupp, Werner, *Mission in Quellentexten*, Verlag der Ev.-Luth. Mission, Erlangen, 1990, S. 297ff.

[287] Prediger August Kmitta schrieb unumwunden: „Wir konnten uns nicht für den Gedanken öffnen, so viele Frauen wie möglich als Evangelistinnen auszusenden ... Wir konnten nicht alle Punkte in seiner Schrift ‚Weissagende Töchter‘ unterschreiben ...“ (Torjesen, *A Study of Fredrik Franson*, S. 668).

[288] Tucker, Ruth, *How Faith Mission Pioneers Understood Women's Roles,* Inter Varsity Press, Downers Grove, 1988, S. 162.

[289] Vincent, Eileen, *C.T. Studd and Priscilla – United to Fight for Jesus*, Bromley, 1988, S. 9.
[290] ebd. S. 99.
[291] Booth, Catherine, *Female Ministry, or Women's Right to Preach the Gospel*, Morgan & Chase, London.
[292] Ihre eindrückliche Exegese beschließt sie mit den markigen Worten: „Wir haben es unternommen auf den vorangegangenen Seiten festzulegen, was wir ernsthaft glauben, dass die Frau ein Recht hat zu lehren ... Wenn sie das Recht hat, dann hat sie es unabhängig von jeglicher von Menschen gemachten Einschränkung ... Wir fürchten, dass es so sein wird, dass am großen Tag des Gerichtes eine missverstandene und ungerechtfertigte Anwendung des Satzes ‚Lasst eure Frauen schweigen in den Gemeinden' mehr Verlust der Kirche zugefügt hat, mehr Böses der Welt und mehr Gott verunehrt hat, als alle anderen Irrtümer, die wir oben erwähnt haben."
[293] Er schreibt: „Ich würde lieber meine Frau neben mir auf einer Plattform stehen haben, als jeden anderen Mann, den ich kenne. Ich kann mich immer darauf verlassen, dass sie eine kraftvolle Botschaft von Gott hat. Ich habe noch niemals eine Frau und nur ganz wenige Männer reden hören wie sie." (Vincent, Eileen,*C.T. Studd and Priscilla*, Bromley, 1988, S. 221)
[294] Schirrmacher, Bernd, *Baumeister ist der Herr* – Erfahrungen göttlicher Kleinarbeit in einem Missionswerk, Hänssler-Verlag, Neuhausen-Stuttgart, 1978, S.14.
[295] Vincent, *C.T. Studd und Priscilla,* S. 9.
[296] ebd. S. 10.
[297] Tucker/Liefield, *Daughters of the Church*, Grand Rapids, Zondervan, 1987, S. 319.
[298] Hempelmann, Heinzpeter, *Gottes Ordnungen zum Leben – Die Stellung der Frau in der Gemeinde*, Verlag der Liebenzeller Mission, Bad Liebenzell, 1997. Es handelt sich hierbei um ein Dokument, das vom Komitee der Liebenzeller Mission verabschiedet worden ist, also offiziösen Charakter besitzt.
[299] Siehe auch: Alexander Mitscherlich, *Auf dem Weg zur vaterlosen Gesellschaft.* Ideen zur Sozialpsychologie, Kap. VII *Der unsichtbare Vater*, Kap. XII „Massen – oder: Zweierlei Vaterlosigkeit", München, 1963.
[300] ebd. S. 12.
[301] „Die mannigfache, in ihrer Evidenz nicht zu bestreitende alltägliche Zurücksetzung der Frauen in unserer Gesellschaft gibt der Forderung nach Emanzipation im Sinne der Gleichstellung und Gleichbehandlung (von Mann und Frau), aber auch im Sinne der Einforderung der Anerkennung der Gleichartigkeit der Frau ihre ungeheure Schubkraft." S.13.

[302] Mulack, Christa, *Die Weiblichkeit Gottes,* Matriarchale Voraussetzungen des Gottesbildes, 1983, Stuttgart; Art. Kreuz in: Wörterbuch der feministischen Theologie, Gütersloh, 1991.

[303] S. 21: „Notwendig ist ein anderer Ansatz- und Ausgangspunkt. Wie hat Gott das Verhältnis von Mann und Frau gewollt? Und inwiefern ist dies eine Ordnung zum Leben? Und inwiefern lassen sich im Rahmen dieses Koordinatensystems einsichtige und sinnvoll abgeleitete Aussagen über den Dienst der Frau in der Gemeinde machen, die dann nicht mehr nur den Charakter einer Eingrenzung und Beschränkung haben?"

[304] ebd. S. 22.

[305] ebd. S. 33.

[306] ebd. S. 46.

[307] K.H. Rengstorf macht in seinem Artikel „didasko" (didasko – lehren) deutlich, dass im zeitgenössischen Judentum *didaskein* (didaskein – lehren) bzw. das entsprechende hebräische *limed* die Art ist, „wie man durch die Auslegung des Gesetzes, also die Zusammenfassung des geoffenbarten göttlichen Willens, die Anleitung gibt zur Ordnung des Verhältnisses des einzelnen Menschen zu Gott selbst und zum Nächsten im Sinn des göttlichen Willens". Schon diese Grundbedeutung beinhaltet den spezifischen rabbinischen Sprachgebrauch von *limed* im Sinn von „eine Lehrentscheidung treffen, eine (begründete) Lehrmeinung aussprechen".
In: THWNT, Bd. 2, S.140.

[308] ebd. S. 65.

[309] „Prophetische Rede ist in der Gemeinde geschehendes oder Gemeinde bauendes oder ermunterndes wie tröstendes und missionarisches Reden." S. 74.

[310] ebd. S. 86.

[311] ebd. S. 77.

[312] ebd. S. 77.

[313] ebd. S. 79.

[314] ebd. S. 91.

[315] ebd. S. 93.

[316] Müller, Haymo, *Die Frau in der Gemeinde Jesu*, Evangelischer Gemeinschaftsverband, Siegerland und Nachbargebiete e.V., 1988.

[317] ebd. S. 1.

[318] ebd. S. 1.

[319] ebd. S. 1.

[320] „Deshalb können und dürfen wir auch nicht dem Einwand Raum geben, der immer wieder angeführt wird, dieses oder jenes sei in eine besondere Situation hineingesprochen und habe deshalb nur zeitliche Gültigkeit und örtliche Bedeutung, vieles sei einfach überholt, nicht mehr zeitgemäß, habe sich geändert

und müsse daher uminterpretiert oder weiterentwickelt werden. Das trifft sicher für manches zu, aber auf keinen Fall für Gottes Wort." S. 1.

[321] ebd. S. 2.

[322] „Es bedeutet für die Frau in keiner Weise eine Abwertung oder Geringschätzung, wenn sie andere Aufgaben ausführt als der Mann. Das Frausein der Frau kommt erst da zur vollen Entfaltung, wo die Frau die ihr von Gott zugeteilten Aufgaben erkennt, annimmt und ausführt." S. 2.

[323] ebd. S. 3.

[324] ebd. S. 4.

[325] ebd. S. 4.

[326] „Wer zur Zeit des AT einem anderen einen Namen geben konnte, der drückte damit seine Autorität über den anderen aus." S.4. (vgl. auch Neuer, Werner, *Mann und Frau in christlicher Sicht*, Brunnen Verlag, Gießen, 1982, S. 64.).

[327] „Denn wenn die Frau die Aufgabe hat, dem Mann in den von Gott für ihn bestimmten Aufgaben behilflich zu sein, dann bedeutet dies für die Frau, dass sie sich dem Mann mit seinen Aufgaben unterzuordnen hat, d.h., die Frau führt nicht selbst Regie, sie geht nicht selbst voran, sondern sie leistet Beistand, geht zur Hand und steht mit Rat und Tat zur Seite." Neuer, Werner, *Mann und Frau in christlicher Sicht*, S. 66-67.

[328] ebd. S. 6.

[329] Neuer, Werner, *Mann und Frau in christlicher Sicht*, S. 68, vgl. S. 6.

[330] Müller, Haymo, *Die Frau in der Gemeinde Jesu*, S. 6.

[331] ebd. S. 11.

[332] ebd. S. 13.

[333] ebd. S. 17.

[334] ebd. S. 18.

[335] ebd. S. 18.

[336] ebd. S. 22.

[337] Morgner, Christoph, *Stellung und Dienst der Frau in der Gemeinschaftsbewegung*, S. 4.

[338] Brodbeck, Doris, *Hunger nach Gerechtigkeit*, Helene von Mulinen (1850-1924), Eine Wegbereiterin der Frauenemanzipation, Zürich, 2000.
von Kirschbaum, Charlotte, *Dialektik von Eigenständigkeit und Unterordnung*, in: Theologische Profile, hsg. von Bürki/Leimgruber, Fribourg, 1998, S. 173 – 183. Goetzinger, Germaine, *Für die Selbstverwirklichung der Frau*: Louise Aston, Fischer Verlag, Frankfurt, 1983.

[339] Die Arbeit *Compendium locorum theologicorum* des Wittenberger Professors Leonhard Hutter (1563-1616) gilt noch immer als das Hauptwerk der Lutherischen Orthodoxie.

[340] Bereits in Rousseaus *Emile* (1762), in Lessings *Nathan der Weise* (1779) und nicht zuletzt Schleiermachers *Reden über die Religion* (1799) werden die

theologischen Grundlagen für die liberale Theologie gelegt, wenn auch der Begriff erst Mitte des 19. Jahrhunderts durch Semlers Werk *Institutio ad doctrinam Christianam liberaliter discendam* gebräuchlich wurde.

[341] Gott auf eine geschlechtlich spezifizierte Seite des Weiblichen oder des Männlichen ziehen zu wollen, um sich somit des Bündnisses mit der höchsten Autorität versichern zu können, damit scheinbar legitim Macht über das andere Geschlecht ausgeübt werden kann, ist ein Ansinnen, das aus den Motiven der gefallenen Schöpfung genährt wird. Ein solches Denken entspringt dem Raster der verdeckten oder offenen Kriegsführung zwischen Männern und Frauen und entwürdigt Gott zum Kampfgenossen. Demgegenüber gilt es, daran festzuhalten, dass Jesus Christus Gott als Geist (Joh 4,24) beschreibt, der jenseits jeder geschlechtlichen Zuordnung steht. Wenn die Schriften der Bibel Gott jedoch gelegentlich mit femininen oder maskulinen Attributen versehen (Jes 66,13: „Ich will euch trösten, wie einen seine Mutter tröstet"; Ps 103,13: „Wie sich ein Vater über seine Kinder erbarmt..."), so wollen sie in anthropomorphem Reden darauf hinweisen, dass in Gott weibliche und männliche Wesenszüge der Liebe und der grenzenlosen Fürsorge, aber auch des Mahnens und der Gerechtigkeit zusammenfließen. Ebenso will auch Christi Reden vom „Vater" wie auch seine Einladung an die Menschen, ihn Vater zu nennen (Mt 6,9ff), nicht eine maskuline Gottesvorstellung fördern. Vielmehr vergleicht er unbekümmert in seinen Gleichnissen Gott einmal mit einer Frau (Lk 15,8-10), um ihn gleich danach mit dem Wesen eines Mannes darzustellen (Lk 15,11ff).

[342] „Ein feste Burg ist unser Gott", EG 362, Strophe 4.

[343] Es muss an dieser Stelle darauf aufmerksam gemacht werden, dass es eine weltweite feministische Bewegung gibt, die in ideologischer Zielrichtung die völlige Egalität zwischen Männern und Frauen fordert, ohne dabei die schöpfungsgemäßen Unterschiede zwischen den Geschlechtern achtend zu würdigen. Ein derartiger Gleichheits-Totalitarismus fördert jedoch nicht die Persönlichkeitsspezifika von Frauen, ebnet nicht die Wege zur ihrer Identitätsentfaltung, sondern führt in einen neuen versklavenden Despotismus, an dessen Ende wieder einmal die Frauen die Opfer sind.

[344] Die jüdische Sekte der Essener hat ihren Namen vom aramäischen *chassaja* – die ‚Frommen'. So sind sie denn geschichtlich auch von der Bewegung der Chassidim abzuleiten (1. Makk 2,29ff). Sie lebten in abgeschlossenen Siedlungen wie in Qumran, aber auch in kleinen Zellen in den jüdischen Städten. Josephus schildert sie als Juden, die untereinander in Liebe eng verbunden waren, zumeist ehelos lebten und ihren Besitz bei Eintritt in den Orden der Gemeinschaft übergaben. Sie standen in Treue zum mosaischen Gesetz, lehnten zugleich aber den Priesterstand, die Opferungen wie auch den Pharisäismus als abtrünnig ab. Vielmehr waren sie beseelt von der apokalyptischen Naherwartung des Messias

(Daniel), der das Heiligtum und den Priesterdienst erneuern würde. Die Essener glaubten an die Ewigkeit der Seelen und waren davon überzeugt, dass durch das Studium der Schriften es zur prophetischen Vorausschau der Zukunft kommen könne. Obwohl Philo sie betont als friedliebend beschreibt, nehmen sie doch am jüdischen Befreiungskrieg teil, den sie offensichtlich im Licht der endgeschichtlichen Entscheidung sahen (vgl. Kriegsrolle von Qumran).

[345] Wenn auch Ehe und Familie durch Unmoral und Scheidung im Römerreich ausgesprochen bedroht waren, so galt doch noch grundsätzlich eine patriarchale Gesellschaftsordnung: „Im alten Römerreich war die patriarchale Ordnung am strengsten in Geltung. Der Familienvater konnte seine Kinder aussetzen, verkaufen oder töten; seine Frau hatte rechtlich die Stellung einer Tochter ... Die Eheschließung war ein feierlicher Akt vor Zeugen, durch den die Braut mit ihrem Besitz in die Gewalt des Mannes überging. Die Stellung der Frau im Hause war würdig, sie nahm an Beratungen über Familienangelegenheiten teil, empfing die Besucher und trat auch an die Öffentlichkeit." (Förster, Werner, *Neutestamentliche Zeitgeschichte,* 1968, Furch Verlag, Hamburg, S. 202) Auch im geistlichen Bereich geschah im Hause, was der Vater als Familienoberhaupt wollte. So ließ sich in Philippi der Kerkermeister mit seinem „ganzen Hause taufen" (Apg 16,33), während der Synagogenvorsteher Krispus an den Herrn „mit seinem ganzen Hause" zum Glauben kam. „Ausdrücklich wird hervorgehoben, dass die Bekehrung des Mannes die ganze Familie zum Glauben führt, zu der wohl Frau und Kind, Dienerschaft und im Hause lebende Verwandtschaft zu rechnen ist." (Kittel, Gerhard, *Theologisches Wörterbuch zum Neuen Testament,* Bd. V, Kohlhammer Verlag, Stuttgart, 1959, S. 133) Wir dürfen also begründet davon ausgehen, dass in der römischen wie in der griechischen Kulturwelt die Autorität des Mannes ausreichend war, die gesamte Familie, einschließlich der im Hause wohnenden Verwandten, zu versammeln.

[346] Schwarz, Christian A., *Der Gabentest,* Agentur für Gemeindeaufbau und Publizistik, Kriftel/Frankfurt, 1988.

[347] Schwarz, Christian A., *Der Gabentest*, S. 9.

[348] Paulus nennt Apostel, Propheten, Evangelisten, Hirten und Lehrer, wobei ganz sicher nur eine schmale Auswahl angeführt ist.

[349] Dabei muss darauf hingewiesen werden, dass bereits Tertullian mit Hinweis auf das „Priestertum aller Gläubigen" für ein Notrecht der Laien zur Sakramentsausteilung eintritt. Luther nimmt in seiner Schrift von *1523 „Daß eine christliche Gemeinde Recht und Macht habe ...* " WA 11 aufgrund des Studiums von 1. Kor 14 diese Überzeugung wieder auf, wenn er eine hierarchiefreie und privilegfreie Gemeinde forderte. Darin lehnt er das katholische Amtspriestertum ab, gäbe es doch nur einen Priester, nämlich Christus, zu dem jeder Gläubige unterschiedslos Anteil und direkten Zugang habe. Spener rückt diese Gedanken erneut ins Bewusstsein, wenn er als Beitrag zur geistlichen Erneuerung der Kirche

„die Aufrichtung und fleißige Übung des geistlichen Priestertums" (*Pia desideria*) empfiehlt.

[350] Wahrscheinlich ist der Begriff des Priesters – hebräisch *kohen* – von einem Verb abgeleitet, das so viel heißt wie „dienend vor Gott stehen". In der Offenbarung des Johannes werden die Christen „Könige und Priester" (Offb 1,6) genannt und damit aus der Menschheit zum Dienst für Gott ausgesondert, womit sich die Verheißung aus Ex 19,6 erfüllt (vgl. Coenen/Beyreuther/Bietenhard (Hsg), *Theologisches Begriffslexikon zum Neuen Testament,* Bd. II, Brockhaus Verlag, Wuppertal, 1969, S. 1003).

[351] Frenschkowski, Martin, *Frauen und Gemeindeleitung: Was sagt das Neue Testament?* Gemeindewachstum, Heft 57, S. 12ff.

[352] Gemeinsam unterwegs, Gnadauer Gemeinschaftsblatt, Januar 1997, S. 7.

[353] In: Löbbe-Laabs, Luise, *Fromm und Frau*, Edition Anker im Christlichen Verlagshaus, 1994, S. 8.

Apostel, Lehrer und Propheten
Eine Einführung in das Neue Testament
von Dr. Thomas Weißenborn

In welchem gesellschaftlichen, politischen und kulturellen Umfeld sind die Bücher des Neuen Testaments entstanden? Wer waren die Autoren? In welcher Situation befanden sie sich? Wann sind die einzelnen Berichte und Briefe geschrieben worden?

Diese und ähnliche Fragen stellen sich jedem ernsthaften Bibelleser früher oder später. In dieser Einführungsreihe findet er Antworten.
Buch für Buch führt Dr. Thomas Weißenborn durch das Neue Testament. Sein besonderes Plus: Er kommt ganz ohne das übliche „Fachchinesisch" aus, schreibt wissenschaftlich fundiert, spannend und informativ. Dabei scheut er sich nicht, unterschiedliche Theorien vorzustellen und auf die jeweiligen Thesen samt Antithesen einzugehen.
Über seine Schneisen werden Bibelleser, Hauskreisleiter, Studenten, Mitarbeiter in der Gemeinde – alle, die sich schnell und kompakt Wissen zum NT aneignen wollen – das Buch der Bücher leichter als bisher erobern.

Apostel, Lehrer und Propheten (1)
Band 1: Evangelien und Apostelgeschichte
ISBN 3-86122-676-6
256 Seiten, Paperback

Apostel, Lehrer und Propheten (2)
Band 2: Leben und Briefe des Apostels Paulus
ISBN 3-86122-710-X
288 Seiten, Paperback

Apostel, Lehrer und Propheten (3)
Band 3: 1. Petrusbrief bis Offenbarung
ISBN 3-86122-722-3
224 Seiten, Paperback

Stimmen zu dieser Reihe:

„Beim Lesen dachte ich immer wieder: Es wäre großartig gewesen, wenn ich dieses Buch schon als Student in die Hände bekommen hätte! Thomas Weißenborn zeichnet ein klares und umfassendes Bild der politischen, sozialen und religiösen Bedingungen, in denen das NT entstanden ist. Der Verfasser beweist: Die Beschäftigung mit theologischen Themen muss nichts Langweiliges oder Ermüdendes sein."
Dr. Roland Werner, Marburg

„Das Buch leistet einen sehr grundsätzlichen Dienst, dessen Wert für die christliche Gemeinde nicht hoch genug eingeschätzt werden kann: Es überbrückt den Graben zwischen ‚Theologen' und ‚Laien', der vielerorts immer breiter zu werden scheint. Thomas Weißenborn gelingt es, theologisches Fachwissen auf universitärem Niveau erfrischend allgemein verständlich zu formulieren und damit einem breiteren Publikum zugänglich zu machen."
Guido Baltes, Jerusalem

Thomas Weißenborn
Religionsfreiheit
Christliche Wahrheit und menschliche Würde im Konflikt?
ISBN 3-86122-604-9
348 Seiten, Paperback

Unsere Welt – das globale Dorf. Menschen aus verschiedenen Kulturen wohnen nebeneinander. Damit wird die Frage nach dem Zusammenleben der Religionen zur Schicksalsfrage der Menschheit.

Es liegt ein enormes Spannungsfeld zwischen der Glaubensüberzeugung des einen, die alleinige, allgemein gültige Wahrheit zu kennen, und dem Grundbedürfnis des anderen, in Freiheit seine Religion bestimmen zu können.

Weißenborn zeigt am Beispiel der römisch-katholischen Kirche, wie scharf mitunter die theologische Auseinandersetzung um das Verhältnis von Wahrheit und Freiheit geführt wird und wurde. Trat man am Anfang des 20. Jahrhunderts noch kompromisslos für die Durchsetzung des „christlichen Staats“ ein, galt nach dem Zweiten Vatikanischen Konzil (1962-65) die Forderung nach einem „christlichen Staat“ als unvereinbar mit der menschlichen Würde.

Das Buch analysiert den geschichtlichen und theologischen Hintergrund beider Argumentationsschienen und zeigt, welches Gottes- und Menschenbild jeweils dahinter steht.

Es ist Fundgrube für alle, die sich Gedanken über eine vom Evangelium geprägte Gesellschaftsordnung machen.

Michael Weyer-Menkhoff
Offenbarung
Sein Angesicht sehen ... Die Botschaft der Offenbarung
ISBN 3-86122-754-1
350 Seiten, Paperback

Angst vor der Endzeit?
Vom „Dschihad“ bis zur globalen Erwärmung – immer schneller scheint sich die Waage der irdischen Machtverhältnisse zugunsten widergöttlicher Gewalten zu senken.
Mit hypnotischer Kraft lenken sie unseren Blick auf kommende Schrecken und weg von Jesus.
Wie gut, dass die Bibel eine geeignete Brille bereit hält: die Offenbarung. Oft wurde sie missbraucht für alle Arten der „Panikmache“.

Michael Weyer-Menkhoff aber weist nach, dass sie das Gegenteil kann. Sie nimmt die Angst, weil sie uns den Blick auf eine Welt in Agonie von einer ganz besonderen Warte aus öffnet – aus der Herrlichkeit Gottes. Und sie zeigt den Weg dorthin, indem sie uns zum Loben und Danken führt.
So entwirft der Autor das Bild einer Trostapokalyptik, die in unserem Herzen die Gewissheit verankert: „Ich weiß, woher ich komme; ich weiß, wohin ich gehe.“

Horst-Armin Eickel
und Friedhardt Gutsche (Hrsg.)
Otto Michel
Anfechtungen aushalten ...
Profil gewinnen
ISBN 3-86122-641-3
144 Seiten, gebunden

Otto Michel – ein geistlicher Vater der SMD und ein geisterfülltes Mitglied der Pfarrer-Gebetsbruderschaft. Er hat gekämpft für das Credo der Bekennenden Kirche und in den Auseinandersetzungen um die Autorität der Bibel mitgerungen. Zu seinem 100. Geburtstag legen Horst-Armin Eickel und Friedhardt Gutsche seine biblischen Ansprachen vor, die bisher schwer zugänglich waren. Ein Interview aus dem Jahr 1978, in dem der Jahrhundertzeuge aus seinem Leben erzählt, bringt seine Glaubens- und Lebenserfahrungen auf den Punkt: Nachfolge ist kein leichtes Ding – Licht und Dunkel wechseln sich auf dem Weg ab. Gerade an den Anfechtungen reift der Christ und gewinnt Profil. Geduld aber hat er nötig ...

Eine Fundgrube für alle, die sich mit „Fast Food“ nicht zufrieden geben können und nach dem Brot des Lebens hungern.